◀ 张妙弟

▶ 1998年聘请侯仁之先生为北京学研究所顾问

◀ 2008年5月1日张家口市阳原县清史课题"北京及其周边地区清代建筑遗存图片"研究考察

◀ 2008年5月30日美国教育交流

▶ 2008年9月30日张家口市赤城县清史课题研究考察

◀ 2008年11月21日随全国政协考察京杭大运河

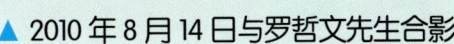

▲ 2010年7月3日参加城市科学系野外考察

▲ 2010年8月14日与罗哲文先生合影　▲ 2010年8月14日与舒乙先生合影

▲ 2010年9月18日在中日韩传统文化比较研究研讨会上

▲ 2010年9月24日上海世博会考察

▲ 2010年12月4日在首都图书馆"乡土课堂"讲座后

▲ 2010年12月9日与舒乙、刘庆柱等专家在一起

▲ 2011年1月7日在北京学研究基地二期验收会上

▲ 2011年4月10日在《当代中国城市发展丛书·北京卷》出版座谈会上

▲ 2011年8月在加拿大文化更新研究中心交流

▲ 2011年10月20日向韩国首尔学研究所赠送著作

▲ 2011年10月21日陪同北京市领导视察玉河

▲ 2011年11月考察北京地区长城

▲ 2011年12月出席中国古都学会年会

▲ 2012年6月8日出席第十四次北京学学术研讨会

◀ 2012年11月21日考察大栅栏历史文化

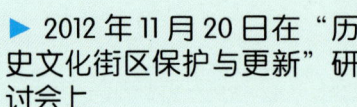

▶ 2012年11月20日在"历史文化街区保护与更新"研讨会上

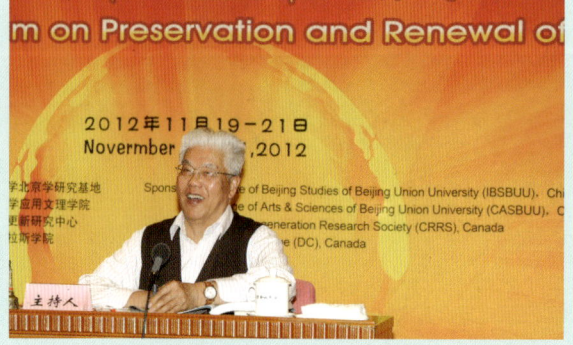

◀ 2013年5月24日考察韩国首尔古城墙

▶ 2013年8月5日在台湾青年中华文化研习营讲座

▲ 2013年12月15日出席北京学研究基地项目推进会

▲ 2014年7月29日在APEC志愿者培训班上讲座

▲ 2014年10月在"中国大运河遗产保护管理论坛"上与单霁翔先生合影

▲ 2015年2月19日考察国家图书馆

学知学术文库

蓟草集

——张妙弟文集

学苑出版社

图书在版编目（CIP）数据

蓟草集：张妙弟文集/《蓟草集：张妙弟文集》编委会编．－－北京：学苑出版社，2015.9
ISBN 978－7－5077－4849－9

Ⅰ．①蓟… Ⅱ．①蓟… Ⅲ．①城市学－北京市－文集 Ⅳ．①C912.81－53

中国版本图书馆CIP数据核字（2015）第215112号

出 版 人：孟　白
责任编辑：刘　丰
出版发行：学苑出版社
社　　址：北京市丰台区南方庄2号院1号楼
邮政编码：100079
网　　址：www.book001.com
电子信箱：xueyuanpress@163.com
经销电话：010－67601101（营销部）、67603091（总编室）
印 刷 厂：河北鑫宏源印刷包装有限责任公司
开本尺寸：787×1092　1/16
印　　张：18
字　　数：300千字
版　　次：2015年10月第1版
印　　次：2015年10月第1次印刷
定　　价：82.00元

《学知学术文库》编委会

主　　任：张连城　张宝秀

副主任：唐小恒　贾　方　王　彤　林　强

委　　员：（按姓氏笔画排序）

　　　　　王　平　　王　彤　　吕俊杰　　劳凤学

　　　　　杜剑峰　　张连城　　张宝秀　　张景秋

　　　　　林　强　　孟　斌　　洪　文　　赵　卓

　　　　　唐小恒　　贾　方　　顾　军　　聂延平

　　　　　韩建业　　谢永宪　　董　媛

本书编委会

主　任：张宝秀

副主任：张景秋　张远索

委　员：(按姓氏笔画排序)

　　　　刘　丹　朱海勇　张宝秀　张景秋

　　　　张远索　孟　斌　梁长江

《学知学术文库》总序

2015年，恰逢北京联合大学办学三十七周年（成立三十年）之际，更是"十二五"发展收官之年，北京联合大学应用文理学院于年初决定编辑出版《学知学术文库》，以资纪念。《学知学术文库》以北京联合大学应用文理学院的学科专业体系为框架，以各学科专业的带头人、资深教授为基本线索，精选他们的科研成果代表作，汇集成册，陆续编辑出版，坚持下去，蔚为大观，或不负"文库"之名。

我们的国家正处于前所未有的振兴时期。今天我们深刻感受到中华民族追求中国梦的民族自信、坚强和力量，其中包含着祖国历史的悠久绵长和民族文化的博大精深，这是我们赖以生存发展的不竭生命源泉。中国特色社会主义伟大实践推动着学术的繁荣与发展、实践的开拓与创新。学术研究作为高校的四大职能之一，重在传承和创新，科学、规范、系统和学科的综合交叉研究，显示出人类社会及其科学文明的不断进步与发展。高校的学术研究更是以推动学校教学工作和学科建设、促进国内外学术交流、适应为国家培养高级专门人才的需要、更好地发挥作用为己任。有历史，社会才有积淀，久而文化生成，人相继，代相传，脉脉承载，根基永固。这即是编辑出版本套文库的宗旨之所在。

编辑学术文库，并不是一件很特殊的事情，各类学术文库说不上汗牛充栋，也是比比皆是，诸如西方学术文库、上海三联学术文库、明清史学术文库、日本学术文库等。本套学术文库之所以用"学知"命名，一则缘于北京联合大学应用文理学院地处首都北京中关村科学城核心区的学知桥畔；二则缘于学院近来探索创建的学知书院；三则所谓"学以致其道，知者识与觉。

大学之道在于明德至善，格物以致知"。"学知"二字蕴含了"学而知之，学以致用，知行合一"的本义，是高校人才培养的基本指归。读书乃孕正气，学问以解国忧。北京联合大学应用文理学院几十度春华秋实，有声有色，有韵有律，以往的记叙不仅有难以忘怀的记忆，更有累代师资在学科专业建设中饱含心血、热情、才智的不懈探索，在科研领域的执着前行。这一切都是值得纪念的，也是不可多得的财富。这种积淀是学院得以发展的潜力和底蕴，是聚集起来继续奋发前行的力量。这套汇聚诸位教授多年研究成果的学术精品，以《学知学术文库》命名，自然是题中之意、缘由所在了。

北京联合大学，是改革开放的产物，是教育部于1985批准设立的综合性普通高等学校，其前身是1978年建立的30多所大学分校。应用文理学院，是北京联合大学下属的一所二级学院，从1978年建立的北京大学分校和中国人民大学二分校始，到1985年并入北京联合大学更名为北京联合大学文理学院和北京联合大学文法学院，再到1994年两院合并为北京联合大学应用文理学院，至今已走过了三十七个春秋。三十七年来，学院传承了老大学优秀的文化基因，在承继北京大学和中国人民大学部分基础性学科专业的基础上，为适应首都北京经济社会发展需要及高等教育大众化的变化，从20世纪80年代开始，开展深入调研和科学论证，探索发展应用文科、应用理科学科专业方向，优化学科专业结构，深化学科专业调整，逐步实现了学科专业由基础型向应用型、复合型的转变。

《学知学术文库》第一辑编辑出版六本文集，是由应用文理学院现有六个教学系各推荐一位学术造诣高、对学科专业发展起了重要作用、已经荣退的知名专家学者，收集他们多年发表的学术论文、研究报告等优秀科研成果，总结归纳，汇编而成。具体包括法学学科刘隆亨教授的《砺行集》、食品科学学科金宗濂教授的《食学集》、地理学学科张妙弟教授的《蓟草集》、新闻学学科周传家教授的《采菊集》、历史学学科孔繁敏教授的《敏学集》和档案学学科贺真教授的《兰台集》。本辑呈现了六位专家学者多年的学术探讨与实践收获，从史事探究、文献辑考，到戏曲文学、曲韵舞律，从史册档案、管理编研，到法治建设思想、制度政策研究，从地理生态研究、北京城市建设，到保健食品功能因子及作用机理研究、基础材料研究，既有宏观概括，又有微观分析，既有深入的理论探讨，也有具体的对策建议，既有基础科学研究，又有应用理论探索。

这套文库的核心与灵魂就是在于真实地展示学院的办学历程、发展足迹与不懈探索。这不仅是应用文理学院学科专业学术研究的成果荟萃，更是北京联合大学学术研究筚路蓝缕的纪念，是学术文脉薪火相递的传承。

《学知学术文库》编委会
2015年9月 北京

序

我和张妙弟先生是 1978 年同时入学的北京大学地理学系研究生同学。相交几十年，互相很了解。最近他在编辑出版自己的一本文集，取名《蓟草集》，要我为之写序。我斟酌之后，认为他为文集取的名字好极了，妙极了，高明极了！为什么这样说呢？这需要从张妙弟这位老同学的经历说起。

张妙弟，上海浦东人，1962 年考入北大地质地理系自然地理专业读大学本科。1968 年到部队劳动锻炼，接受再教育两年。回北京后分配到石景山区工作，教过中学，又曾在区教育局、农业局、科委地震办公室等单位效力。1978 年再入北大读研究生，师从著名的地理学家陈昌笃教授攻读植物地理学方向。1981 年取得硕士学位后，留校从事教学和科研工作。1988 年到北大分校任地理系副主任，不久后任系主任。1998 年任北京联合大学教务长，后任应用文理学院（原北大分校）党委副书记。2001 年，出任北京联合大学校长，直到 2007 年才从学校领导岗位上退下来。

30 多年间，他参与了新疆自然环境变迁研究、泰山风景资源调查、"三北"防护林地区遥感综合调研、秦岭地区大熊猫栖息地研究等一些重大科研项目。研究成果曾获得林业部科技进步一等奖、建设部科技进步一等奖、新疆维吾尔自治区科技进步三等奖、国家图书奖等重要奖项，而且于 1998 年在北京联合大学参与创建了北京学研究所。所谓"北京学"是以"立足北京、研究北京、服务北京"为主旨，跨自然科学和人文科学，具有地域性、综合性、应用性、开放性特色的城市地方学学科。北京联合大学北京学研究所后来又发展成为北京市哲学社会科学规划办公室与北京市教委大力扶持的市级北京学研究基地。这与张妙弟先生付出的大量智慧和辛劳有密切关系。这次收入《蓟草集》中的大部分论文，如《对北京学研究内容的思考》、《北京学研究的理论体系》、《北京学研究的十年回顾与思考》、《北京旧城改造与北京学研究》、《刍议北京城中轴线研究十要点》、《北京中轴线性质的四个定位》、

《建设人文北京的一项重要内容：大运河（北京段）的保护与申遗》、《历史上北京城的演变及其文化内涵》等，都是他先后撰写和发表的有关北京学研究的代表性重要成果。其中既有深入的理论探讨，也有具体的对策建议，既有重要的学术意义，也有切实的应用价值。他对北京学研究的贡献，由此可窥一斑。

1992年开始，张妙弟先生享受国务院特殊津贴。另外，他先后承担北京市政协委员和市政协文史委副主任、北京市文史馆馆员、中国文物学会大运河专业委员会理事、中国地理学会理事、北京地理学会副理事长兼秘书长、中国古都学会理事、北京古都学会副会长、当代北京史研究会副会长、北京市社科联常务理事、北京老年宜居文化协会副会长等社会工作。这些社会身份和职务，也是他在社会上知名度和影响力的反映。这一切都说明张妙弟先生既是一个身负重任的大学行政领导，又是一个著名的专家学者，是一个拥有许多平台的社会活动家。

但是，他给自己的文集却取名《蓟草集》。有什么含义呢？原来他认为自己就是一棵无花无香、再平凡不过的"小草"。这棵"小草"不是别的，而是一棵"蓟草"。蓟是一种野生菊科植物，有小蓟、大蓟之分。小蓟就是我们在野外常见的也经常作为野菜吃的刺儿菜；大蓟的茎叶和花形与小蓟基本相同，只是叶长、刺粗、茎高、花大而已。张妙弟先生自比为"蓟草"，这不仅反映了他虚怀若谷的人品，而且把自己与北京城紧紧地联系在了一起。因为北京城最初的名字叫作"蓟"。西周初年，周武王封黄帝（一说帝尧）之后于蓟，标志着蓟城在西周初已经出现。有人认为今年是北京始建城3060周年。北京城最初之所以名为"蓟"，是因为城内西北隅有个"蓟丘"，而"蓟丘"的得名又是因为幽燕大地生长着大量蓟草的缘故。张妙弟先生用"蓟草"把自己与蓟城即北京城联系起来，这是因为他的学业由自然科学特别是植物地理学转移到以研究北京学为主的人文科学领域中来，并成为北京学研究的领头人和佼佼者。说实话，这个转变不是一般人所容易做到的。这好比一个人从陆地进入海洋中，如果没有良好的游泳技能，是很难适应生存的。但他不仅生存得很好，而且还创造了令人敬慕的成就。这部文集中收录的论文以及上文所述他的经历就是最好的证明。

综上所述，我认为《蓟草集》既闪耀着作者虚怀若谷的人品之光，也诉说着作者博学敬业的人生之梦；既抒发了作者酷爱北京的炽热情怀，也固守了作者植物地理学的基业。因此，我赞叹张妙弟先生将自己的文集取名《蓟草集》，好极了，妙极了，高明极了！

基于我对这位老同学所取得成就的了解和赞赏，写下上面这些话，权为《蓟草集》之序。

尹钧科

2015 年 5 月 15 日于积粟斋

《蓟草集》题记

《蓟草集》之名，其一在"草"，其二在"蓟"。

我在江南长大，自小亲近于自然。进大学后，本科阶段学的是自然地理学专业，研究生阶段又选择了自然地理学专业植物地理方向，对各种植物更多了一份深情。尤其是草，多而普通，平时所说"芸芸众生"，即源于数量众多而不起眼的草。体味自己几十年的人生感悟，我就是一棵最普通不过的小草，没有花香，没有树高，没有轰轰烈烈，没有招摇过市。学不专，业不精，尤其是后来的专业方向在阴差阳错之中竟然来了个自然地理到人文地理的大转折。我依仗着小草般皮实的习性，适应了变化的生境，顺从了社会对我的新的安排。一方面完成繁重的行政管理任务，另一方面利用当时主业的间隙和退休以后的时间，开始了对北京学的探索研究。与很多同学、同事相比，可以说我是"不务正业"。只是心中有一点意念，我就是一棵小小草。再弱的草，只要有一点绿，光合作用是天之经、地之义，就得尽一份责任。对大地母亲，哪怕再小再弱的身躯，春披绿，冬化糜，都是对母亲的回报。讲的是心念，而不是贡献，这就是我心中的"草"之意。

我们平时所说的"蓟"，在植物分类学上分属菊科中性状十分接近的两个属：刺儿菜属和蓟属。刺儿菜属中的刺儿菜（俗称小蓟）、大刺儿菜（俗称大蓟）和蓟属中的烟管蓟、林蓟、魁蓟、绒背蓟等种类均为北京地区常见的野草，多年生，茎高数十厘米不等，叶缘多有齿裂，有刺。有些种类可入药，如大蓟、小蓟，有利尿、止血等功效。

《礼记·乐记》云："武王克殷反商，未及下车，而封黄帝之后于蓟。"反映了周王朝对自黄帝以后绵延近两千年的黄帝遗族势力的高度重视。至于蓟的建国起始年代，官方和学界目前的主流观点采用"武王封蓟"的年代——公元前 1045 年，到 2015 年是 3060 周年。有学者认为大可往前追溯，按下不说。只说"蓟"，既是国名，又是城名。国是蓟国，城是蓟城。城是国之重心，城在今日北京。根据侯仁之老师的观点，"蓟的得名，其说不一"。

沈括在《梦溪笔谈》中写到，契丹"大蓟茇如车盖，中国无此大者。其地名蓟，恐其因此也"。可惜今人无法考证沈括在蓟城见到的蓟究竟是哪一种。但侯老师肯定了一点：郦道元在《水经注》中分析这个"蓟"："今城内西北隅有蓟丘，因丘以名邑也，犹鲁之曲阜，齐之营丘矣。"综上所述，今人可以合理推论的思路是：有植物蓟的分布—有丘名"蓟丘"—以丘命名，有蓟城和蓟国。不管怎样，"蓟"作为北京城市发展史上最早有文献记载（至少到目前是这样）的城市名称，其意义是重大的。作为以研究北京为己任的北京学研究所，侯仁之老师的题词"立足北京，研究北京，服务北京"是我们的工作指针。

从1962年秋入学北京大学算起，我已在北京学习、工作了半个多世纪。为不忘家乡上海的养育之恩，我在名片上专门印了"浦东游子"的字样。正如电视片《乡愁》主题歌所唱："年深外境犹吾境，日久他乡即故乡。"浦东是根，北京在心。北京用"蓟"来表述。这就是我心中的"蓟"之意。

说到这里，一定还要说的是北京联合大学及其应用文理学院。它们是我在北京工作时间最长、投入心血最多的地方。更是这片学术沃土，使我这棵小草得以在蓟城扎根、成长。位于元大都土城遗址公园西北角的文理学院，小月河畔蓟草星布，"蓟门烟树"近在咫尺，整个校园浸润在北京历史文化的熏风之中。

草在蓟地，为蓟而绿，是为题记。

张妙弟　农历乙未年春于蓝旗营

张妙弟小传

1944年农历十月十七日,张妙弟出生于江苏省川沙县一个清丽灵秀的小村庄——张家门。因为族中先人曾是前清秀才又中举人,在当地有些名望,人称"秀才张家门"。到了张妙弟出生的年代,与上海这个大都市距离甚近、后来由江苏省归划上海市的这片地方,农户的结构已大量变化为"工农户",即男孩多到上海城里"学生意"、"做生意",实际上泛指脱离农村、农业后在城里从事各种行业,成家后由妻子在老家耕田种地,运作农村全家的生活。张妙弟的家庭就是上海郊区典型的"工农户"。他父亲在发电厂当工人,由于喜欢钻研,成为上海发电行业的技术骨干,曾被评为上海市劳动模范。后为支援国家建设,被抽调至国家列车发电系统,跑遍祖国南北,到过很多地方支援煤矿建设。父亲教导"人一生一世要靠劳动吃饭",这句话成了张妙弟一辈子的人生准则,父亲勤劳踏实的性格就是最好的表率。由于常伴母亲身边,勤俭持家、吃苦耐劳的母亲对张妙弟的影响尤深。母亲最常说的一句话就是:"人要有志气,不要怕吃苦,只要肯做,就能过上好日脚(好日子之意)。"质朴淳厚的亲子之爱,勤劳节约的生活起居,使张妙弟自小勤勉朴实。江南水乡清新秀丽的自然景观,又陶冶了他温和自然、细致绵密的情致,为他后来的专业选择埋下了伏笔。

跟着父亲和哥嫂,张妙弟曾在上海城里生活过几年。小学读到五年级时,回到了浦东老家。最普通不过的农村中学——上海市高行中学成了张妙弟人生旅途的重要驿站,淳朴的校风、一批学养甚佳的老师使张妙弟获益匪浅。六年后,张妙弟迎来了人生第一个选择。

当时在很多人的头脑里,上海的大都市优越感很强。高考填报志愿时,张妙弟的同学几乎都选择了上海本地高校,唯独他与众不同,对千里之外的首都北京情有独钟,志愿表中22个志愿大部分是北京的大学。1962年,张妙弟如愿以偿,以第一志愿考上北京大学地质地理系。接到录取通知书,不事张扬的一家人谁也没告诉,疼爱他的母亲用土布精心给他做了两套新衣服。

是年 9 月，张妙弟独自一人北上求学，经过 50 多个小时的列车颠簸终于到达了心仪已久的古都。

北京大学是莘莘学子神往的所在，也是张妙弟梦想开启的地方。六年岁月，美丽的燕园给他带来了广阔的人生舞台，让他收获颇多。

"现在能观察点问题，思考点问题，做点研究，基本功都是那时打下的。"张妙弟说。入校不久，地质地理系要求 50 名新生申报专业，每个专业 10 名同学。当时大家都争着报最热门的地球化学专业，张妙弟却剑走偏锋，选择了冷门而古老的自然地理专业。他自信满满："我的性格不愿和人去抢去挤，未必抢上了热门专业就能做出大贡献。我就挑一个冷门的专业试试看。"令他惊喜的是，自然地理专业名师云集。兼收并蓄，是恩师们给张妙弟最大的启发。后来张妙弟所参与或主持的科研项目基本上都采取了多学科合作的方式，就是从自然地理专业所习得。在燕园张妙弟深深体会到，北大精神的核心就是独立思考。在学习和研究中一定要有自己的见解，要力争在学习前人的基础上有所突破。

在本科阶段，张妙弟受到了良好的基础科学教育，1978—1981 年又返回北大读研究生，师从我国著名生态学家陈昌笃先生。陈先生在植物地理学、生态（生态学与自然地理学的结合）学方面做了大量的研究工作，尤其在干旱和半干旱地区的植被以及地生态学领域做出了开创性贡献。张妙弟从老师们身上看到了老一辈知识分子的精神和风骨，看到了他们严谨的治学精神，坚持真理、实事求是、一心为国为民而不计个人得失的精神，诲人不倦、为国家培养人才呕心沥血的精神。除了课堂学习以外，地理学必不可少的就是野外工作，张妙弟十分重视。比如，学习植物地理学，一定要有很好的植物分类学基础。在很多年轻人不爱学植物分类的情况下，张妙弟却在名师汪劲武的悉心指导下，一心苦学，利用各种机会跑野外识别各种植物，终于取得了显著的效果。张妙弟一再强调，学地理的人跑野外是一种本事，有了丰富的野外工作经验，才能把地理学的知识和规律应用于实际，才能为地方发展服务，也才更有可能谈得上理论的发展。

1968 年 9 月，在因"文革"延迟毕业的情况下，张妙弟前往山西临汾，到解放军连队接受工农兵再教育。在有些人眼中苦不堪言的两年锻炼，张妙弟却安之若素。身为团支部宣传委员，除了政治学习、种稻种菜、野外拉练、给工人写家史，还负责为连队每月一次的忆苦思甜活动撰写"社论"。1970

年 9 月锻炼结束，张妙弟回到北京，分配到石景山中学当教员，后调任负责区地震办公室工作，组织地震群测群防。地震办工作有声有色，被评上北京市先进单位。1978 年，北大地理学系恢复招收研究生，张妙弟意欲报考，石景山区特批他三个月复习时间。毕业十年，以前学的课本知识大多已遗忘，特别是外语，因此，他主攻俄语。天道酬勤，考试时，其俄语成绩在当时那批考生中名列第一。张妙弟非常感谢石景山区不仅给了他时间复习，三年研究生学习期间还给他发了工资。

1981 年 7 月，张妙弟获北京大学理学硕士学位并留校任教。主要讲授植物地理学课程。以后又增加了自然地理学、生态学概论、城市生态学等课程。并参与了国家"七五"项目"三北防护林地区遥感综合调查研究"、国家自然科学基金项目"秦岭大熊猫调查研究"、建设部的"泰山风景名胜资源综合考察评价及其保护利用研究"、中科院的"新疆自然资源调查与生产力布局研究"、北京市的"廊坊在北京城市发展中的战略作用"等多项科研课题。

"要想在高校站稳脚，教学是基本功。"自上研究生开始，张妙弟就给学生讲课。为了使讲课取得精彩效果，张妙弟颇费苦心。首先，多听优秀教师的授课。凡是北大地理学系在学生中上课口碑好的老师的课，他都一个个去听，少则一两次，多则几周，择其善者而从之。其次，充分备课。"凡事预则立"，每次把讲稿准备好后，张妙弟都会将自己关在小房间里试讲，用老式录音机录下来，再一遍遍回放，仔细听，仔细品味。此外，讲课时，他尽量把自己跑野外的实践内容融汇进去，大大调动了学生的听课积极性。"得法则事半功倍"，张妙弟的教学很快得到学生由衷的赞扬。毕业留校不久，他很快任职教研室副主任。

教学和科研是高校的两翼。作为一个青年教师，张妙弟曾主持或作为主要成员参与国家重点攻关项目、国家自然科学基金项目、建设部项目及北京市、河北省、山东省、海南省、新疆维吾尔自治区、广西壮族自治区的科研项目等数十项。

1985 年，张妙弟参加了由中国科学院、国家计委、综考会组织的"新疆资源开发与生产布局研究"课题，任环境变迁研究组副组长，导师陈昌笃先生任组长。从读研究生开始，张妙弟连续七八年，每年暑假都会跟着导师做新疆维吾尔自治区的课题，包括荒漠的主要类型、新疆水土开发及引发的生态环境问题、新疆盐生植物群落物种多样性及其分布规律的研究，等等。曾获得新疆维吾尔自治区的科技进步奖。荣誉的背后是不为人知的艰苦付出。新疆地处祖国西北，属于干燥的大陆性气候，干旱少雨多风沙，昼夜温差大。在新疆跑野外时，他们一般会租辆大卡车，车帮子上有几根木条，可以放下当凳子，由于晚上温度骤降，考察人员都随身带件皮大衣，用绳子把大衣捆绑在条凳上。戈壁滩上没有路，车子颠簸一蹦三尺高，车子停下时，滚滚沙尘扑面而来。为了照顾年长的老师和年轻的学生，张妙弟总是主动选择坐在卡车的最后，一天下来，"跟个泥猴似的，骨头架子像颠散了一样"。不过，张妙弟根本不放在心上，他的说法是：我觉得挺好的，脏就脏点，无非就是"人在世上练"。正是在这种艰苦的工作中，张妙弟的业务能力得到了锻炼和提升。

后来，张妙弟参加了国家"七五"攻关项目"三北防护林地区遥感综合调查研究"，主持华北片土地资源评价。该课题获得国家林业部科技进步一等奖。

最让张妙弟得意的课题莫过于1984年至1987年间参加的建设部重点项目"泰山风景名胜区资源综合考察评价及其保护利用研究"。该项目由北大教授谢凝高先生主持，组织了北京大学十几个相关学科师生共同参与，进行了为期三年的综合考察评价，论证泰山具有极高的自然科学、美学和历史文化价值，是自然与文化融为一体的世界独特的自然文化遗产。基本上一个专业由一个人负责，张妙弟主持其中的植被风景和遥感分析两个专业。正是这个项目，张妙弟的研究领域开始了由自然科学向人文科学的过渡。课题研究时，他以自然地理学为基础，在掌握了泰山植被的基本规律后，转化到从人文的视角重点研究植被如何成为风景，并考虑风景资源如何为当前的社会经济发展服务。为此，他查遍了泰山的地方志，把古人描绘泰山风光的诗歌、游记、散文都给摘录下来，研究古人是如何看泰山的。尤其值得一提的是，有一次课题汇报会，侯仁之、郑孝燮、罗哲文、汪菊渊等几位学界权威都在场，课题组本来规定每位成员汇报10分钟，然张妙弟因研究角度新颖、内容精彩，一直讲了30分钟，得到他们的高度赞扬。张妙弟说："那是我所有课题汇报中最得意的一次，不是说我水平有多高，但至少说明我科研的路子是正确的。"后来，该课题成果获得国家建设部科技进步一等奖，并成为中国教科文组织呈递给世界遗产中心ICOMOS（国际古迹遗址理事会）和UICN（国际自然与自然资源保护联盟）申报文件的主要依据。1987年，泰山被联合国教科文组织列为世界自然文化双遗产。"可以说泰山进入世界遗产名录有北大的一份功劳，其中也有我的一份劳动，我很高兴。"张妙弟开心地说。

1988年3月，张妙弟调任北京大学分校（现北京联合大学应用文理学院）城市与区域科学系任系副主任，后很快接任系主任。

北京联合大学是一所北京市属以本科为主的综合性大学，其前身是1978年北京市依托在京高校创建的30多所大学分校。

早在20世纪80年代中期，在第一任系主任卢培元的主持下，北大分校地理系的人才培养目标定位于将自然地理和经济地理两者综合在一起，培养侧重应用的综合地理人才。1985年，北大分校首次打出了"城市与区域科学系"的名称。其目的是强化城市和区域的概念，强调城市和区域之间的关系，强调地理学的应用方向。这不仅仅是名称上的变化，实际上，是在培养目标和教学模式上进行的重大改革。它在全国地理学界的影响很大，当时重要的地理学刊物以及中国地理学会都给予了充分肯定。

1988年，张妙弟接替卢培元担任系主任，主抓两件事。一是在卢老师打下的基础上，进一步明确和落实应用型人才培养目标和培养方案的各个环节。二是队伍建设。由于当时北大分校城市与区域科学系尚属发展的初期阶段，规模小，人员少，社会影响小，张妙弟千方百计紧抓科研，努力建设一支结构合理、业务过硬的教师队伍。"搞科研，可以整体提高队伍素质，还可以扩大社会影响。"身为系主任的他，总是率先垂范，冲锋在前，荣誉面前退一步，困难面前上一步。如在全国土地详查工作中，河北省承德市平泉县的土地详查任务，先后交给了两个大单位，可因为工作量太大，太辛苦，先后遭拒，张妙弟在得知这一情况后，主动请缨，决心啃下这根"硬骨头"。寒冬腊月，滴水成冰，张妙弟带着骨干教师在平泉县小寺沟镇做试点，且不提冰天雪地的艰苦，独那爬满虱子的乡村小旅馆就够让人记忆一辈子。在师生的坚持和努力下，并使用先进的红外航片，详查大获成功，成果获得河北省土地局奖和北京市教学成果奖。立威于榜样，增才于实践，经过几次课题的洗练，地理系人心很快聚集起来，社会影响也与日俱增，终于在京城地理学单位中占据一席之地。

1992年，张妙弟晋升教授。

1992年开始，张妙弟享受政府特殊津贴。

在历经系主任、联大校教务长、学院党委副书记（主持学院党政工作）

等历练后，2001年，张妙弟就任北京联合大学校长。长期的教学和科研生涯以及领导工作经验，让他的治校方略清晰明确：错位竞争，应用为本。

张妙弟担任北京联合大学校长以后，在党委领导下，组织师生开展大讨论，进一步明确学校的办学定位和办学宗旨。2003年根据北京市的需求，制定了"发展应用型教育，培养应用型人才，建设应用型大学"的办学定位，进一步梳理了"面向大众，服务首都；应用为本，三教统筹；高职特色，争创一流"的办学宗旨，发布了"学以致用"的校训。奋斗数年，克服重重困难，党政合力，师生一心，借本科评估的春风，学校的办学水平上了一个台阶，获得了教育部评估专家组的高度评价和社会的肯定。

早在20世纪90年代中期，北京联合大学在与韩国汉城市立大学进行校际学术交流时，受该校"汉城学研究所"的启发，萌生了建立"北京学研究所"的想法。之后，北京市人大、市政协、市教育口的几位老领导先后接触过汉城市立大学的两任校长，都对汉城学研究所感兴趣，建议市属高校北京联合大学也筹建北京学研究所。当时，主管学校外事和科研工作的姜成坛副校长找到张妙弟，希望依托城市系筹建北京学研究所。经过筹备和专家论证，北京联合大学北京学研究所于1998年1月获得北京市编制办正式批准，并于6月30日召开了成立大会。姜成坛任所长，张妙弟任副所长，聘请资深教育专家陶西平为名誉所长，侯仁之院士、舒乙教授、单霁翔局长为顾问。

北京具有时空发展的特殊性和规律性，建立北京学专门学科，是研究和解决北京发展过程中遇到的现实问题的重要基础。北京学研究所的建立也是对北京现有研究机构的必要补充。张妙弟认为，北京学研究有三条主轴线：一是时间轴，即研究北京城市在时间上的发生、发展和演变规律；二是空间轴，即研究北京城市在空间布局上的分异及其发生、发展和演变规律；三是结构轴，即研究北京城市各个要素的内部结构和城区、郊区、外围区域的结构及其发生、发展和演变规律。

作为北京学研究所的创始人之一，张妙弟亲历了北京学发展的整个过程。1998年8月，将主要研究方向确定为"北京的古都风貌保护与现代化建设"。1998—1999年，向北京市教委申请的"科技发展计划"项目《北京文物古迹旅游》丛书和"人文社科研究计划"项目"北京市旅游业的可持续发展研究"、"北京的历史传统与现代化——中外首都对比研究"相继获得批准并开题，揭开了北京学研究承接纵向项目、直接服务于北京市社会经济发展事业的序幕。1999年12月，第一次北京学学术研讨会召开，学术研讨的年会制度由此确立。北京学研究所一开始是校内的一个研究所，2004年，北京市设立首批市级哲学社会科学研究基地，并举行授牌仪式，北京联合大学获准设立"北京学研究基地"并被授牌，成为北京市哲学社会科学规划办公室和北京市教委共同领导下的市级研究基地。

1999年至2008年，张妙弟任北京学研究所所长。

2004年至2008年，张妙弟任北京学研究基地主任。

1999年至2014年，张妙弟任北京学研究所（基地）学术委员会主任。

2004年至2014年，张妙弟任北京学研究基地首席专家。

自建所以来，北京学研究秉承"立足北京、研究北京、服务北京"的宗旨，一直致力于从综合性、系统性和整体性的角度对北京城市发展规律进行分析和研究，针对北京市中心工作和社会焦点、热点问题，先后承担了多项研究任务，开展了一系列决策咨询与社会服务工作，为市委市政府的决策提供了有益的支持。

《当代中国城市发展丛书·北京卷》是北京学研究基地参与的国家重点项目，是一项涉及历史学、地理学、城市学、管理学等诸多学科的浩大工程。北京市委、市政府对该书的编研工作十分重视，组成了由市长担任编委会主任，几位市委、市政府领导担任副主任，各有关委办局负责人担任委员的编委会。编委会下设编辑部，作为其日常办事机构。张妙弟被任命为编辑部常务副主编，他与主编陶一凡领导编辑部在丛书总编委会和本书编委会的指导下，主要做了确定工作方针、拟定编写提纲、培训编写队伍、研究审定书稿等项工作。

该书在对广博的史料进行认真梳理和反思的基础上，从城市规划、城市建设、城市管理等各个方面回顾60年的北京城市发展历程，研究其阶段性特点，总结经验教训，以历史唯物主义观点为指导，把问题放在一定的历史条件下来分析。其中"专题篇"的13个专题是在历史回顾的基础上确立的对当代北京城市发展具有全局意义的重要方面。"展望篇"就北京建设中国特色世界城市的目标及相应举措做了近期和远期的预测和描绘。

2012年10月，在北京市第十二届哲学社会科学优秀成果奖评选中，《当代中国城市发展丛书·北京卷》荣获一等奖。

北京学研究所在北京市哲学社会科学规划办公室的大力支持下，承担了北京市哲学社会科学"十五"规划重点项目"图说北京城"的研究工作。张妙弟任课题研究组组长，主持了课题研究和书稿统筹工作。

正如课题研究组顾问龙新民先生所说，这项研究工作有别于传统的以调研报告或论文为主要成果形式的研究，而是以图为主，以文为辅。课题成果以时代为纲，以建设类别和形式为目，以标志性建筑和突出事件为重点，严谨的学术性与大众化形象性相结合，用400多幅图片和精练的文字形象地展示了北京城的发展演变过程、文化积淀和建设成就，展望了北京城深厚的历史文化传统与现代化国际城市协调发展的方向，体现了研究者的独到见解。

近些年来，在北京学研究基地承担的一大批省部级以上科研项目中，有很多项目都是张妙弟亲力亲为的。例如，在国家重大文化工程清史编纂工作中，张妙弟主持清史子课题"北京及其周边地区清代建筑遗存"，历时多年，取得高水平成果。

2003年，张妙弟当选为北京市第十届政协委员和文史委员会副主任。在文史委这块阵地上，张妙弟紧跟形势、热情参与、敢说敢当、献计献策，发挥了一个政协委员的积极作用，参与了很多有分量的调研和文化遗产保护的呼吁工作，如世界文化遗产保护、名人故居保护、地下文物保护等。

大运河、中轴线的申遗是近年来北京市政协关注的重点，张妙弟对其倾注了极大的兴趣和研究热情。

通惠河是京杭大运河的龙头，其中北京城中的一些河段，从1949年前后到50年代，陆陆续续盖上了板，成了暗河。张妙弟牵头联合多位委员就部分通惠河河道的恢复专门提交了提案。他认为，大运河意义重大，是北京历史文化名城的重要组成部分。恢复河道，不但有助于申遗，也是改善北京生态环境的需要。北京市东城区政府积极响应，从2006年开启"北京玉河历史文化恢复工程"，恢复了有着700年历史的古玉河河道（通惠河的重要一段），成为京杭大运河申遗的重要支撑条件之一。目前这里已经成为北京市历史文化名城保护的一张名片。

2013年年底，北京学研究基地与北京市政协文史和学习委员会合作完成的《北京中轴线》，由北京出版社正式出版。这是一部图说类著作，是北京市政协文史委调研课题的衍生成果，也是两个单位合作承担的北京市社科规划重点项目"北京城中轴线保护研究"成果之一。张妙弟担任该书主编。该书以研究为基础，图文并茂，以近4万文字、近400幅新旧照片和地图对北京旧城中轴线进行了系统、生动、形象的展示。它既是一项研究北京中轴线的学术成果，又是解读宣传中轴线、让民众了解中轴线的科普之作，并将助力中轴线的保护与申遗。

张妙弟认为，看文化要有一个基本点："历史是长河，文化在流变"，"文化随人们生产方式、生活方式的变化而变化"。申遗也应该用这个观点来对待。辛亥革命以后，北京城中轴线上建筑的功能发生了根本转变。"统治核心紫禁城变成了博物院，祭祖的太庙成了劳动人民文化宫，祭天的天坛也成了公园。"这都是顺应历史进步的变化。对于现在的天安门广场会成为申遗障碍的说法，张妙弟认为是一种误解。过去天安门广场的核心是皇帝祭天时走的御路，而从封建时代到人民当家做主，随着功能的变化，其形态发生变化是必然的。从1949年10月1日中华人民共和国成立开始，天安门便成了新中国的政治象征，天安门广场成了国家的政治中心。而明清时代，全国的政治中心在紫禁城，天安门也是皇城的一部分。因此，张妙弟在申遗一开始就明确主张将天安门广场以及人民英雄纪念碑、国家博物馆、人民大会堂、毛主席纪念堂等现代建筑一同纳入中轴线的申遗范围。"不能只讲明清北京城，这会忽视历史的推进。"张妙弟说，"一个活态的城市，要求其一成不变，是不应该也不可能的。变是不可避免的，关键在于保护、传承、发展，三者不可偏废。"

张妙弟认为，社会是一条大船，作为一名学者，应当有高度的责任感、深刻的洞察力和准确的判断力，时时刻刻站在船头，成为眺望者和观察家，预警社会。2013年12月12日，中央城镇化工作会议在北京举行。会议指出，城镇建设要依托现有山水脉络等独特风光，让城市融入大自然，让居民望得见山、看得见水、记得住乡愁。张妙弟响应并建议，为记得住乡愁，一要保护好地域文化，乡愁最有承载能力的是社区，要大力提倡办街道博物馆，从已经建立的建国门街道博物馆、史家胡同博物馆看，它们特别接地气，与老百姓生活息息相关；二要多举办社区文化活动，如柳荫公园的柳文化节活动、门头沟的重走京西古道活动、通州建设运河沿岸步道的做法等，既宣传了历史文化，又符合现代人的需求。张妙弟一再强调：历史是长河，文化在流变。我们的工作，一是保护，二是传承和发展，而要想传承和发展，就得考虑现代人的需求。

2007年4月，张妙弟从校长岗位卸任。

2007年，张妙弟受聘就任北京市人民政府文史研究馆馆员。

2008年9月，张妙弟从学校退休。

2014年12月，张妙弟卸任学校的返聘岗位：北京学研究所（基地）学术委员会主任、基地首席专家。

目 录

生态旅游及其在北京山区的开发 ………………………………… 1
对北京学研究内容的思考 …………………………………………… 9
北京旧城改造与北京学研究 ………………………………………… 12
北京学研究的理论体系 ……………………………………………… 18
发展首都文化产业要解决好的问题 ………………………………… 25
元大都与京城水系 …………………………………………………… 30
关于北京传统四合院保护与利用的再认识 ………………………… 34
影响京郊旅游业持续发展的主要产业环境问题研究 ……………… 44
《北京学研究文集·2004》序 ……………………………………… 59
北京学研究十年回顾与思考 ………………………………………… 61
关于将京西古道研究引向深入的几点思考 ………………………… 67
关于大运河"申遗"类型的思考 …………………………………… 72
有关隋唐大运河的十个历史地理学问题 …………………………… 76
运河名城——北京 …………………………………………………… 78
建设"人文北京"的一项重要内容：大运河（北京段）
  的保护与申遗 …………………………………………………… 85
历史上北京城的演变及文化内涵 …………………………………… 90
加强地方文化中的文化态度层面研究
  ——以永定河文化研究为例 …………………………………… 116
刍议北京城中轴线研究十要点 ……………………………………… 123
寻找城市的灵魂
  ——关于城市发展和文化保存的对话 ………………………… 130
运河古今——北京通惠河 …………………………………………… 141
北京中轴线性质的四个定位 ………………………………………… 146

1

北京城中轴线近现代变迁的基本类型 ·················· 155
热血千秋　旷古奇才
　　——记于谦与北京保卫战 ·················· 166
关于文化传承与终身学习研究涉及的基本概念与实例 ········ 181
京城脊梁　人天共成 ························ 194
近代北京交通发展中的城市变化及评论 ··············· 203
对当前地域文化传承中几个问题的思考
　　——以北京为例 ······················ 214
开封城与黄河 ··························· 220
泰山的植被 ···························· 231

附录一：在路上 ·························· 243
附录二：赤子情怀　北京情缘
　　——记北京学研究基地首席专家张妙弟教授 ········ 251
附录三：张妙弟科研成果一览 ···················· 257

生态旅游及其在北京山区的开发

一

80年代以后，生态旅游（ecotourism）作为最新潮的旅游产品正吸引着人们。在西方人们越来越多地离开那些传统的旅游地而走向热带雨林、北极冰川等人迹罕至的地区。在中国，"回归大自然"、"返璞归真"的旅游广告充人耳目。许多旅游学家认为，生态旅游是当代世界旅游的转折点，以它为标志，世界旅游开始超脱二战以来形成的以满足游客"4S"需要为基础的大众旅游模式，经由文化旅游向更高一个层次发展。有专家认为，它是21世纪旅游的发展方向。

那么，到底什么是生态旅游？"回归大自然"是否可以作为生态旅游内涵的概括？生态旅游与一般的自然观光旅游有什么区别？回答这些问题，需要从自然观的高度分析生态旅游的实质，然后从规划、管理、旅游行为等多个角度阐明其特征。

综观历史上自然观的演变，从"天定胜人"到"人定胜天"，到发展为"人天共存"或"人地归一"，走过了"正—反—合"的曲折道路。这条道路实际上并没有穷尽，不同的自然观（环境观、人地关系观）并存的局面目前仍然存在，反映在旅游上则主要是后两者的并存和冲突。

"人定胜天"理论的核心是人凌驾于自然之上，人类根据自己的需要对自然做出规划和谋算，并付之实践，诚如L.克拉格斯在《人和地球》一书中所形容："人们卡住了自然的脖子，使它的每一个毛孔都溅血。"在人的这种极端膨胀的主体性的支配下，人们对自然展开大规模的索取和掠夺，以至形成人所周知的大量物种灭绝、森林资源迅速减少、空气污染、水质恶化、生态平衡受到破坏的严重局面。

在"人定胜天"的认识下，人们在自然山水旅游中必然的前提是把自然作为依附于人、满足人的消费需要的原材料。近代的自然山水旅游正是在欣赏这种"人化的"自然美的基础上发展起来的。尽管这种旅游打着种种不同的旗号，如大自然猎奇旅游、探险旅游、回归自然的绿色旅游等，其主旨都是满足人类虚荣心和生理需要的对自然的征服和利用。

在人类蹂躏、践踏自然的过程中，自然山水旅游的作用是"助纣为虐"。尽管在旅游活动中，比起在其他活动中人与自然更近一些，尽管很多旅游地的开发以保护环境、维护生态为口号，但在运营的实际中都对生态环境造成了不同程度的破坏。例如，非洲的一些国家公园出现了生态平衡失调和野生动物习性改变的问题，中国长白山的旅游开发造成了苔藓带的破坏等。

世界性的生态危机终于使人类开始明白，从根本上说，自然是人的生存之所，人归根结底依附于自然，人对自然的改造从属于人在自然环境中生存这一最原始的目的。这就是"人天共存"或"人地归一"的自然观。以这种自然观为指引，生态旅游应运而生。

生态旅游与近代旅游业产生以来的各种类型的自然山水旅游的根本区别在于：

第一，生态旅游理论认为，自然物中始终存在着与人相异的一面，自然并不如人想象的那样能够被人的理性所随意支配。与"人定胜天"自然观把自然作为人的技术框架中的原材料认为可以任意加工不同，生态旅游理论尊重自然的异质性，而把自然作为人类的生存环境来对待。

第二，在一般的自然山水旅游中，人与自然山水亲密"融合"，产生愉悦和亲切的感受。但这种"融合"是以人的主体性为基础的，自然的物性几乎完全被融掉。在人的极度膨胀的自我意识支配下，非常容易导致人对自然的随意态度，最终造成对自然的破坏。而生态旅游则认为，当人把自然作为自己的生态环境来欣赏时，所体验到的不是与自然的"融合"，而是与自然的"亲近"。这种亲近是人对自然的异质性的品味，是人与自然各适其性，各得其乐。陶渊明在其诗中所写的"孟夏草木长，绕屋树扶疏。群鸟欣有托，吾亦爱吾庐"，就是这个道理的生动写照。

第三，一般的自然山水旅游强调参与、进取和享受，而生态旅游则主张"无为"和"倾听"，不要按照自己的意愿强行对自然施加影响。这就是"除了脚印，什么也不留；除了摄影，什么也不取"和"你不妨中途驻足片刻，静静地做个聆听者，听听这片树林内一切居民的声音"这类生态旅游口号的基础。

当然，生态旅游不可能对生态产生直接的巨大作用，其影响是潜在的、间接的。生态旅游为人们提供与生态直接交流的机会，从对生态旅游正反两个方面的感性体验中，引发他们从人类生存的高度思考环境问题，反省人与自然的关系，从而提高尊重自然、热爱自然、保护自然的自觉性。

总之，生态旅游不仅仅是很多人所理解的离开城市、走进农村和森林、游山玩水、休闲度假。如果是这样，只是一般的自然旅游。根据1992年第一届旅游与环境世界大会所下的定义，生态旅游是"以欣赏和研究自然景观、野生动植物以及相应的文化特色为目标，通过为保护区筹集资金，为地方居民创造就业机会，为社会公众提供环境教育等方式而有助于自然保护和持续发展的自然旅游"。

通过以上分析，笔者认为，"回归大自然"这个提法，对于生态旅游而言，多少有点不够明确，容易造成与一般自然山水旅游的混淆，但考虑到它的通俗性而易于被大众接受，我们还可以继续使用它，只是要在规划、建设和管理的各个环节上充分体现尊重自然、热爱自然、保护自然的宗旨。

二

北京山区约占全市总面积的62%，包括平谷、密云、怀柔、延庆、昌平、门头沟、房山以及海淀、石景山等区县的山地部分。它具有十分丰富的旅游资源，也是首都极其重要的生态屏障和水源涵养地。

随着经济发展与人民生活水平的提高、生活方式的转变，北京山区的旅游开发取得了前所未有的大发展，其中以自然风光资源为主的旅游地的开发，在人们"回归大自然"心理的驱动下，更是显得轰轰烈烈，方兴未艾。现在的问题是，在充分肯定成绩的前提下，有必要用生态旅游的观点和标准来考察一下近些年来在北京山区旅游开发中存在的问题，以求少走弯路。笔者提出以下几个方面的看法供讨论。

第一，到目前为止，北京尚未进行整个山区总体的生态旅游规划。这个规划应明确以生态旅游（而不是一般的山水自然旅游）为自己的独特工作对象，以生态学为自己的理论基础，经过详细调查和论证，划定北京山区宜于发展生态旅游的地区和类型，并确定不同的规划方向、建设要求、行为规范和游客容量。其中一个不可回避的问题是对现有的自然保护区、水源地保护区、森林公园在系统研究的基础上进行功能分区，一方面确保保护任务的落实，另一方面在规定范围内开展生态旅游，发挥其教育和筹集资金等功能，改变目前的"模糊状态"和由此带来的对生态环境的破坏。另外，除现有保护区和森林公园外，还应在广大山区中再选择一部分生态环境好的地区明确为生态旅游区。这个工作应结合当前正在开展的"险困户搬迁工程"一起进行。具体到一个景区的生态旅游规划的试点应立即进行，以取得经验。

第二，多数旅游地经营者的思想尚未确立生态旅游的观念，"消费为核心，赚钱为唯一目的"的指导思想左右经营行为。举一个典型事例。当笔者在考察中提醒一个旅游地经营者应制止游客折花时，这个经营者竟回答："不要紧，如果游客真把花折完了，那倒好了，说明我的钱赚'海'了。"根据生态旅游的概念，旅游不仅仅是一种观光赏景的享受，其核心也不是消费。发展旅游业的宗旨也不应仅是赚钱，而更重要的是在于教育人尊重、热爱、保护自然。北京近期发生的两起典型事例，志愿者在玉渊潭守护大雁和野鸭湖天鹅事件从正反两个方面反映了人们的生态意识。这方面，我们还任重而道远。

第三，在目前的山水自然旅游开发中，多数旅游地"投入"不足。这有两个方面：一是资金投入不足，有的景区在步道、垃圾箱、厕所、指路牌等最基本的设施建设上差距较大，多数景区没有导游人员。二是"智力"投入不足，多数旅游地缺乏"独具慧眼，匠心独运"的意识，以致进入"雷同化、潮流化"的误区，个别的甚至陷入"庸俗化"的泥坑。"智力"投入不足的另一个结果是有一大批旅游资源没有被重视和开发。例如，兼有重要科研价值和旅游价值的火山口地貌、硅化木群、奇异的"生命圈"和"常绿栗"、北京少有的候鸟栖息地等。北京山区的生态旅游开发迫切需要多个学科尤其是生态学、地理学、生物学、林学等领域的科技人员的介入，用科学的智慧指导生态旅游的航向。

第四，北京旅游业本身在舆论上缺乏对广大游客主动积极的、专门的宣传和引导。目前多数景区的宣传口号属于山水自然旅游类型，如"水秀峰奇"、"石红水秀"、"高崖悬瀑、低谷潺溪"、"观自然风光，饮洁净之水，尝绿色食品，享农家欢乐"等。总之，是以人为中心的。至于生态意识的宣传，社会各界做了很多工作，也取得了一定的效果。前面提到的志愿者守护玉渊潭大雁和其他正面事例均说明了这一点。现在的问题在于旅游业本身缺乏专门的强有力的引导工作。可以认为，这个工作应在提高思想认识和系统研究的基础上，提出生态旅游的明确口号。这些口号与一般山水自然旅游有一致的地方，体现在热爱自然、保护自然方面；更有不一致的地方，也是高于后者的地方，就是首先要倡导尊重自然，因为在自然界这个复杂的生态系统中，人类并没有主宰其他部分的天然权力，而只是其中的一个组成部分。这个观念上的巨大转折能否成功，关键在于引导人们用生态系统为背景的整体观超越原来的人类中心主义。当然，有了口号，还必须贯彻在规划、建设、管理的各个环节上才能生效，但提出口号毕竟是第一步和基础性的。

三

专家认为，国际旅游市场当前正经历着由传统观光旅游产品向新型旅游产品即自然生态旅游产品和人文生态旅游产品转化的时期。就中国而言，北京应该走在全国的前面，应抓住这个时机，制定出北京市的生态旅游的发展战略。它既要适合我国和北京市现在国民经济的发展水平，又要符合当今世界旅游的发展方向，具体而言，可考虑以下几方面工作。

第一，组织专家学者对生态旅游进行基础性的系统研究，包括其内涵、外延、发展趋势以及其中国特色（如中国特有的社会经济条件和文化背景下特有的生态意识的表现形式及相应的对策研究）等。

第二，研究并明确生态旅游的目标，包括规划、建设目标和管理目标，还包括对游客行为规范的要求。这些目标的制定是生态旅游在真正意义上得以落实的关键。

第三，在充分掌握北京山区生态环境的基础上，制订出一个北京山区生态旅游总体规划。其内容除前面提及的以外，还应区分专门的生态旅游区和一般旅游区，分别做出相应的要求。考虑到我国和北京市生态旅游刚刚起步这个情况，要对下一步的发展规划做出一个进度安排。

第四，要十分强调对公众的生态教育。这种教育可以是背景性的，即不一定是与旅游直接挂钩的；当然更应该是"专业性"的，即是与旅游密切相关的，也就是专门利用旅游来进行的。这种教育要贯穿整个旅游过程的始终，并且采取的形式一定是启发式的、体验式的和生动活泼的。这里特别要强调前面提到的"匠心独运"这个原则。可以设想，任何一句无论多么生动的口号在众多的景区反复出现，游客也会感到厌烦。每个旅游地必须根据自己的实际精心设计好自己的每一个教育环节。

第五，在科学考察的基础上，建立北京山区生态旅游资源数据库，并进行 CD-ROM 的研制以及在 Internet 网上的运行研究，以加快北京走向世界和世界了解北京的步伐。

第六，积极促进建立全国生态旅游协作组织，可与自然保护、风景名胜、森林公园以及自然文化遗产等部门联手。可将北京地区或加上周边地区先行联合起来，以此促进全国的联合。要加强与国际生态旅游机构和各国的交流合作，以尽快取得别国的成功经验作为借鉴。

第七，尽快组织生态旅游规划的试点，以促进把生态旅游从"纸上谈兵"转入实质性开发阶段。即便有先进的国际经验可供借鉴，也还需要结合自己的国情和市情。只有通过试点，才能使认识逐步深入。这里要说明一条，现有的自然保护区、水源地保护区都做过规划，但其内容中基本上是回避旅游的；森林公园的规划由于多数尚没有以生态旅游的理论为指导，故有一定差距。所以这种试点必须尽早进行。

进来，笔者在参与北京市密云县旅游开发总体规划的工作中，发现云蒙山风景区是一个生态环境十分优越的山区，非常适宜开发生态旅游，于是在前述认识的指导下，试探性地做了一点规划研究。[①] 现将其中关于划分生态旅游带的内容介绍于下，作为对生态旅游研究内容一个侧面的案例，其余功能分区、路线设计等内容另文介绍。

云蒙山位于密云、怀柔两县境内，面积2208公顷，其中密云县境内的面积近80%。最高峰1414米，千米以上的山峰166座。它是北京市境内边界清晰的最大的一座中山。由于两个人为的原因（地处密云水库一级、二级、三级保护区内，多年植树造林涵养水源；广大深山区内的村庄已全部迁出），森林茂盛，生物繁多，环境优越。目前已有云蒙山国家森林公园和黑龙潭等14个旅游景区。

1992年第一届旅游与环境世界大会把生态旅游定义为"促进保护的旅游"。它对于风景名胜区同时兼有保护和开发的双重责任。由于它能为地方居民创造就业机会，促进地方增加经济收入，减少当地居民通过开垦、樵采和放牧对环境产生的压力，而为生态学界、环境保护学界以至政界所重视，作为支持自然保护的重要手段。另一方面，随着民众环保意识的逐渐增加，更多的人越来越向往自然，越来越关心自己的"家园"，越来越欢迎从风景区接受有关生物多样性、生态系统保护等知识的直观教育。这两个来自不同角度的思想形成一个广泛支持、而又为游客所爱护的新兴旅游方式。作为一个

---

① 这项规划得到了陈传康教授的指导；参与这项工作的还有王恩涌、卢培元、张培力、崔志平等老师。

风景区，则逐渐将生态旅游的开发作为自己开发任务中不可缺少的组成部分。

与常规的自然旅游不同，作为促进自然保护和持续发展的潜在手段，生态旅游必须强调自己的计划性。其中划分生态旅游带（区）是一项重要的基础性工作。不同的生态旅游带具有不同的生态环境，并且具有不同的游客量和不同的活动行为、路线安排以及其他方面的要求。这种划分将有利于整个风景区生态保护，保留和逐步恢复当地的"顶极"生态系统。从长期效果看，将促进形成更具魅力的自然景观风光。

云蒙山风景区相对高差1200—1300米，具有丘陵—低山—中山地貌系列。在其范围内，自然景观和人文景观呈现出有规律的三带分异，以此为基础，可将风景区分为以下三个生态旅游带（见下表）。

特征＼名称	"接近自然"带	"返回自然"带	"回归大自然"带
海拔高度（m）	200—400	400—800	800—1414
气候特征	丘陵和低山河谷干暖气候	典型低山气候	中山温湿气候，多云雾
山地分带	丘陵	低山	中山
主要地貌景观	周边多城垣状悬崖；海拔200—300米间存在一裂点带，形成黑龙潭、第一瀑等深峡高瀑景观	海拔600—800米之间存在一裂点带，形成惊仙瀑、草木沿石林和众多造型石；其上的夷平面即冷风甸、山神庙所在	海拔1000—1200米之间存在一裂点带，形成勺潭、风外石长城、夹山沟大绝壁等奇景；以主峰和最高峰为首的百余座千米以上山峰主要分布在此带
水文景观	潭瀑最集中	云蒙溪、惊仙溪等精华段落所在	大溪之上游，水质更优，也有好潭瀑
植物群落	鹅耳枥林 沟谷杂木林 核桃楸林 枫杨林 荆条灌丛 山杏灌丛 三桠绣球灌丛 人工林果园农田	枥林 杨桦林 鹅耳枥林 人工油松林 二色胡枝子灌丛 平榛灌丛 锦袋花灌丛 迎红杜鹃灌丛	松枥林 白桦林 山杨林 人工落叶松林 人工油松林 二色胡枝子灌丛 迎红杜鹃灌丛

续表

特征＼名称	"接近自然"带	"返回自然"带	"回归大自然"带
主要物种	槲 油松 栓皮栎 鹅耳栎 核桃楸 枫杨 山杏 山桃 黄栌 荆条 三桠绣球 蚂蚱腿子	辽东栎 蒙古栎 黄檗 鹅耳栎 山杨 白桦 油松 锦袋花 平榛 照山白 二色胡枝子 迎红杜鹃	辽东栎 蒙古栎 油松 落叶松 山杨 白桦 五角枫 蒙椴 六道木 毛榛 红丁香
规划建设要求	规划山村小住和一般性的山野观光	规划一般远足、爱国主义教育和山村小区，规定行进路线	规划生态远足、练功健身和封闭管理的避暑会议中心，规定行进路线和配备导游

第一，"接近自然"生态旅游带。其下限为前述风景区边界，上限基本上为海拔400米左右，此带"裙边状"围绕云蒙山区，只是西部和北部一些地方因海拔高而有所缺或。这个带基本上是山口和丘陵地段，其景观特征是"以灌木林为背景，有零星的人工林、山村、梯田、果园沿沟谷分布，构成山野牧歌式的淳朴气氛，给游人以接近自然的清新感受"。其规划方向以观光旅游、山村小住为主。对游客数量、活动行为和路线只做一般性的规定。

第二，"返回自然"生态旅游带。位于"接近自然"带之上，上限约在海拔800米，这个带基本上属于低山和浅山范围，其景观特征是"次生林、人工林、灌木林组成茂密植被，动植物种类明显多于第一带，人类活动则相反，比第一带大为减少，只有少量山村如对家河、狼房峪、郑家等点状分布，给人以世外桃源般的脱尘感受"。其规划方向以远足、山村小住为主。对游客数量、行为方式和路线要做出严格规定。

第三，"回归大自然"生态旅游带。位于"返回自然"带之上，为云蒙山风景区的核心和深山地带，海拔800米左右直至最高峰。其景观特征是"大面积生长良好的次生林中还有一定面积的原生林，人工林生长也十分茂盛，灌木林已减少到不重要的地位，居民已全部撤离，生态环境更加优越，云雾景观显著，给人一种'真正大自然'的感觉"。其规划方向以避暑、远足为主。冷风甸、小西天、山神庙规划为高档避暑区，实现封闭式管理。其他在旅游路线和行为等方面要做出比"返回自然"带更为严格的规定。

（原载于《第3届中韩国际学术研讨会论文集》，1997年7月）

对北京学研究内容的思考

1999年12月25日，北京联合大学北京学研究所召开了第一次学术研讨会。会议共收到论文39篇，来自22个单位的64名代表出席了会议。名誉所长、市人大常委会副主任陶西平同志和顾问、中国现代文学馆常务副馆长舒乙同志出席会议并做了重要的讲话。会上有11位研究人员宣读了论文。由于时间的限制，会议对论文的讨论不够充分，然而讨论的气氛十分热烈。会议论文由《北京联合大学学报》以专辑形式出版。会议期间，还专门收集了与会代表对这次会议和北京学研究所开展今后工作的意见和建议，得到与会代表充分的肯定和热情的指导。新闻媒体对会议做了报道，市哲学社会科学规划办还很快将会议情况和部分论文上网发布。

根据上述情况，总体上可以认为，第一次学术研讨会是开得成功的。这个成功，说明北京学研究符合北京市实际工作的需要，符合学科发展的需要；说明北京学研究所"立足北京，研究北京，服务北京"的宗旨和开门办所方针的正确性；说明北京各学术机构和有关单位对北京学研究的重视。但是，我想不能只看成绩，更要找差距。现在就有一件急需解决的事，这件事是从与会代表的一条意见中产生的。部分代表提出，这次会议论文的内容太分散，不同学科、不同行业的人在一起讨论有一定的不便，建议以后开小会、开专题讨论会。乍一听，这条意见是一个开会的方法形式问题，细一想，这里面可大有文章，因为涉及了北京学研究的内容以及内容的核心究竟是什么的问题。邓小平同志反复强调"实事求是"，建设有中国特色的社会主义要"摸着石头过河"。我想，北京学研究也是个新的工作，缺乏现成的拿来就能用的经验。我们不妨也来摸一摸"石头"，对39篇论文和64位与会人员做一点分析，以有利于加深对北京学研究内容的认识。

第一，就实际工作角度而言，39篇论文涉及的领域十分广泛，如北京城市的可持续发展，古都风貌的保护，旧城改造，中轴线问题，中关村科技园区，首都经济，外来人口，社区服务，旅游资源，规划与开发，加入世贸组织与北京旅游业等。

第二，39篇论文普遍注重各学科理论在北京的应用研究，如卢培元对北京城市特殊性及其形成原因的见解，张景秋和吴舒丹对北京城市功能的讨论，阎崇年、方彪、张宝秀对北京文化特点及其形成历史的分析，孟延春对西方发达国家城市发展中的绅士化现象以及与北京旧城区改造的对比研究，李悦的关于企业家成长机制的探讨，王缉慈的关于中关村发展模式的深层思考，叶盛东的生态城市设计——以北京为例，赵晋对"三大革命运动"发生在北京的原因的阐述等。其他文章中还有不少，不一一列举。涉及城市科学、政治学、经济学、社会学、历史学、文化学、宗教学、旅游学等众多学科。另外，还有一篇特殊角度的文章是王均介绍数字化城市的，学科背景之一是信息科学，也是很有意义的。至于王晓沙、尹钧科、李颖伯和王燕美的3篇文章属于专门探讨北京学的基础理论，是为将来建立北京学的理论体系做前期准备的。

第三，64位与会代表大体上来自以下几个方面：高等院校，如北京大学、清华大学、中国人民大学、北京联合大学等；科研院所和科研管理部门，如中国科学院地理所，科技部国家遥感中心，北京市社科规划办，北京市社科院及其历史所、城市所、经济所、满学所，北京城市科学研究会，什刹海研究会等；市领导机关及其研究部门、职能部门，如首都规划委员会，市城市规划设计院，市文物局、旅游局、档案馆，市委党史研究室，市委教育工委研究室等；出版社、图书馆、博物馆，如北京燕山出版社、首都图书馆、西周燕都遗址博物馆等。人员构成包括基础理论研究人员、应用研究人员、从事实际工作的人员以及管理人员。

第四，从39篇论文推而广之，可将北京学研究的内容归纳为以下几个类型：

（1）诸如城市科学、政治学、经济学、社会学、历史学、文化学、宗教学、旅游学等各门学科的研究对象在北京的种种表现的研究，或者是北京发展过程中所出现的种种具体问题，领导机关、职能部门和广大群众所关心的热点、焦点和难点。这一类型的内容，是北京学研究的基础部分，尽管它分别属于上述各门学科和各个职能部门的研究对象，尽管它不是北京学研究的核心，但如果拒绝了这一部分内容，北京学研究的活力就会大打折扣，北京学理论体系能否建立起来，也将是一个问号。这个类型的研究内容带来的问题就是所谓的内容太广泛，研究不易深入。

（2）在以上研究的基础上，力求归纳、升华，提出北京各个方面的特点是什么。与第一个类型一样，它也包括理论和实际两个不同的角度。例如，研究文化理论的就要说清楚北京这个城市的文化特点；研究外来人口实际问题的就要总结出北京的外来人口问题与上海、广州怎么个不一样。

（3）在以上研究的基础上，进一步研究上述特点形成的原因。显然，这一类型的研究内容更具有综合性，因为它会涉及更多的学科和更多的实际工作领域，还必然会涉及历史过程。最终要说清楚这些特点为什么在北京这个城市形成。

上述（2）、（3）两个类型的内容是北京学研究的核心，也是北京学研究之所以必要的依据，更是北京学理论体系生长的基地。

（4）以上研究成果的应用，基于对北京规律性的认识，预测北京的发展，提供针对种种问题的对策建议。显然这个类型的研究实际上是随时进行的，因为现实生活不断地提出问题要求我们回答。我们必须在每一个阶段，根据我们的认识水平，回答好每一个问题，尽管以后看当时的认识也许是不完善的和不深刻的。

（5）因为北京学是个新学科，它需要研究北京学本身的对象、方法，建立概念、术语、范畴体系，描述历史发展，论证学科体系，揭示学科规律，阐明学科的功能和应用等，最终建立北京学的理论体系。

根据以上分析，是否可以这样考虑，北京学研究学术研讨会的开法既要坚持人员和题材的广泛性，这主要是指要保证学科的多样性和实际工作领域的多样性；又要便于讨论以保证研究的深度和效率，这可采取大、小会结合的形式。小会或按学科、或按实际工作领域分设，大会可按某一研究层次确定一个主题，比如第二次学术研讨会采用"特点"作为大会主题词如何？

（原载于《北京联合大学学报》2000年第1期）

北京旧城改造与北京学研究

一

国务院关于北京城市总体规划的批复（1993年10月6日）中的第一条是："北京是我们伟大社会主义祖国的首都，是全国的政治中心和文化中心。城市的规划、建设和发展，要保证党中央、国务院在新形势下领导全国工作和开展国际交往的需要；要不断改善居民工作和生活条件，促进经济、社会协调发展，成为全国文化教育和科学技术最发达、道德风尚和民主法制建设最好的城市。在城市总体规划的指导下，通过不懈的努力，将北京建设成经济繁荣、社会安定和各项公共服务设施、基础设施及生态环境达到世界第一流水平的历史文化名城和现代化国际城市。"第六条则是："《总体规划》确定的保护古都风貌的原则、措施和内容是可行的，必须认真贯彻执行。北京是著名的古都，是国家历史文化名城，城市的规划、建设和发展，必须保护古都的历史文化传统和整体格局，体现民族传统、地方特色、时代精神的有机结合，努力提高规划和设计水平，塑造伟大祖国首都的美好形象。要在现有基础上继续明确划定历史文化保护区的范围，划定文物保护单位的保护范围和建设控制地带范围，制定保护管理办法。"其中确定的北京的城市性质、发展目标和保护古都风貌的总要求是讨论北京旧城改造的一切问题的准则，也是北京学研究相关问题的准则。

二

北京旧城是指二环路（明清北京城城墙和护城河所在）以内的地区，面积约62平方公里。旧城改造是一个总题目，包括保护、废除和建设三个层面的工作。在实际工作中，这三个层面紧密联系，以至于经常是"难舍难分"和"众说纷纭"。近些年来，在北京大型公建、市政工程、工业调整搬迁、危旧房改造、房地产开发等活动中所表现的现代化建设与古都风貌、历史文化名城保护之间的矛盾日趋加剧，政府、专家、开发商和广大群众均十分关注，成为社会的热点问题之一。甚至于北京申奥口号中的"新北京"的提法也遭到国外某些人的非议，可见问题影响之广。实际上，传统与现代化对世界各国来说是一个普遍的问题，也是一个在每个历史阶段都不可避免的问题。但不管怎样，这个问题今天在北京凸显，是有其深刻的原因的。也就是说，除了一般规律在起作用之外，还有北京自身的特殊规律在起作用。要想分析透、解决好这个问题，北京学研究责无旁贷。

三

近些年来，对北京旧城改造的认识可以大致概括为三种意见。

第一种意见认为，北京旧城的规划建设文化积淀深厚、源远流长。保护北京古都风貌的基础在于维护北京城的整体格局。其中有人主张将北京旧城范围内的传统建筑以及环境风貌全部保留。这种观点经常引用国内外规划大师们对北京城辉煌成就的崇高评价，如美国培根所言："在地球表面上人类最伟大的单项工程，可能就是北京城了。这个中国城市是作为封建帝王的住所而设计的，它企图表现出这里乃是宇宙的中心。整个城市默默地沉浸在仪礼规范和宗教的意识形态之中，当然这些都和我们现在无关了。虽然如此，它的（平面）设计是如此的杰出，这就为今天的城市建设提供了丰富的思想宝库。"这种观点强调传统建筑是过去不同时代的产物，是历史文化的极为重要的组成部分，是北京、中国以至全人类不可再生的物质财富和精神财富，只有北京旧城的整体才能反映出历史文化名城的特色。因此，在北京旧城改造中应该全面保护传统建筑和环境风貌。

第二种意见认为，北京作为全国的政治中心、文化中心和现代国际都市，必须加快现代化的建设。这种观点更多强调北京城市的综合实力、国际功能、现代化水平等方面与当前世界一流国际城市的差距，同时强调目前旧城范围内的市政基础设施条件和平房区内居民的生活居住条件亟待改善，主张在保留重点文物保护单位的前提下，对旧城进行全面改造，改造的方式是将旧房全部拆除再进行统一建设。

第三种意见主张兼顾保护与发展，认为过分强调保护或发展都是不妥的，强调对传统风貌的保护，是北京城市规划建设中必须给予高度重视的问题，同时强调北京的城市功能是要为在京的党政军机关领导全国的各项工作服务，为日益扩大的国际、国内交往服务，为科技、教育和文化事业服务，为北京市人民服务。因此，北京城市传统风貌的保护必须与体现城市性质、完善城市功能相结合，与促进社会经济发展相结合，在保护中求发展，在发展中促保护。

四

恩格斯说："运动本身就是财富。"列宁对于对立统一法则所下的定义，说它就是"承认（发现）自然界（精神和社会两者也在内）的一切现象和过程都含有互相矛盾、互相排斥、互相对立的趋向"。用这个马列主义的基本观点来考察人类文明的历史，可以认为，人类的文明史是一个不断变化、发展的过程，是一个不断"取其精华，弃其糟粕"的过程，是一个不断积累的过程。对于整个人类的文明史是这样，对于北京城的文明史同样是这样。具体讲，对于北京城，兴与废始终是相辅相成、对立统一的一对矛盾。在北京3000多年的建城史、800多年的建都史中，历经无数兴废变化，也可以说经历了无数次的"旧城改造"。我们今天所强调的北京历史文化名城及其古都风貌并不仅仅是指某一个特殊的历史阶段的文物古迹和历史遗存，例如金代城墙的片段、元大都土城遗址，或是明、清北京城的什么，而更主要的是指反映北京有史以来整个过程中所积累的物质文明和精神文明。今天我们所能看到的，无论是文物建筑、地理环境、城市格局、历史地段，还是文化艺术遗存、风土民情，都是长期的历史的积淀，是不断进行着的发展变化的结果。总之，"变"是绝对的，或者说"发展"是硬道理。有人说得好："传统是过去的现代，现代是未来的传统；传统是现代的出发点和基础，现代是传统的发展和创新。没有现代化，传统会失去生命力；没有对传统的继承，现代化便成为无源之水，无本之木。"

举一个例子。明、清时代的北京城，由于皇城居中，禁止平民通行，东、西交通隔断，东、西城之间必须绕行地安门北的皇城根或正阳门内的棋盘街。当时除外城广安门至广渠门之间可通行外，内城各城门之间都不能直通。这是封建时代"皇权至上"礼制思想的产物。新中国成立以后，北京旧城改造的重点工程之一就是东、西长安街的打通和展宽，成为贯通全城的一条东西向主要干道，以后又向东、西延伸到通州和石景山，号称"百里长街"。试想，如果人们今天面临西单以西仍然为旧刑部街和报子街两条小胡同，东单以东仍然为东观音寺胡同和裱褙胡同两条小胡同，这四条小胡同各宽约5米，我们会做何感想呢？还有，原来的东、西长安街与其他街道一样都是土路，皇帝过街，必先黄土垫路、清水泼街。可以设想，今天的人们谁也不会愿意接受这样的"礼待"。可以说，变化发展、新旧交替是人类社会的必然趋势。

五

诚如前述，人类文明史是一个不断积淀和发展的过程。没有保护，就没有积淀；没有继承，就没有正确的发展。我们在承认发展变化是必然趋势的同时，强调其中应该有一个不变的核心就是继承。这种继承有两个侧面，一个是对文物建筑、历史遗存的保护，一个是在新的建设中的继承。

在第一个侧面，人们已经把保护的对象从单体的建筑物发展到环境风貌，从人工建筑物发展到自然景观，从物质文明发展到精神文明。正是在这个背景下，北京旧城区确定了293项重点文物保护单位（其中国家级26项，市级129项，区级138项）和25片历史文化保护区，制定了《北京市文物保护单位保护范围及建设控制地带管理规定》等法规。

在第二个侧面，北京在继承历史传统文化、协调新建筑与传统风貌关系上做了大量探索，其中不乏成功的经验。

其中最为成功的范例就是对天安门广场的改造。明、清北京城的规划完全贯穿了"皇权至上"的封建礼制思想，是中国封建皇朝修筑帝都理想设计的典范。新中国成立以后，"皇权至上"的思想被"人民当家做主"的思想替代是历史发展的必然，而旧北京城自永定门起直到鼓楼、钟楼，全长8公里的中轴线这个北京城建筑布局结构中的"脊梁"理应保留，北京旧城的整体格局应予继承。在这些原则指导下，天安门广场扩建工程取得巨大成功。新建的人民英雄纪念碑、人民大会堂、中国历史博物馆、中国革命博物馆、毛主席纪念堂雄伟巍峨，与获得新内涵的天安门城楼以及古老的正阳门、箭楼组成协调的庞大建筑群体。改建后的天安门广场，成为社会主义新中国首都的中心广场，成为全国人民行使当家做主权利的殿堂和举行庆典活动的场所，也成为北京的标志和世界瞩目的地方。

成功的范例中还有50年代北海大桥的扩建，它在大大改善北京东西向干道交通状况和解决北海公园门前广场问题的同时，继承了旧桥风格，最大限度地保护了团城，妥善处理了与周围环境风貌的关系。

菊儿胡同危旧房改建是北京旧城改造又一个成功的例子。由吴良镛教授为主要设计人的房屋设计小组规划设计的三层楼房的四合院，充分吸收了北京四合院文化的精华，又照顾了现代生活的功能需要，得到了居民、专家和政府的好评，为如何处理旧城区的危旧房改建与维护古都风貌的矛盾，摸索出了一条新路子。

六

在整理了以上的基本思路之后，要讨论的下一个问题是，既然我们承认发展变化是必然趋势，也承认北京的旧城改造中创造了保护和继承的好经验，那为什么有那么多的人在大声疾呼北京历史文化名城的保护和古都风貌的保护呢？原因在于事情还有另一个方面。这另一个方面可以大致概括为北京旧城改造三个类型的问题以及三个层次上的原因。

三个类型是指危旧房改造、市政道路改造和大型公共建筑建设。

1990年，以确定"一个转移、一个为主、四个结合"的危改方针及有关政策为标志，北京揭开了大规模危旧房改造的序幕，其中，截止到1998年4月，旧城范围内的危改项目约100项，总占地面积13.2平方公里，总建筑面积约2300万平方米。就占地面积而言，已建成的、在建的、拆迁中的、已办规划用地许可证的和研究准备中的分别约占2.4%、36.5%、13.6%、26.8%和26.4%。规模之巨、影响之大都是空前的。就总体而言，危改采用对原平房"推光头"的做法，造成危改区与古都风貌之间的不协调使人担忧。

市政道路改造以平安大道和王府井大街为例，人们对前者宽阔街道与低矮仿古建筑之间的不协调，对后者改建后找不到多少王府井传统文化的感觉提出了不少意见。

公共建筑方面，个体与个体之间以及个体与周围环境风貌之间缺乏协调，程度不同地影响了古都风貌的保护和继承。以上三个类型问题的总的结果是现代建筑与传统建筑的杂乱交织，既违背了历史文化名城保护和古都风貌保护的准则，也不利于现代化城市功能的完善。

有三个层次是造成上述问题的原因。

最直接的层次是缺乏健全的政策法规。例如，历史文化名城保护规划方面、区级文物保护单位的保护范围和建设控制地带方面、危改区立项审查的规范方面等。

第二个层次是缺乏对旧城改造机制更深入的研究。目前，房地产开发几乎成了北京旧城改造的唯一机制。当时确定的"四个结合"中，得到落实的主要是与房地产经营相结合。在市场经济条件下，企业经营的主要动机是利润。开发商本能地想方设法提高项目的建筑高度和容积率，必然对古都风貌造成破坏。

第三个层次在于北京城历史、现状和未来的认识上的误区。例如，对北京具有3000多年不间断的历史，绵延连续的物质、精神文明，文物古迹和文化遗存的数量之大、等级之高，在世界古都中极为罕见、独一无二这种性质认识上的差距，造成人们一定程度上的"熟视无睹"。又如，对明清两代北京城在规划和建设上的成就达到了古代城市建设史上登峰造极的地步，堪称人类文化奇观这一性质的认识远没有达到应有的广度和深度，这种"知之不足"往往造成建设中的破坏。再如，目前北京危旧房改造之所以出现前述问题，与当前北京的社会生产力不够有关，显然其中有一个对北京现状的分析问题。还有，在对城市现代化概念的认识上，不自觉地将传统与现代化对立起来，殊不知现在的城市现代化的概念已经将文化的继承和发展、可持续发展、以人为本、新技术的广泛运用并列为自己的四个要点。

七

北京学研究的历史还很短，还很不成熟，不同的人员研究北京学往往基于对它不同的理解。尽管如此，有一点认识是共同的：一方面，既然称"学"，那就一定是对规律的探讨，对北京发展规律的探讨；另一方面，北京大量的热点、焦点、难点问题也必须纳入北京学研究的范围，否则北京学研究将永远不可能具有旺盛的生命力。当然，北京学研究的理想境界是达到二者的高度统一。

在北京旧城改造的问题上，北京学研究有大量的工作可以做。例如，危改区立项标准再研究、完善危改区立项规范的研究、危改机制研究、危改分区控制研究、危改宏观进程研究、城市设计的宣传、城市设计的研究、为健全各方面法规的基础性调查和研究、对北京城市总体规划的宣传、对北京历史文化名城保护的宣传、对北京古都风貌中"无形"部分的宣传和研究、对北京城市现代化概念的研究以及与国外的对比研究等。

（原载于《北京联合大学学报》2001年第1期）

北京学研究的理论体系

一、建立北京学的必要性

北京作为具有3000多年建城史、800多年建都史的古老的特大城市，作为中华民族的文化古都和世界上著名的历史文化名城，具有时空发展的特殊性。

从北京城市发展的历史分析，可以看到北京城市发展的优势因素在于其独特的空间区位，在于其政治地理位置的重要性以及自然地理和人文地理结构上的过渡性[1]。北京位于古代从华北平原沿太行山麓北上，经燕山山脉的南口、古北口和喜峰口等主要天然通道到燕山以北的几条大路的分歧点上，地处古代南北交通的枢纽位置。燕山地区，是华北平原、东北平原和内蒙古高原三大地理单元会接的一块"三角地"，地貌上是平原向山地、高原过渡区，气候上是温暖向温凉、半湿润向半干旱过渡区，民族上是中原汉族向北方少数民族过渡区，生产方式上是农耕向游牧、狩猎过渡区，是历史上典型的农牧交错带。位于燕山南麓、华北平原最北端的北京小平原则成为华北平原、东北平原和内蒙古高原三大地区民族文化集中接触和交流的地带，北京城市从一开始就具有中原农耕民族文化与燕山以北游猎民族文化汇合交融的特点，既是中原汉族政权抵御北方游猎民族南侵的军事要塞，也是北方少数民族南下的前哨基地，在历史上长期是边境上一个地区性的政治中心和军事重镇，辽金以后又由地区性的政治、军事中心转变为全国性的政治中心[2,3]。

北京时空发展的这种特殊性和规律性决定了北京政治、文化、社会、经济等方面发展的特殊性和规律性。当今，在向国际化大都市迈进过程中，北京在历史传统与现代化结合中出现的各种问题，急需站在可持续发展的高度，从城市综合性、系统性和整体性的角度对北京进行全面的分析和研究。建立北京学这样的专门学科，对北京这个特殊的具有重大影响的城市进行系统的综合的研究，对研究和解决北京发展过程中遇到的各种具体问题是十分必要的，也可以说是必要的前提和基础，建立北京学无疑具有很大的现实意义。

北京学研究机构的建立是对北京现有研究机构的必要补充。北京地区已有多家以北京为研究对象的研究机构，而且不断有新机构出现，这说明对首都北京的研究越来越受到关注和重视。目前，研究机构中有北京市社会科学院这样的综合性质的科研院所，有市委市政府研究室这样的政策研究室，有高校内附设的研究机构，也有社会上独立设置的研究咨询机构。

北京市社会科学院是一家在北京市很有影响的综合性研究机构，以哲学社会科学研究为主，既研究学科理论问题，也研究北京的实际问题。该院下设10个研究所——文学所、历史所、哲学所、经济所、科学社会主义所、社会学所、城市所、外国所、管理所、满学所，5个研究中心——企业文化研究中心、北京社会发展研究中心、首都文化发展研究中心、中日关系研究中心、信息中心。

北京市人民政府研究室，是一家具有研究性质的政府机构，主要工作是起草《政府工作报告》，起草市政府领导同志部分重要讲话及文稿，对事关北京市改革、发展和建设的一些重大课题，单独或协调有关方面进行调查研究，提出政策性建议，对全市经济社会形势进行跟踪研究，为市政府领导同志提供建议和咨询，负责北京城市运行监控管理系统的研究开发和相应的系统维护工作，参与市领导同志交办的重大活动；负责市领导活动影像资料和本市社会经济发展的城市建设影像资料的拍摄和编辑制作工作。

北京大学首都发展研究院，成立于1999年3月，是北京市政府与北京大学共建的服务于首都发展的研究开发机构，主要致力于组织北京大学的力量为北京市提供重大问题研究和中长期重大决策咨询服务，组织科技界和产业界的交流与合作，促进面向首都发展需求的技术开发以及科技成果在首都的产业化，开展相关决策咨询和中介服务，培养适合首都发展需要的各种高级人才。

不久前刚刚宣告成立的北京师范大学北京文化发展研究院，是教育部与北京市共建北京师范大学的重点项目之一，将致力于首都文化发展、文化建设和文化创新研究。研究院下设5个研究所——北京文化发展战略研究所、首都精神文明建设研究所、北京文化产业发展研究所、北京人文奥运研究所、北京历史文化研究所。

可以看出，上述研究北京的机构，主要是从单学科或几个学科综合的角度对北京进行理论研究和政策研究，而不是将北京作为一个城市综合体对其发展的规律性进行系统、综合研究的机构。

北京的地理区位特征、政治文化内涵、社会经济特点共同作用于城市发展的各个时间段，形成独特的城市特色。对于这种特例的研究要求从一个全面、系统的角度，进行综合研究。北京联合大学北京学研究所自1998年1月成立以来，即致力于对北京城市进行这种系统性、综合性的研究。北京学研究所是对研究北京机构的必要补充。

二、北京学的研究对象及目的

北京学是一门研究北京城市及其环境共同组成的城市综合体的形成、演化、发展规律的应用理论学科。北京学既不是史，也不是志，更不是专门的政策研究或部门学科，它是一门综合性的应用理论研究学科，是为北京城市发展战略和管理决策提供应用理论基础的学科。北京学既是学科性的，又具有为解决实际问题服务的功能。

北京学研究有三条主轴线：一是时间轴，即研究北京城市在时间上的发生、发展和演变规律，并预测其未来的发展趋势；二是空间轴，即研究北京城市在空间布局上分异及其发生、发展和演变规律，并预测其未来的发展趋势；三是结构轴，即研究北京城市各个要素的内部结构和城区、郊区及外围区域的结构及其发生、发展和演变规律，并预测其未来的发展趋势。

北京学与其他因地得名的研究主体最大的不同之处在于北京学是一门综合性的应用理论研究学科。例如，徽州学是以研究徽州的文化为主体，藏学是以研究藏族的民族、宗教、文化、医药等为主体，敦煌学是以研究敦煌的古代文化艺术为主体。而北京学不是研究北京的某个方面，也不是将各个方面简单地进行罗列，北京学是研究北京城市及其环境共同组成的城市综合体，它是由北京城市的政治、社会、经济、文化等多方面综合而成，并最终形成不同于各个方面的一种整体特性。首先，城市是自然环境与人工环境的综合体，它是不完整和非独立的。城市必须与外界环境进行物质和能量交换，才能维持城市的运转。城市在一定环境中形成和成长，反过来，城市又极大地影响着环境的发展和变化。其次，城市是时间与空间的综合体。城市发展的各个历史阶段在空间上都烙有深刻的印记，并成为下一个时期发生作用的基础。研究北京，首先就应研究北京城市综合体的时空演变规律。

三、北京学的研究内容

北京学研究北京区位与环境、人口、政治、文化、经济、城市建设以及城市综合体的特点及发生、发展规律。

北京是中原农耕民族文化与燕山以北游猎民族文化的汇合区，是长城与大运河的交汇点，在地理、政治和文化区位上具有门户位置和临界位置的特点，拥有独特的地理环境、政治环境和文化环境，在全国具有独特的地位，这正是北京学要研究的内容。

在城市综合体的各个组成要素中，人口是城市综合体的主体。人口的集聚带来了北京城市不同的社会文化特色，研究人口性质、人口集聚、人口结构、人口分布等方面的特点，有助于认识北京社会文化环境的形成机理。

北京是全国的政治中心，北京成为首都的决定性因素是其政治地理位置。研究北京政治文化的特征和演变规律是北京学研究的主要内容之一。

北京文化在一定程度上可以说是中华文化的缩影，北京学从研究各种民族文化、区域文化在北京的碰撞与交融入手，研究京味文化的产生、发展，研究北京文化及其载体的特点、布局和发展规律。

首都北京有其独特的经济活动规律，北京学主要研究首都经济及其所依托环境的演变过程与特点，研究首都经济发展的普遍性和特殊性规律。

城市建设是北京社会经济文化等各个方面的集中体现，从北京建城、建都开始，北京城市区位的特殊性要求北京学将研究北京城市作为一条主线，研究其规划设计的基本原则、城市功能的空间布局以及区域环境的演变，将城市与区域互相关联的概念贯穿始终。

城市综合体是城市社会、经济、文化、环境等各个要素在城市这个地域单元上的综合，它包括各个要素，但又不同于各个要素的简单组合。社会、经济、文化、环境有机结合形成的城市综合体，其效益要远远大于每个要素的力量。北京城市只有作为一个城市综合体协调统筹发展，综合系统地经营管理，才能取得更大进步。

四、北京学的研究性质

作为研究北京城市综合体的一门应用理论学科，北京学具有综合性、系统性、整体性、应用性和科学生的性质。

综合性：北京学研究的对象是城市综合体，首先要用综合研究的方法。任何事物的发生发展都有其特定的条件，需要放在历史的、空间的和发展的尺度上进行综合研究。

系统性：城市综合体是由多个子系统组成的，每个组成要素都是一个子系统，如人口子系统、政治子系统、社会文化子系统、经济子系统等。同时，城市与区域间物质和能量的交流与转换也是一个系统工程。

整体性：北京作为一个城市，具有整体性特征，社会、经济、文化、环境缺一不可。北京在申办2008年奥运会时提出的"人文奥运、绿色奥运、科技奥运"就是对北京城市发展的一种整体性的概括，也为北京提出了整体研究的思路和方针。

应用性：北京学研究的目的是为北京城市发展、决策提供应用理论基础，它不是一门基础理论学科，而是一门应用理论学科，着眼于实际问题的剖析，通过研究北京城市综合体的形成、发展和演变规律，结合实际问题和任务，为北京城市未来发展决策提供应用理论基础。因此，北京学是一门具有应用性质的学科。

科学性：北京学对北京城市综合体的研究不是停留在对一般现象的描述，而是对整个城市系统进行科学的分析和研究，运用辩证唯物主义理论，通过定量分析、统计分析、系统论等科学方法，研究城市综合体的形成、发展、演变的普遍规律和特殊规律。因此，它是一门独立的科学学科。

五、北京学的研究方法

针对研究对象，北京学的研究方法包括历史对比法、区域比较法、时空结合法、系统法和综合法等方法。

历史对比法：任何事物的发生发展都有其历史背景和历史阶段，通过历史对比，可以认识事物发生的必然性和发展的客观性。北京学研究的是北京城市综合体的发生发展规律，是为北京今后的发展提供科学预测。历史对比法是基础，在对比中解析北京城市综合体的普遍性和特殊性。

区域比较法：比较的作用有两方面，一是通过比较寻找共同点和借鉴点，二是通过比较找到自身的优势和劣势。区域比较法从具有相同等级的区域异同点比较入手，认识区域发生发展的客观规律，并侧重借鉴其他区域的发展规律来研究、预测自身的发展进程。北京作为中国的首都,在进行区域比较时,应在全球范围内选择比较对象,与世界上具有相似发生发展过程和背景的城市特别是首都城市进行比较,求同存异,梳理出首都发展的普遍性和北京的特殊性。

时空结合法:在北京学研究的主轴线中,时间轴和空间轴是相辅相成的。在不同的时间段,其空间表现不同。离开时间去研究北京城市在空间布局上的发生、发展和演变规律,会导致形而上学;离开空间单纯去研究北京城市在时间上的发生、发展和演变规律,会降低对事物认识的深度,特别是对于北京这样一个以区位条件为主导发展因素的城市,更需要从空间的角度去研究。总之,北京学要从时间和空间相结合的角度,研究北京城市综合体的时空发展规律。

系统法:北京学研究的是一个开放的复杂巨系统。作为首都,北京与周边地区、全国乃至世界各地不断发生着物质、能量和信息的关联和交往。北京又是一个巨系统,政治、人口、经济、文化、城市建设等皆是北京学研究的内容之一,层次繁多,结构多样,时空关系复杂,这就给研究带来了困难。所以,必须运用系统论的理论和方法,划分系统、子系统、孙系统等系统层次,统一协调各个系统之间的关系,抓住核心问题,研究客观规律性。

综合法:对任何事物的认识都经由感性认识和理性认识两个阶段,才能真正完成认识的过程。对事物的认识从定性到定量,就反映了上述认识过程,所以有了定性与定量相结合的研究方法。然而,解决城市综合体这个复杂巨系统的一系列问题,单纯用系统动力学或协同学,是不够的。因此,有学者提出用"从定性到定量的综合集成法"代换定性与定量相结合的单纯提法。北京学的研究对象北京城市综合体就是一个包含自然、经济、社会、文化等多个方面的巨系统,所以,北京学研究应采取综合方法,在任务、目标明确后,征询专家意见,实地考察,收集各类资料,以此为素材,建立一个系统模型,利用计算机进行模拟计算、预测,充分就政治、文化、社会等多方面的定性要素进行分析、描述,在定量与定性结合的基础上,提出综合决策方案和建议。

参考文献

[1] 张景秋. 北京城市发展历史的空间特征分析 [J]. 北京联合大学学报, 2001, 15 (1): 18-21.

[2] 张宝秀. 北京——中原与北方民族文化融合的中心 [J]. 北京联合大学学报, 2000, 14 (1): 37-41.

[3] 卢培元, 卢宁. 北京: 中华民族历史发展中的特殊城市 [J]. 北京联合大学学报, 2000, 14 (1): 9-12.

（与张景秋、张宝秀、卢培元合作，
原载于《北京联合大学学报》2003年第1期）

发展首都文化产业要解决好的问题

一、观念问题

第一，认清北京文化产业发展的阶段性，以实现有计划、有步骤地推进政策落实。

北京文化产业发展的阶段性及其特点是：21世纪初，随着教育、住房、汽车等新经济增长点的不断产生，特别是加入WTO和申奥成功的刺激，北京文化产业进入快速起飞阶段。其表现是：出版、发行、广电、影视、网络等行业相继成立产业集团，并且在政府的支持下不断成长壮大。奥运之际及后期是成果的巩固时期，北京文化产业将进入稳定发展阶段。其表现是：各类文化中、小企业大量涌现，与大型中、外文化产业集团形成依存和互促关系，信息技术不断带动产业结构调整，数字化水平提高，行业间发展趋于平衡，文化产业人才流动趋于平缓。到21世纪二三十年代，北京文化产业将进入成熟阶段，其中著名的文化企业集团将跻身于国际文化产业的先进行列。以上每个阶段需要8—10年的时间，北京作为全国的政治、文化中心，将率先进入中等发达国家行列。

第二，在文化产业发展过程中要努力形成政府与市场兼容的新格局。政府要有主动参与国际文化产业分工的意识和规划，主管部门应能为各部门提供国内外市场变化趋势的数据，并以此为依据明确工作目的，规划有效步骤，指导企业如何以受欢迎的文化产品和服务打入国际市场。如图书出版业以发展汉语和汉文化为目的，先由海外华人圈做起，再推向东南亚与其他发达国家和地区；工美业以弘扬北京艺人精湛技艺为目的，主打品牌为"四大名旦"（玉雕、漆器、景泰蓝、牙雕或骨雕）；演出业以介绍北京民间艺术为主，如京剧、杂技、民乐、木偶等。在国际分工中，要清楚哪些是我们有优势的项目，可以进入国际文化产业主流；哪些虽不能进入主流，但通过保持民族的本土特色可以长盛不衰；哪些现在是弱势，通过发挥我们的智慧，运用高科技，以交流的方式，抢占别人的文化资源进而发展成为强势（就像唐老鸭和一休以独特的思维方式抢占了我们的动画市场一样）。我们的优势在于历史悠久、题材丰富，可以扩大版权交易规模；我们的艺术表现形式是东方化的、独特的，差距主要在观念与科技含量方面（如大卫的魔术与我国传统魔术的巨大反差）。政府与市场兼容的问题，就是怎样由禁令型管理转变为疏导型管理，这也是伴随计划经济向市场经济转变带来的必然转变。过去一提管理就认为是各种禁令的发布，每年文化界总结管理成果时总讲发了多少号禁令等。实际上在"发展才是硬道理"的今天，管理更多的职责应该是疏导，即告诉人们应怎样去做，并为其创造良好的经营环境，包括在文化产业管理体制与发展机制方面不断改革的具体模式和方法。

二、资本问题

政府的资助是文化产业原始积累的重要来源，也是产业起飞和形成良性循环的必要投入。但作为一个产业要大发展，只靠这一条路是不行的，而且从国际经验看，成功的文化产业很少是官办的。北京作为中国文化产业的核心地带，必然会吸引大量国际资本和社会资本多形式、多渠道地进入，这就更有利于我们以资产运营为纽带，改造建成多种所有制资本相结合的现代文化企业，具体的原则应是"谁出钱，谁得益，谁管理"。为防止在意识形态方面走偏，可以采取国家控股和民办公助等形式。在经济转型期解决资本问题的一个重要特征是产业利益的再分配，重新划分原有的利益格局是一件很痛苦的事情。每个人、每个部门都可能随时发出"谁动了我的奶酪"的惊呼。为了文化产业的整体发展，眼睛不能总盯在"失"的方面，要多想想怎样在变化的形势下去开辟新战场，"失之东隅，收之桑榆"。

三、经营问题

从区域性宏观经营来看，北京首先应有一个文化产业向世界发展的规划，有一系列东方文化输出的科学思想指导与政策扶持。

因为要实现文化产业的海外规模化经营，作为市一级的供应商，重要的是建立目标市场多节点、多中心的代理商网络，具备批量供货能力和大投入的包装宣传，以便下属各类文化企业能顺利地从事零售业务，形成"政府搭台，企业唱戏"的国际文化市场经营格局。

在宏观运营中，还应考虑怎样向体育界那样，不断把文化产业中各部门的相关因素进行有机组合，以保持其长久的发展。如演出＋观众＝看台文化：紫色的剧场文化、金色的音乐厅文化、黑色的电影院文化和色彩斑斓的广场文化等，产生的是剧场欣赏效果；演出＋传媒＋观众＝电视文艺文化：千家万户在同一时刻，看同一场演出，如维也纳新年音乐会、春节晚会等，其轰动效果和教育意义是所有剧场不能比拟的，如果再制成录像和光盘，传播效果将更长远和深刻；演出＋传媒＋商业运作＋观众＋电视文艺文化产业：不仅拥有上述特点，还可拥有转播权、广告费、冠名权等不菲的收入，如三大男高音的演唱，既创下传媒文艺演出收视率的新高，又带来了世界对紫禁城东方艺术的向往和申奥成功的喜悦。

当然这种联姻也不能随便进行，因为文化产业涉及的众多经营因素可以划分为产业本体、产业交叉和产业延伸三个层次。重点还是要抓文化产业本体，这是我们的牌子和优势所在；产业交叉是指有文化含量但又和别的载体连在一起、优势互补的文化产业形态，如游乐园与文娱演出、与影视、与图书发行业的携手，舞台或影视演出后，同样的作品和演员形象可以出光盘、挂历、吉祥物，可以有冠名权经营，可以做广告等。文化产业本身有这个媒体联姻的特点，应当很好地利用。产业延伸是指文化企业可以利用一些资源举办没有太大文化含量的经营项目，如旅馆、餐厅、各种设备及房地产的商务出租等，以此赚钱资助文化产业本体部分。总之，产业内部各部门相关因素的有机组合搞好了，实际上就实现了跨企业资源的最佳配置，是提高经营效益的有效方法。

此外，对文化产业发展的规划不仅要做面上的文章，还要有扎实的基层发展项目和步骤，如广东省投入100个亿，要在城乡（包括山区）各类文化设施中建成功能齐全的六大网络（图书发行网、文化站网、博物馆网、广播电视网、有线电视网、政府网站等），使全省的文化产业基础坚实、推进有利。并提出舞动龙头——珠江三角洲，扶持龙尾——山区，带动两翼——城乡接合部的发展战略，这是个文化产业的梯度发展问题，通过对城乡文化市场的引导，可以逐步把供给导向型的市场培育为需求导向型的市场。他们的做法，对北京应当有所启迪。

从文化企业的微观经营看，近年来，外地一些文化企业集团探索出了在组织结构上分化集团内部职能，以保障社会和经济双重效益的先进经验，很值得北京学习。如上海文新报业集团通过"分门办报，集中管理，统一经营"的内部职能分化，实现了"一手抓创优，一手抓创收，两手都要硬"的目标；广州报业集团内部组织结构也明确划分为主业、经营和管理三个系列；哈尔滨日报报业集团则提出了"政治家办报，企业化管理，市场化经营，社会化服务"的策略。上海大剧院虽是事业性质单位，但实行着企业化运作，其成功的关键也是成立了三大中心——艺术中心（技术部门）、商业中心（经营部门）和物业中心（后勤保障部门），组成了大剧院企业型市场运作机构。

借鉴其他省市的经验，北京市要发展文化产业，在企业集团的内部组织结构上，必须严格划分为党委领导下的三个子系统：主业（采编、出版、影视、文化艺术等）、经营（广告、印刷、发行、网络、物业管理等）和管理（党务、行政、财务、规划、技术及后勤保障等）。以主业系统作为集团的立身之本和品牌形象，以经营系统全力运作集团的资本，用管理系统精心呵护和监督集团整体的运转。

四、中介问题

"文不经商，仕不理财"是中国文化人的信条，致使我们的文化产业在发展中出现了"企鹅现象"，文化本体发展迅速，而管理和经营的两翼却很小。况且除少数大型文化企业集团外，绝大多数文化企业是小型、专业性组织，不可避免地存在着对需求和市场的隔膜。尤其是面对不同文化背景、法律环境、语言文字、兴趣口味的国外消费者，就更不知所措。所以要让文化产品顺利地在国内、国际两个市场畅销，利用好国内、国际两种资源，必须有一批高度职业化，能分别提供国内、国际市场背景评价，同业竞争状况，最佳经营计划和运作方案，公关宣传与预算，运营效果评估和能够帮助文化企业寻找代理商等业务的咨询公司类中介组织，如各种演出的策划公司、广告代理公司、版权代理公司等。文化中介业，是一种服务性行业，其本身也是文化企业的一种类型，既同文化企业集团共生于文化市场，又成为文化企业集团发展的重要外部条件。从某种意义上说，文化中介业自身的发展水平是衡量文化市场繁荣程度和文化产业发达程度的重要尺度。

作为文化中介服务机构和个人，一方面要保持经济利益和市场活动的独立性，向社会提供客观、公开、公正、优质的中介服务；另一方面也要对自身行为的后果承担相应的法律、经济责任。

目前，北京市的文化中介服务机构和个人，大都是从相应的文化单位、政府机构中分离出来的。他们利用自身的优势，广泛介入文化中介服务业务，不仅迅速发展壮大了文化中介服务业，同时也培育起一支文化企业经营队伍。但是，实际上，北京市的文化中介业和文化中介机构又相当缺乏，无法适应北京文化产业和文化企业集团发展的客观要求，对此应当引起高度的重视。

（原载于《前线》2003年第6期）

元大都与京城水系

在京城水系的变迁史上，元大都城市建设对水系的改造与利用，具有重要的意义。北京城在其从蓟城到金中都的发展历程中，尽管历经兴衰变化，却没有过城址的迁移。元朝统治者放弃金中都旧城，在旧城东北部以琼华岛为中心修筑大都城，其中一个重要原因，与水系密切相关。

金中都城址与由莲花池以及从莲花池发源的一条小河组成的莲花池水系有着密切的关系。可以说，这个水系是北京城最早开发的地面水源，主要由地下涌泉补给。《水经注》称其"湖东西二里南北三里，盖燕之旧池也"。这个莲花池，在今天的北京西站南侧，人们还可以看到它的一点身影。莲花池的水源，在辽南京以前的各个历史阶段，是供可应求的。只是到了金中都阶段，人口达到100万，水源开始供不应求。这一点促使元朝统治者放弃了莲花池水系附近历代相沿的城址。

元大都城址的选择以大宁离宫的一片湖泊为中心，依傍高梁河水系。今天北京所称的高梁河是指紫竹院附近向东流至高梁桥这一小段河流。历史上的高梁河水系却在元大都城市建设中占据重要地位。具体说，元大都依托的高梁河水系包括积水潭、什刹海、北海、中海以及毗邻的上下游的河流。元代把北京城的城址从莲花池水系转移到高梁河水系，主要是为了取得足够的水源供应。这个转移是元大都城市建设大获成功的自然地理基础，以至于今天的北京人还在享受着它带来的恩泽。元大都新城址处于北京小平原上永定河冲积扇的脊部，比起金中都地势较高，既可减轻永定河泛滥冲决之威助，还有利于排水。此外，作为游牧民族的蒙古族，"逐水草而居"，将高梁河上一带湖泊纳入大都的总体规划之中，把三组宫殿环列在湖泊东西两岸，并将这片湖泊作为整个城市中心的依托等，都是这种习俗的反映。

忽必烈统一中国以后，元大都成为全国最大的商业中心。支撑经济繁荣的是元代空前发展的漕运，特别是通惠河建设与白浮引水济漕工程。通惠河，从元至今都是北京的一条重要人工河道，其名称一直沿袭使用到现在。它从现在的东便门外起始，逶迤而东，到达通州城北入北运河，全长20公里。至元三十年（1293），郭守敬主持的通惠河建设与白浮引水济漕工程完成，前者由忽必烈赐名为通惠河，后者名白浮堰。通惠河上的船只从大都南城墙的丽正门和文明门之间的南水门入城，沿皇城的东墙北行再西折而入海子。这样，积水潭就成了京杭大运河的终点。以至于"川陕豪商，吴楚大贾，飞帆一苇，径抵辇下"，而积水潭中"舳舻蔽水"，船货云集。通惠河的建设与白浮引水济漕工程在北京的城市建设史上具有极为重要的意义。白浮引水工程大大开拓了元大都的水源，把昌平白浮泉及西山诸泉汇集到瓮山泊（今昆明湖）导入通惠河，解决了通惠河的漕运水量保障问题。从水系上说它是导引温榆河水系的水源，东水西调入城，是北京水源史上的重大突破。通惠河的建成也成了京杭大运河最终完成的标志，京杭大运河的北端由原来的通州潮白河畔延伸到了大都城内的积水潭。通惠河的开通也成了元大都建成的标志。

在元大都的城市建设中，元朝开国统治集团还十分重视对永定河的开发和利用。永定河古称㶟水、治水，又名卢沟河、浑河、无定河，是流经我国北方山西、内蒙古、河北、北京、天津五区省市的一条重要河流。尤其是北京，从早期的居民聚落经封国王城、军事重镇到全国政治中心大城市的整个历程，均与永定河息息相关。前面提及的莲花池水系、西山诸泉、高梁河水系以及城近郊区丰富的地下水，主要都是永定河通过地上、地下的途径补给的，有的直接就是永定河的古河道。对永定河的重大举措就是"重开金口"，指的是直接开发永定河地面水源供应北京需求的尝试。金代的初开金口未获成功。到了元代，又两次重开。至元二年（1265），郭守敬提出："金时，自燕京之西麻峪村，分引卢沟一支东流，穿西山而出，是谓金口。其水自金口以东，燕京以北，灌田若干顷，其利不可胜计。兵兴以来，典守者惧有所失，因以大石塞之。今若按视故迹，使水得通流，上可以致西山之利，下可以广京畿之漕。"郭守敬针对金代工程失败的教训，采取了两项重要的工程技术措施。一项是在金口以上预开减水口以分洪。另一项是沿金口河免建水闸以防泥沙拥塞。这次重开金口河，收到一定成效，主要是对运输西山木石供给营建大都所需物料起了作用。后来到大德三年（1299），"浑河水发，为民害。大都路都水监持金口下闭闸板"。三年后又将金口以上河身"用砂石杂土尽行堵闭"。历史上第三次开金口的事发生在元末，以失败而告结束。

用现代科学眼光来看，永定河具有几个特点：一是坡陡流急；二是上游水土流失严重，素有"小黄河"之称，出官厅山峡后，水缓沙停，易造成北京平原上的河道决口和改道；三是永定河地处华北半干旱区，降水的年际变化大，以至于多雨年份与少雨年份的汛期最大流量竟有百倍之差。所以说，元大都城市建设中直接得益于永定河的地面水源并不显著。这种状况得到彻底扭转是在1949年以后。人们首先在永定河上修建了官厅水库，随后又修建了永定河引水渠，历史上第一次成功地将永定河水源引入北京城。该渠的渠首不再设在"金口"，而是上移到永定河的出山口三家店，这里地势平缓，河道开阔，引水比较安全。这里建有一座十七孔的拦河大闸，使河水东行入玉渊潭。由于该工程是第一次将永定河浑水变成清水引进北京，所以人们称"神工陡起三家店，烟树清流绕蓟城"。

元大都城市建设对水系的利用与改造，还有一个重要方面：城市景观建设。首先，在元大都的总体规划中，将高梁河上的一带湖泊作为整个城市中心的依托，并将皇帝的宫殿"大内"安排在湖泊东岸，将太子的隆福宫和皇太后的兴圣宫安排在湖泊的西岸，三宫鼎立，中间是称作太液池的湖泊。围绕三组宫殿，筑起红门阑马墙，也就是后来所说的皇城。妩媚多姿的太液池景色与雄伟庄严的宫殿建筑互为衬托，达到城市景观中山水城市的至高境界。其次，元大都城市建设中，专门开凿了从玉泉山通往大都的人工渠道，将西山的玉泉水引入皇城，专供饮用和园林用水。当时把这条引渠称金水河，至今在颐和园西墙外还留有遗迹。金水河水由和义门南入城，折而南流，从西南角注入太液池，滋育了皇城的园林景色。太液池东北岸保留了一片广大的绿化地带，当时称"灵囿"，也就是皇家动物园。皇城的大片园林依赖于太液池的活水，为此还设置了称为"转机运"的机械装置。

元大都的水利工程中，有一些在当时并没有明确的景观建设的指导思想，只是作为扩充水源、解决漕运用水等方面的工程措施而实施。就是这样的一些工程，有的却成了以后的风景名胜区和北京市民的游览胜地。昆明湖就是一例。昆明湖在元代称瓮山泊，当时郭守敬主持的白浮引水工程就是从昌平白浮将神山泉引而向西，沿途收集西山诸泉南行汇入瓮山泊，再流入城中积水潭，作为通惠河的漕运水源。就是这么一个瓮山泊，在清代建设成了一代名园颐和园。与此相关的作为入城水道的长河，尤其是高梁桥一带，成为元代、明代城里人郊外踏青的首选之地。这里"夹岸高柳，垂丝到水"，每逢清明节、端午节，"踏青游者以万计"。通惠河又是一例。通惠河不仅成了大都赖以生存的命脉，还是一条供城里人游览的风光河。这里高柳拥堤，碧波清流，附近还有一些名胜古迹，金代章宗放鹿的鹿苑，方广十余里，古树偃仰，浓翠照人。河边酒肆歌台，水上青帘画舫，人称"北方秦淮河"。再加上二闸附近专做河产鲫鱼汤的酒楼饭馆，引来都人仕女，竞相游玩。需要说明的是，这类景观的形成，往往有一个较长的过程，有的甚至是在明清以后才趋成熟完善，但毕竟它们均是以元代的水利工程为基础的。

　　总之，对水系的利用和改造，是元大都城市建设达到的辉煌成就的主要组成部分。直至今天，北京的一些重要水利工程如京密引水工程和永定河引水工程等，追本溯源，都与当时的水利思想有密切的继承关系。整个北京城在元大都之后的发展和演变，也都是以元大都为基础、为舞台的。对这一份极为珍贵的历史遗产，我们必须十分珍惜并继承发扬。

（原载于《前线》2005 年第 11 期）

关于北京传统四合院保护与利用的再认识

早在20世纪70年代末，北京就开展过传统四合院的调查工作，并在80年代初提出了相应的保护规划设想。1983年，国务院原则批准了《北京城市建设总体规划方案》，在规划文本中，对上述设想进行了相应的文字表述。但由于种种原因，应当作为北京历史文化名城保护工作重要组成部分的《北京传统四合院保护规划》，一直没有编制。由于长期没有明确的法律、法规作为依据，使传统四合院保护工作受到了一定程度的影响。

在1993年由国务院批准的《北京城市总体规划》中，明确提出了"25片历史文化保护区"名单。为落实这项工作，90年代中期，北京市政府在公布了上述保护区名单的基础上，开展了进一步划定25片历史文化保护区界限的工作，并于1999年组织安排了12个规划设计单位，对25片历史文化保护区逐一做了宏观性的保护规划。这一举措当时得到了专家学者和有识之士的广泛赞同，但令人欣慰的同时又使人感到有些担忧。其中，很重要的一个方面是，这些规划仍然属于较宏观的控制性规划，诸多相关政策，特别是与传统四合院保护配套的政策并未出台，在实际执行中难度较大。

进入21世纪以后，北京在城市现代化建设的目标下，加快了旧城改造的工作。一段时间里，有相当一部分传统四合院被拆除。对此，一些专家学者提出了尖锐的批评，并提出了许多意见和建议。

笔者认为，成片地保护好现有的传统四合院，对于整体保护北京历史文化名城具有不可估量的作用和意义。四合院能否保得住，关键在于是否有一套科学的理念和切实可行的措施。从科学发展观的角度来考量现行的四合院保护工作思路，不难发现有不少问题很值得深入研讨。例如，到底什么是北京的传统四合院？其深邃的文化内涵是什么？什么样的四合院应当保护？如何评判各类四合院的历史、艺术、经济价值？如何从当代社会、经济发展的角度去综合研究、挖掘四合院的综合价值，使之为当今城市的文化、经济发展服务？

在此，笔者提出一些看法，希望能与大家共同探讨。

一、什么是北京的传统四合院及其文化内涵

　　四合院历来被视为北京的代表性建筑形式之一，但到底什么是北京的四合院，其文化内涵是什么，不同的人有不同的标准和看法。有人认为，北京的四合院就是有四座房屋围合、中轴对称的住宅建筑。也有人对北京四合院做出了更加"完整"的解释，其标准是：大门开在整个院落的东南角（王公贵族的府、宅开在中轴线上）；进大门是照壁，向左转是第一进院；到中轴线向右转过垂花门，可到达宽敞的正院；正院的北面有正房，正房两端有耳房，正院东西两边有比正房低矮的厢房；垂花门以南应当有倒座房。规格再高一些的四合院，甚至还要有"抄手回廊"。

　　还有人认为，北京传统的四合院应当是由一个家族共同居住、设有公共厨卫设施、可供多代人一起生活，且对外界相对封闭的居住空间。典型的四合院内应有海棠树、石榴树、金鱼缸等特定的植物、摆设，室内外的家什、装修应具有北京传统文化特色。

　　上述观点自然各有其道理，但在笔者看来，这些定义有各种不妥。

　　如果按第一种说法，会引发两个问题。一个是由四座房屋围合的四合院在我国的许多地区都有，甚至国外也有。如山西的某些大院就是一些围合得十分严密的四合院；南方的客家土楼也有方形的。显然，它们与北京的四合院是不同的。另一个是如果只有那些被四座建筑围合成的住宅院落才是典型的北京四合院，那么其他由两座建筑、三座建筑围合而成的住宅，就都不能算是四合院了，至少不算是规则的北京四合院。这样定义未免太严了。

　　如果按第二种和第三种说法所阐述的标准，那么北京的四合院恐怕就为数很少了。且不说从历史资料考证北京的四合院从来就不止一种类型，仅从北京近30年来进行的住宅调查资料分析，就可以看出符合这种标准的四合院实在不多。

　　1983年北京市规划部门编制《北京城市建设总体规划方案》时，曾对城区旧平房的建筑质量进行过一些分析，其结论是：按建筑面积计算，质量较好的四合院只占当时所有平房的15.4%。

　　据1988年规划部门利用遥感手段调查统计的资料，城区当时共有较好的四合院805个，其用地约为115公顷，占旧城总用地的1.8%。如果除去旧城总用地中文物保护单位的用地，好四合院的用地只占旧城总用地的2.1%。

1996年，规划部门按照用地面积对南锣鼓巷、西四北、东四北这三个四合院保护区进行了一次统计。其中，应保护的四合院面积（包括规则的、不规则的及需要抢修复建的四合院）约占三个保护区总面积的30%；而好四合院（规则四合院）的面积只占三个保护区总面积的12.6%。如果四合院保护区的情况尚且如此，其他地区的好四合院就更少了。

笔者认为，北京的四合院作为一种特定时期、特定历史阶段的居住建筑，既不能仅仅从某种固定的形态上去定义它，也不能仅仅从某种固定的形式和氛围上去衡量它。著名建筑学家梁思成先生在论述中国古典建筑的特点时，曾经总结出了一个非常精辟的结论："千篇一律与千变万化。"梁先生这句话对于北京的传统四合院也是十分适用的。

四合院的形成是个逐步演进的过程。据有关专家分析、推论，最早的四合院可能是在单栋建筑的基础上，逐步增建栅栏、围墙形成院落，而后又在院落的东西两侧增建仓房、马厩、厕所等，继而又将这些附属建筑迁至外院，正院两侧渐渐形成厢房。这大概就是"规则四合院"的形成历史。

当然，在社会发展中，由于人们所处的社会、经济地位不同，所从事的行业不同，他们所需要的住宅形式也会不尽相同。因此，在四合院的发展演变中也就形成了各种各样的形式。既有王公大臣们住的王府官邸，也有贫苦百姓住的破烂杂院；既有富商巨贾们的大宅门，也有小商贩、手艺人的小铺面、小门脸。不同阶层的人有不同的社会地位、经济能力、文化修养、生活方式与兴趣爱好，他们所住、所用的房间、院落、家什、摆设也必然不相同。因此，任何时代都会有豪华的、典型的四合院与破烂的、寒酸的三合院、双合院、排房院共存，而不同阶层的人则分别在这些规则的、不规则的四合院中演绎着不同色彩的人生。

在笔者看来，逐步形成、演变的北京四合院，实际上是各个历史时期社会经济及其政治制度的产物，反映了不同历史阶段的不同阶层人群的文化与生活。在以前的各个历史时期，以王公大臣和富商巨贾们为主体的富人阶层始终是少数人群，而贫苦百姓和那些仅仅解决了温饱的小康之家，才是北京人口中的大多数。基于这样的事实，我们可以推论，在历史上那种前后几进院落，有着海棠、鱼缸、石榴树、天棚、肥狗、胖丫头的规则四合院也一定不会太多；而那些相对简单甚至简陋的、属于不规则四合院的民居，至少在数量上应是北京四合院的主体。事实上，有关专家据清乾隆图等史料分析推断，无论哪个朝代、哪个时期，各种规模的规则四合院，从来也没有达到过北京四合院总量的 50%。

综上所述，要想给北京传统四合院归纳一个精辟的概念的确很难，但我们是否可以得出一个结论：作为不同历史时期社会、经济及其政治制度的产物，规则的和各种不规则的四合院，都有着深邃的历史文化内涵，都是北京传统四合院的重要组成部分。

二、抓紧研究制定评判四合院的指标体系

什么样的四合院应当予以保护，这是长期以来一直困扰城市规划、开发和管理部门工作的问题。但多年以来，不同专业（行业）始终有不同的看法。

有人认为，凡具有一定规模、质量较好的院子都应保护。也有人认为，只有那些比较规则或具有特殊建筑艺术价值的四合院才应当保护。还有人认为，只有那些曾经是名人故居、发生过重要历史事件，或者具有久远历史渊源的四合院才应当保护等。

尽管近些年来市政府的许多相关部门，以及专家、学者都在研究这一问题，并从不同专业角度提出了各自的标准，但是，由于这个问题的确非常复杂，目前提出的各种标准比较宏观，相互之间又缺乏系统性联系，故在实际工作中较难操作。再加上人为因素的影响、经济利益的驱动，致使近些年来许多本应保留的四合院被成片地拆除掉了。

笔者认为，北京的传统四合院反映了北京不同时期、不同阶层的文化特点和生活方式，那么，从类型与规模上讲，各种四合院包括那些规则的、不规则的、大的、小的都应保留；从综合价值上讲，不论是具有历史价值、艺术价值，还是研究价值、经济价值，都应尽可能保护。那种认为不规则的、规模较小的四合院保护意义不大的观点，显然是忽视了北京传统文化的多层次、多元化特征，也不符合多年以来一贯坚持和推行的文物保护和历史文化名城保护的原则。

近些年来，在部分城市管理者和工作人员中，有些人也主张拆除四合院。他们在实际工作中了解到了许多四合院里居民的生活困境，强调安全保障和提升居住质量的工作目标，认为成片拆除以后便于整体规划、设计、施工，便于敷设各种现代化市政管线，便于安排一些大型公用设施，便于解决开发资金紧张等问题。总之，他们力主在危改区中成片拆除所有旧房，包括各种

未列入文物保护单位的四合院，兴建新型居住小区。四合院中老百姓的居住困难是确实存在的，也是一定要妥善解决的，但不应是这样的一种解决方法。我们绝不能以损坏城市历史文化载体为代价，来解决目前的困难，这样将会受到子孙后代的埋怨和耻笑。我们的工作目标是既要解决老百姓的眼前困难，又要考虑人民群众的长远利益和根本利益，应把工作的视角再放宽一些。

当然，笔者也并非主张把所有四合院都保留下来，那也是不现实的。社会在前进，城市要发展，每个时代都要在城市中刻下当代印记。更何况北京是我们国家的首都，目前正在筹备2008年奥运会，正在朝着现代化国际大都市迈进。但这并不等于要把北京旧城区的老房子都换成新建筑，更不是全部推倒重来。

要想我们的城市有自己的特色，要想延续我们的文化传统，要想跻身于国际大都市的行列，保留并维护好相当数量的传统四合院，显然是必不可少的。因此，到底什么样的四合院应当保护，问题的关键是要制定一套科学的、综合的、便于操作的评判标准。否则，这个问题只能停留在众说纷纭，永远无法操作、无法实践的状态。

笔者认为，目前市政府及其相关部门（包括规划、文物、开发、建设和市政管理等部门、单位），应当尽快制定出一套综合研究、评判四合院指标体系，并在旧城改造中形成固定的先评价、后拆迁的工作机制。最好是能够组建起一支由各方面专家担纲的综合评判机构，在每个危改、拆迁项目启动之前拿出明确的评价结果，经广泛听证，最终形成政府的指令性意见强制实施。

三、四合院保护中令人思考的问题

近两年，笔者因工作之需相继走访了琉璃厂、大栅栏、什刹海、北新桥等地区，深深感到住在平房四合院中的大多数老百姓急切盼望拆迁，似乎并不留恋他们已经住了几十年甚至几辈人的四合院。他们为什么会把搬新家与拆胡同、拆四合院紧紧连在一起呢？这里面有什么必然的联系呢？经深入调查了解，这里的原因主要有以下几点。

一是各类现代化的市政管线（暖气、煤气管道及通信干缆等）目前还难以通进四合院，许多四合院居民还在使用公共厕所和公共水龙头，这也使得现在的城市居民对于选择四合院，尤其是四合大杂院作为居所，越来越不看好。

二是目前仍住在四合院，特别是那种四合大杂院中的居民，大多数收入水平比较低，价格昂贵的商品房买不起，有一部分人连购买经济适用房也有困难。因此，他们改善居住条件就只有寄希望于政府的危改搬迁了。尽管近几年来国家的危改补贴政策不断有变，但通过危改拆迁来改变生活条件必定要比其他购房方式节省得多。

三是多年以来我们的危改思路基本上是"拆旧建新"，即拆掉原有的旧房兴建新小区，这些普通老百姓已经把拆除旧房搬新家当成了改善居住条件最主要的方式。甚至有人把这也说成是"旧的不去，新的不来"，似乎不把这一片的旧房都拆了，怎么可能会给他们安排新楼房呢？

四是有些人虽然户口在平房区，但实际上另有别处的单元楼居住，现有的平房只用于出租或做临时用途。只要一实行危改拆迁，他们便可以采用"弃房"的方式，名正言顺地领取到一笔为数可观的拆迁费。故这部分人也盼望着早些拆迁，只有拆了房才能领到钱。

还有一些其他原因，也使现在的老百姓不喜欢住平房四合院。例如，四合院目前已难以满足现代城市居民的生活需求，特别是难以适应年轻人喜欢舒适浪漫、方便快捷的个性化生活情趣。又如，随着家庭小型化的发展，人们对于自身生活的私密性越来越重视，越来越期望最大限度地减少外界对家庭环境的干扰。

笔者认为，以上几条原因都是实实在在的。老百姓对生于斯、长于斯的四合院并非缺乏眷恋之情，更不是只看眼前利益、不顾城市长远发展的愚民。他们有权选择自己的生活方式与居住环境，这一点不仅无可厚非，而且也是我们的政府部门与工作人员应当为他们想到、做到的。问题的关键在于多年以来，我们始终把拆除四合院与改善居住条件紧紧地缠在了一起，似乎不拆四合院老百姓的居住条件就改善不了。显然，现在我们非常有必要跳出原有的工作模式，重新审视、思考一下这些年来北京旧城改造工作的观念、思路、政策与措施。

四、应当怎样保护四合院，使之为北京城市发展服务

笔者认为，从多年来北京四合院保护的理论研究与工作实践看，单纯地就保护论保护、为保护而保护是根本保不住的。但城市的发展和建设却一天也不能停下来，严峻的现实不允许我们长期地、无休止地争论下去。这样下

去，只能使这些凝结着数百年文化、代表着浓厚地方特色的北京传统民居断送在我们这一代人手中。

(一) 要适当转变部分四合院的功能

北京现在的四合院大多数已成为多户无亲缘关系家庭混杂居住的杂院，特别是一些较规则的大型四合院往往住有几十户居民，小一些的和中等的四合院也大多挤有几户、十几户人家，与过去四合院中的大家庭居住方式及其人际关系已完全不同。这种居住方式不仅加剧了居住环境的下降，也完全丧失了传统四合院那种舒适、安闲、闹中取静的情趣。

不管大杂院这种居住形式是何时、何种历史条件下形成的，总归它与现代城市居民的生活要求，以及我们保护北京历史文化的美好初衷的差距是极大的。因此，笔者认为，在目前阶段，继续主要将传统四合院作为普通居民住宅是不适宜的。长此下去，不仅无法满足广大居民的生活需求，而且也不利于古都风貌的整体保护。

关于传统住宅通过改变功能而新生的做法，我们可以从上海"新天地"的改造成功得到启示。"新天地"地区原来是上海市中心一片破旧、拥挤的石库门式居住区，鉴于其重要的区位和特殊的街区风貌，上海市有关部门采取了保留其街巷格局与建筑特色、转变其使用功能的改造方式。改造后的这一地区，功能从居住为主转变为以休闲、购物、旅游为主。不仅为当地居民解决了困难，改变了市中心区的面貌，也为辖区政府和开发单位带来了丰厚的经济效益。

对于那些质量较差的北京传统四合院，可以通过转变功能来避免其被拆的命运。参考上海的经验，是否也可以在北京的一些平房区（如什刹海、前门外、东直门内等地），有选择地改变部分四合院的功能，使之成为适合当地环境与传统特色的餐饮、购物、旅游设施呢？其实，还有其他一些改造利用方式也值得考虑，如将部分四合院改造整修后作为自助式的青年旅馆、前店后厂式的传统商品商店、独院式的小型办公场所等。

(二) 打破传统四合院主要作为普通居民住宅的思路

近些年来，北京的经济实力和城市建设融资水平已经有了很大提高。为了保护好北京这座世界著名的历史文化名城，为了改善广大老百姓的居住条件，把相当一部分居民迁出旧城，降低市中心地区的人口密度及建筑密度，不仅是必需的也是完全可能的。这样做也一定会得到广大老百姓和房地产开发商的理解和支持。

最近，笔者从二手房市场了解到，如果将传统四合院作为中高档住宅，目前的市场需求还是相当大的。据二手房市场的工作人员讲，现在北京有不少文化名人和具有一定经济实力的白领阶层十分看好四合院。他们觉得住四合院是一种身份、实力和文化品位的象征，近两年已经有近百座四合院被他们买下自住或出租。国内沿海地区一些民营企业的大企业家与成功人士，对北京四合院也十分向往，不少人准备投资北京四合院。更何况四合院作为北京文化的载体，还受到许多旅居国外的华侨、华人青睐。

可以断言，今后人们对四合院的需求一定会越来越大，对四合院的类型、规格的要求也会多样化，将来北京的四合院不是多了，而是远远不够。届时，我们能不能提供足够的、货真价实的北京四合院，关键看我们现在怎样对其定位，怎样进行有效的保护。

有人可能会有疑问，较好的四合院作为中高档住宅或许还有可能的话，那些较差的四合院也会有人要吗？是否也有必要保留？笔者认为，那些较差的四合院也应尽量保留下来。

首先，保护四合院应是一种整体概念。如果只保留几个较好的四合院，而将其他的统统拆掉，那些留下来的四合院便失去了其存在的环境基础，孤零零地"湮没"在一片钢筋混凝土"丛林"之中了，这些四合院作为文化载体的价值也必然会大打折扣。

其次，那些较小的、不规则的四合院也有其独特的综合价值。由于这类四合院大多不属于文物保护单位，允许在不破坏街区整体风貌的前提下按照城市规划的要求进行改造，所以可以考虑允许投资者进行落地重修，某些地段甚至可以允许打通一些院落，按照规划要求重新布局。

（三）应加大基础设施建设投入，把四合院保护与利用作为一种产业来经营

多年以来，大量四合院之所以成片被拆，一个重要的原因就是平房区难以进行现代化的基础设施改造。北京传统的胡同，宽度一般在6—8米之间，最宽的也不过10米，如果按过去的管线设计与施工方法肯定是不行的。所以，在这点上我们应借鉴国外的设计、施工和管理方法，并对市政管理体制进行相应改革。

现在，国外很多城市采用不同类型的综合管道来解决管线敷设问题，支路一般采用3.5米至4.5米宽的综合管道，就可以满足综合敷设的需要。因此从技术层面讲，各种现代化的基础设施管线是可以进入北京胡同和四合院中的。

从目前的情况看，北京旧城的基础设施改造与更新确实面临许多困难，其中有资金问题、技术问题，但最主要的是观念与体制问题。笔者认为，应当把四合院作为一种资源和财富来看待，而不是一种包袱和累赘。如果把四合院当作包袱和累赘，那就必然总想要拆掉它。如果我们能够把四合院当作资源和财富来认识，我们就会想方设法地保护它，利用它创造更多的社会、经济效益。

实际上，笔者前面所阐述的关于四合院保护与利用的思路、做法，都是基于改善胡同、四合院的市政设施考虑的。我们应当认真研究北京四合院从资源到财富、从文化载体到经济效益的转化规律。同时，要把握机遇，加大投入，优化资源，把四合院作为一种富有活力的朝阳产业来经营。只有这样，北京的传统四合院才能在利用中保护下来、流传下去。

（四）加强研究和宣传教育

学术界和市政府有关部门对于北京四合院的研究已经有很多年了，也取得了许多成果，但笔者这里所强调的研究与以往有很大不同。以往的研究往往是一些相对分散的、局部的研究，而现在应当加强的是综合研究和以解决某类具体难题为目标的针对性研究。笔者认为，只有大力加强并长期坚持这样的研究，才能从宏观和微观两个方面把握住四合院保护的内在规律，从而一步一步、实实在在地解决这项工作中的难点问题。

从以往的分散研究、局部研究变成现在的综合研究、针对性研究，不仅需要研究人员在思想方法、观察视角和研究方式上有一个转变，还应有一定的研究资金和组织机构做保障。在这方面，政府部门和研究单位都应努力加大投入，改革研究管理体制和机制。从某种意义上讲，能否做到这一点，是北京传统四合院研究与保护工作能否具有后劲的关键环节。

笔者最近几年在一些四合院区进行调查时，发现部分居民，尤其是一些年轻人对于北京四合院的历史、文化了解非常少，而且也不感兴趣。这对于传统四合院的保护十分不利。说到底，北京历史文化名城的保护靠少数人努力是完不成的，要想巩固现有的保护成果，而不使这项事业半途而废，必须有广大市民尤其是年轻人的参与和努力。因此，各级政府和宣传部门，一定要下大气力搞好这方面的普及教育，不断提高全市人民保护北京城市历史文化的意识。

当前，北京正在进行大规模的城市现代化建设，为迎接2008年奥运会正在兴建大量体育设施、文化设施和市政基础设施。在这样的形势下，高度重视北京传统四合院的保护，并结合新的城市总体规划编制，做出科学合理的统筹安排，不仅非常必要，而且有助于发挥古都的历史文化优势，促进城市的社会、经济发展。只有这样，我们古老的北京才能永远放射出辉煌的光彩，真正成为现代化的国际大都市。

参考文献

[1] 王屹. 浅析北京民居略论保护内涵（上）[J]. 北京规划建设，2003（2）：20－22.

[2] 王屹. 浅析北京民居略论保护内涵（下）[J]. 北京规划建设，2003（3）：56－57.

（与李洵合作，原载于《北京联合大学学报（人文社会科学版）》2005 年第 2 期）

影响京郊旅游业持续发展的主要产业环境问题研究

旅游业要实现可持续发展，首先必须满足经济的可持续发展，其次要满足社会的可持续发展，同时还要满足环境的可持续发展。随着郊区旅游业及经济社会的快速发展，一系列正在危害郊区旅游业持续发展的环境问题凸显出来。这些问题既有长期制约郊区旅游业发展的关键资源供给短缺及由此引发的资源矛盾问题，也有已经和正在对郊区旅游业发展构成危害的各种非旅游产业不同环境效应所导致的各种资源及环境问题，更有郊区旅游业自身发展所存在的许多不可持续性环境问题。本文拟对前两类问题进行深入探讨。

一、北京郊区是当前和未来北京旅游业发展的最主要区域

北京郊区总面积167.21万公顷，占全市土地面积的99.5%。其中，山地丘陵104.18万公顷，占郊区面积的62.3%；平原63.03万公顷，占郊区面积的37.7%。[1]受地形、旅游资源空间分布以及旅游投资开发区位选择的影响，郊区旅游发展正在向4个类型功能区演化，即近郊区的都市旅游、近郊和远郊区县平原区的乡村体验旅游与农业休闲及农业观光旅游、远郊浅山丘陵区的休闲度假旅游与乡村体验旅游，以及远郊山区的自然观光与生态休闲旅游。

北京郊区共有4处世界文化遗产，占全市的67%。共有24处国家级和125处市级重点文物保护单位，分别占全市的41.3%和42.2%。共有430处正式接待游客的独立旅游景区，占全市的76.65%，其中，旅游度假村77处，A级至4A级旅游景区92处。[2]全市18个自然保护区（1个国家级、11个市级和6个县级）、8个国家森林公园和26处风景名胜区（2处国家级、8处市级和16处县级），全部分布于郊区。[3]此外，郊区县中的316个行政村，正在大力发展乡村体验旅游和民俗旅游，已成为近年北京旅游发展的热点和增长点。[4]

目前，4个近郊区接待海内外游客总人次已超过8000万人次（指各类旅游企业接待总人次数，下同），10个远郊区县接待游客总人次也已超过6000万人次。[5]根据北京市各主要旅游景区游客接待统计资料粗略估计，2002—2004年，全市有50%—60%的海外游客到过郊区的八达岭、十三陵、慕田峪、龙庆峡等20多个重点景区进行旅游，40%—50%的外省市游客到过郊区的八达岭、十三陵、颐和园、圆明园等30多个重点景区进行旅游，60%—70%的本市游客到过远郊区县的300多个风景名胜区、旅游度假区（度假村）、滑雪旅游地、农业采摘与观光旅游地。[6]

毋庸置疑，从目前国际、国内及本市居民的郊区旅游需求增长态势判断，郊区不仅目前是、未来更是北京旅游业发展的最重要地区，尤其浅山丘陵区以休闲度假与乡村体验旅游和平原区以农业休闲、农业观光及乡村体验旅游为主导的都市郊区旅游需求，将呈现出高速增长态势，从而推进郊区旅游进一步向前发展。

二、关键资源供给短缺及由此引发的资源供给矛盾问题

人口和产业的不断集聚，特别是向近郊区的集聚，导致郊区土地和水等关键资源供给短缺形势非常严峻。而旅游开发，除有效利用各种自然和人文旅游资源外，既需要一定量的土地用于项目建设，也需要一定量的水资源作为游客及经营者生活用水、景观用水、生态用水及娱乐用水等，使本已短缺的郊区土地和水资源供需形势更加严峻，同时也使旅游开发与其他产业发展中的资源矛盾暴露出来。

（一）土地资源供给是制约郊区旅游业持续发展的根本问题

2003年郊区土地资源总量为167.21万公顷，其中，耕地25.99万公顷，林业用地93.06万公顷，园地8.75万公顷，牧草地0.2万公顷，水域2.0万公顷，湿地3.44万公顷，建设用地29.98万公顷，其他用地3.79万公顷。[7]

在郊区各类用地中，耕地是每年减少的主要用地。1980年郊区有耕地42.6万公顷，1992年减至40.89万公顷，2003年再减至25.99万公顷。23年共减少16.61万公顷，平均每年减少1.70%，1992年后的11年年均减少3.31%。[8]耕地减少除必要的退耕还林和增加园地外，主要用于城镇、交通、工矿及农村居民点建设。新的北京市城市总体规划提出，2020年全市城镇建

成区将被控制在16.5万公顷以内。[9]按目前人均105平方米城镇建设用地计算，全市实际城镇建设用地为15万公顷，未来将净增1.65万公顷。同时，新的北京市城市总体规划还提出，未来交通用地、水利设施用地、湿地面积和草地面积仍将增加。这样，未来20年需净增加建设用地等各类用地总量在2万公顷以上。

与此同时，目前郊区的林业用地中，实有林木面积79.42万公顷，林木覆盖率47.5%，实有森林面积51.5万公顷，森林覆盖率30.8%。新的城市总体规划提出，未来全市林木覆盖率要达到55%，森林覆盖率要达到38%，这样需新增林木覆盖面积和森林面积分别达12.55万公顷和3.71万公顷，现有93.06万公顷林业用地将被全部用完。

此外，郊区山地丘陵地区，既是主要的林业用地分布区，也是北京市水源保护区、自然保护区和风景名胜区等主要环境敏感区，旅游开发用地类型及功能将受到一系列限制。

由此可见，郊区能够供给旅游开发特别是用于休闲娱乐及度假旅游项目开发的土地资源已经少之又少。因此，如果不协同研究土地资源的复合利用，土地资源供给短缺和旅游开发与其他产业用地之间的矛盾，将是长期制约北京郊区旅游业发展的主要矛盾之一。

（二）水资源供给短缺也是制约郊区旅游业持续发展的根本问题

郊区水资源的供给短缺，既受郊区各种产业规模扩大导致的水资源需求增加的影响，同时也受大气降水约束下的水资源形成的严格限制。1998年以来的连续5年干旱，使几年来北京郊区水资源形成量越来越少。表1资料表明，2002年北京地区水资源总量为16.31亿立方米，比多年平均水资源总量少54.9%。由于受地表水形成量的影响，北京地区主要靠地下水系供水，多年来地下水累计亏损量已达60亿立方米。

表1 北京地区（含4个城区）水资源状况统计

（单位：mm, 100million m^3）

年份	多年平均	1996	1997	1998	1999	2000	2001	2002
大气降水量	571.9	700.9	430.9	731.7	266.9	371.1	338.9	370.4
地表水资源量	21.80	25.95	10.61	17.83	5.16	6.34	7.78	6.05

续表

年份	多年平均	1996	1997	1998	1999	2000	2001	2002
大气降水特征	常年平均	偏丰水年	偏枯水年	平水年	枯水年	枯水年	枯水年	枯水年
入境水量	17.72	25.12	8.50	14.45	5.79	7.11	5.29	3.85
出境水量	17.35	39.41	19.44	21.43	10.73	10.24	7.35	5.53
地下水量	25.21	30.26	16.40	29.21	12.81	15.18	15.75	14.15
水资源总量	36.29	45.87	22.25	37.70	14.22	16.86	17.83	16.31

资料来源：北京市环境保护局．北京市环境质量报告书（2002）[M].2003：58.

2003年，北京地区大气降水达到444毫米，地表水资源和地下水资源分别达到6.1亿立方米和14.8亿立方米，实际形成水资源18.4立方米，水资源状况有了一定改善。同年，北京地区用水总量为35亿立方米，其中，农业用水12.9亿立方米，工业用水7.6亿立方米，生活用水13.5亿立方米，生态用水1亿立方米。用水供给除地表供水8.3亿立方米外，主要靠抽取地下水供给，地下水抽取量达25.4亿立方米，使得亏损总量达60亿立方米的地下水资源进一步减少。[10]

旅游开发既要保证游客和经营者的生活用水，也要保证一定量的景观用水、娱乐用水及生态用水。虽然旅游发展所需专项用水在北京市用水总量中所占比例极小，但是，如果不正视北京市水资源供给的紧张态势并寻求节约用水和各个产业用水的协调，水资源供给也将成为影响郊区旅游业持续发展的长期制约因素。

三、非旅游产业不同环境效应导致的各种资源及环境问题

郊区旅游业发展除受土地和水等关键资源供给短缺的制约外，还受非旅游产业活动的不同环境效应所导致的各种资源及环境问题的显著影响。

（一）采掘业造成远郊区旅游资源与旅游环境不同程度的破坏

郊区采掘业主要包括煤炭开采与洗选业、黑色金属矿开采业、有色金属矿开采业、非金属矿开采业等行业。主要分布于门头沟、房山、昌平、怀柔、延庆、平谷和丰台等郊区。2003年郊区所有采掘业企业共245家，实现销售

收入27.98亿元（表2）。

表2 郊区采掘业四大行业发展状况（2003）

（企业法人数：个，销售收入：万元）

区县	煤炭开采与洗选		黑色金属开采		有色金属开采		非金属矿开采			
	企业	销售收入	企业	销售收入	企业	销售收入	企业	销售收入	土沙石类	其他企业
门头沟	51	129951.5	1	360.1			34	8142.0	26	8
房山	74	89482.5					55	6681.6	53	2
昌平	1	32826.6	2	206.0	1	166.0	2	1357.2		
怀柔					2	319.7	3	3689.0	3	
延庆					1	86.1	1	66.3		1
平谷					1	391.0	11	5541.7	11	
丰台							5	526.0	5	
合计	126	252260.6	3	566.1	5	962.8	111	26003.8	98	11

资料来源：门头沟、房山、昌平、怀柔、延庆、平谷、丰台各区县统计年鉴（2003年）。

郊区采掘业引起的旅游环境问题主要包括以下类型：一是矿产开采形成的废水，特别是煤炭开采与洗选形成的废水，造成所在区域水环境污染。二是矿渣、尾矿的裸露堆放和矿区大面积开发造成的裸露土地，影响景区或景观视觉效果，同时形成扬尘尘源。三是矿产品的运输造成道路系统严重损坏，同时沿运输线形成线状扬尘尘源和大量道路扬尘。以上三种危害在门头沟、房山和昌平较严重。四是煤矿开采导致地面塌陷，主要涉及门头沟、房山和丰台的20多个乡镇和9个国营矿区，42个村庄受到不同程度的危害。

（二）制造业、服务业及生活废物排放使郊区大气和水环境问题异常突出

1. 以TSP、PM 10和SO_2污染为主的近郊区大气环境问题

郊区大气环境质量除受地形、降水、风、大气逆温和季节等多种自然因素影响外，主要受郊区工业及生活废气排放的影响。远郊区除大兴、通州、昌平、门头沟、房山和平谷硫酸盐化速率年平均浓度超标外，其他指标均未超国家二级标准，大气质量状况较好。而近郊区有7项指标超过国家二级标

准，尤以 TSP、PM 10 和 SO_2 超标较为突出（表3）[11]。

表3 近郊区主要大气质量指标监测及检测结果与国家标准的比较（2002）

污染物名称	取值时间	单位	国家标准	近郊区值	超标（%）	清洁区	备注
二氧化硫（SO_2）	年平均	mg/m^3	0.060	0.069	15	0.027	
总悬浮颗粒（TSP）	年平均	mg/m^3	0.200	0.375	87.5	0.229	
可吸入颗粒物（PM_{10}）	年平均	mg/m^3	0.100	0.162	62	0.116	
二氧化氮（NO_2）	年平均	mg/m^3	0.080	0.075	—	0.028	
一氧化碳（CO）	日平均	mg/m^3	4.0	2.3	—	1.2	
臭氧（O_3）	小时平均	mg/m^3	0.200	45天超标			发生在5—9月
铅（Pb）	年平均	$\mu g/m^3$	1.00	0.33	—	0.18	
苯并[a]芘（B[a]P）	年平均	$\mu g/m^3$	1.00	1.03	3	0.513	
降尘	年平均	ton/km^2	14.2	13.8	—	7.2	清洁区值+7
硫酸盐化速率（SO_3）	月平均	$mg/dm^3·d$	0.50	0.54	8		参考标准：0.50
大气降水pH			5.60	6.27	11.96		惯用标准：5.60

资料来源：北京市环境保护局．北京市环境质量报告书（2002）[M]．2003：36-52。

从产业活动大气环境效应分析，近郊区大气环境质量主要受以下产业环境效应影响。

一是分布于郊区的电力及热力生产供应业、黑色金属冶炼及压延加工业、化学原料及化学制品制造业、石油加工及炼焦业、非金属矿物制品业（水泥等）五大行业的能源消费及废气排放，是近郊区大气环境质量指标超标的主要成因。五大行业煤炭消费占全市的近90%（表4），其中，京能热电、大唐发电、首钢第二炼铁厂、京丰热电、国华电力、华能国际电力、首钢电力、燕山石化动力部、燕山石化化工一厂、东方化工厂、燕山石化炼油事业部11家重污染企业是工业二氧化硫和烟尘的主要排放企业。

二是采暖季供暖燃煤锅炉及采暖和非采暖季部分生活燃煤炉灶排放的废气。2003年北京地区（含4城区）生活二氧化硫排放量为6.88万吨，生活烟尘排放量为4.16万吨。[12]

三是交通运输业废气污染。监测资料表明[13]，2002年近郊区的二环路至三环路、三环路至四环路和四环路以外，二氧化氮年日均浓度超标率分别达44.3%、49.0%和50.0%；一氧化碳日平均浓度超标率分别达41.3%、27%和20%。此外，随着北京市机动车数量的快速增长，交通运输引起的道路扬尘也是影响近郊区大气质量不可忽视的因素。

四是近郊区建筑业中每年多达5000多个建筑工地，在裸地覆盖失当和特定季节及扬尘天气条件下出现较大范围扬尘，造成近郊区大气总悬浮颗粒及可吸入颗粒物浓度上升。

此外，郊区五大风沙源治理区及乡村秋后大面积农田裸露，在特定季节和相应扬尘天气条件下出现扬尘，造成近郊区大气总悬浮颗粒及可吸入颗粒物浓度上升。

表4　北京郊区五大污染行业增加值及能源消费情况（2003）

主要污染行业名称	企业数（个）	增加值（10^8元）	占北京市（%）	消费标煤（10^4吨）	占北京市（%）	煤炭消费（10^4吨）	占北京市（%）
北京市	4019	1012.53	100	2518.88	100	2103.56	100
电力及热力生产供应业	26	67.46	6.37	235.04	9.33	921.48	43.81
黑色金属冶炼及压延加工业	26	84.68	8.36	856.59	34.01	386.24	18.36
化学原料及化学制品制造业	256	65.78	6.50	554.15	22.00	51.72	2.45
石油加工及炼焦业	34	25.52	2.52	229.50	9.11	266.79	12.68
非金属矿物制品业	298	41.79	4.13	246.14	9.77	238.74	11.35

资料来源：北京市统计局. 北京统计年鉴（2004）[Z]. 北京：中国统计出版社，2005：146–147，238—239。煤炭消费含原煤消费及洗精煤和其他洗煤消费。

近郊区大气环境污染对旅游业发展形成的影响主要表现在三个方面：一是大气污染严重时将危害旅游经营者和游客的身体健康；二是大气污染严重时形成的酸雨导致部分文物古迹的破坏和植被的死亡；三是大气能见度低时影响游客的旅游效果和目的地的旅游形象。

2. 以高锰酸盐指数、生化需氧量、氨氮和石油类污染为主的地表水环境问题

2002年被监测的郊区五大水系74条（段）河流中，Ⅱ类、Ⅲ类功能河段达标长度分别占相应功能河段总长的63.9%和59.9%；Ⅳ类功能河段达标长度占相应功能河段总长的12.6%；Ⅴ类功能河段100%不达标。河流、湖泊和水库达标数量、达标长度及达标库容指标见表5。河流最主要的污染指标是氨氮、高锰酸盐指数、生化需氧量，其次是挥发酚和石油类。水库污染指标主要是生化需氧量、高锰酸盐指数、氨氮和石油类。湖泊主要污染指标是生化需氧量、高锰酸盐指数，其次是氨氮。[14]

表5 郊区地表水质量状况（2002）

（单位：河长为km，湖泊水库库容为 m^3）

水体名称		实测河湖水库（条/个）	达标河湖水库（条/个）	达标河、湖及水库数比例（%）	实测河长或湖泊水库库容（km or $10^4 m^3$）	达标河长或湖泊水库库容（km or $10^4 m^3$）	达标河长或湖库库容比例（%）
永定河系		7	3	42.9	252.5	80.5	31.9
潮白河系		9	6	66.7	454.0	332.0	73.1
北运河系		42	5	11.9	849.1	167.0	19.7
大清河系		10	2	20.0	229.6	32.6	27.3
蓟运河系		6	2	33.3	151.0	62.0	41.1
总计		74	18	24.3	1936.3	704.1	36.4
湖泊水库	含总磷总氮	19	2	10.5	1020.43	401.8	39.4
	不含总磷总氮		4	21.1	1020.43	503.43	49.3
	含总磷总氮	17	3	18.8	725175	11852	1.6
	不含总磷总氮		11	58.5	725175	484902	66.9

资料来源：北京市环境保护局. 北京市环境质量报告书（2002）[M], 2003: 68-69。

从郊区地表水污染来源看，主要是城市及城镇宾馆、饭店、写字楼、餐馆、娱乐及其他第三产业活动形成的废水和家庭生活废水（统称生活污水）排放造成的污染。[15]2003年北京地区（含4城区）生活污水排放总量达8.06亿吨，共排放COD 8.94万吨，氨氮1.49万吨。全年日处理生活污水152.94万吨，实现达标排放5.58亿吨，达标排放率为69.23%，尚有2.48亿吨未经处理的生活污水直接排入地表水系统，造成郊区地表水污染。工业废水污染相对较轻，同年工业废水排放总量为1.31亿吨，共排放COD 1.04万吨，氨氮1057.1吨，日处理工业废水35.66万吨，实现达标排放1.30亿吨，达标排放率为99.24%。

郊区地表水环境问题对旅游业发展的影响主要体现在三个方面：一是规划为Ⅰ类、Ⅱ类和Ⅲ类饮用水源的水体遭到污染后，通过生活用水直接造成游客、经营者及当地居民健康危害。二是规划为Ⅳ类景观功能的水体遭到污染后，使水体景观功能丧失，从而对郊区旅游业发展构成危害。三是规划为Ⅴ类灌溉功能的水体遭到污染后，通过灌溉破坏农业土壤结构，出现土壤有害元素富集、酸化、盐化、碱化和板结等生态退化，同时使进入土壤的部分有害残留物在农产品中浓缩富集，间接对参与乡村度假和农业休闲与农业观光的游客及旅游经营者和当地居民造成健康危害。

3. 以卫生指标超标和地下水位下降及地面沉降为主的地下水环境问题

近郊区地下水一般卫生指标超标最严重的是总硬度、硝酸盐氮和溶解性总固体，亚硝酸盐氮、氨氮、氯化物、硫酸盐有个别超标，以石景山、丰台和朝阳南部地区为主。毒物指标中，挥发酚超标，主要位于石景山水屯、丰台康庄子和老庄子。微生物指标中细菌总数在海淀和石景山超标，海淀主要在太舟坞和青龙桥超标，石景山主要在燕山水泥厂超标。远郊区县地下水潜水一般卫生指标中，只有房山的溶解性总固体、总硬度、硝酸盐氮和氨氮四项超标，其他区县均未超标。承压水一般卫生指标中，平谷区均未超标，怀柔、密云和顺义氨氮超标，延庆溶解性总固体、总硬度、氨氮、高锰酸盐指数和氯化物5项超标，昌平总硬度、亚硝酸盐氮和氯化物3项超标，大兴和通州溶解性总固体、总硬度、亚硝酸盐氮和氯化物4项超标。微生物指标中，通州、平谷和大兴细菌数超标。

20世纪80年代以来，郊区地下水开采量每年在25亿—27亿立方米，占北京市年供水量的2/3。由于地下水补给不足，地下水累计亏损已达60亿立方米，形成了 11.05 万公顷的严重超采区和 14.68 万公顷的超采区（表 6），使郊区地下水位下降呈不可逆转之势。2003 年，郊区地面沉降面积已达 18 万公顷以上，占郊区平原面积的 28.56%，形成了朝阳区八里庄至大郊亭、朝阳区来广营、昌平沙河至东三旗、顺义平各庄和大兴庞各庄至堡头 5 个大的地面沉降区，沉降中心区累计地面沉降幅度在 500—800 毫米，最大沉降幅度已超过 850 毫米。[16]

表 6　郊区地下水超采区和超采区范围

类型	范围	面积（万公顷）
严重超采区	朝阳、丰台、石景山、海淀除山后大部分地区、门头沟区山前平原	11.05
	通州区城关镇、城关镇—土桥一带、摇不动村—北刘各庄—宋庄	0.7
超采区	通州大部分地区	4.67
	大兴庞各庄、魏善庄以北地区	3.40
	房山城关—夏村—良乡—石楼地区	1.82
	昌平南口—沙河—回龙观—东三旗地区	1.52
	延庆康庄、库北东门营地区	0.58
	顺义城关—杜各庄、高丽营—张喜庄、古城—天竺、密云城关以东和以北地区	1.99

资料来源：据《北京市人民政府关于公布北京市平原区地下水严重超采区、超采区和未超采区划定范围并进一步加强地下水资源管理的通知》整理。

郊区地下水一般卫生指标和有毒物质指标的检出与超标，主要是所在区域冶金、机械、化工、非金属制品制造等工业生产及其废水排放所导致的，而微生物指标超标则与养殖业、屠宰加工业、食品制造业、饮料制造业、酿酒业等产业发展密切相关。

郊区地下水卫生指标超标、地下水位下降和地面沉降问题，将给郊区旅游业持续发展带来一系列负面影响。一是卫生指标超标直接危害游客、旅游经营者及当地居民身心健康，同时会影响旅游目的地旅游形象。二是地下水位下降，直接导致地面湖泊水位迅速下降，影响一系列以水体为背景资源的旅游开发项目的持续经营，同时使部分原有景观泉水消失。三是卫生指标超标和地下水位下降直接增加旅游生产经营成本和游客旅游成本。四是大范围地面沉降导致已有文物古迹的破坏和一系列旅游开发建设成就的破坏，增大旅游开发投资等。

4. 以固体废物为主的郊区环境问题

北京市工业固体废物主要产生于郊区。近年来，随着工业污染治理力度的加大，工业固体废物增长的势头得到彻底堰止。虽然工业固体废物排放量在不断下降，但仍有近100万吨的固体废物处于堆存状态，有近10万吨的工业固体废物直接排放到环境中，对郊区旅游环境构成一定的危害（表7）。

表7 北京地区（含4城区）近年工业废物管理及利用状况

年份	固体废物产生		工业固体废物					危险废物产生量（万吨）
	总量（万吨）	产生量（万吨）	贮存量（万吨）	处置量（万吨）	排放量（万吨）	综合利用量（万吨）	综合利用率（%）	
2000	1460.00	1139.00	223.00	9.00	32.00	839.00	72.4	25.00
2001	1469.78	1136.00	267.00	7.00	20.00	880.00	75.0	24.78
2002		1053.00			17.00	822.00	76.0	
2003	1640.50	1186.00	99.00	367.00	9.93	876.00	71.1	4

资料来源：据《北京市环境状况公报》(2001—2004)（电子版）整理；国家统计局编. 中国统计年鉴[Z]. 北京：中国统计出版社，2004：435。

在固体废物中，城市生活垃圾和粪便是影响郊区环境的主要因素之一。[17]2003年，北京市共清运生活垃圾454.5万吨，无害化处理生活垃圾334.3万吨，生活垃圾无害化处理率73.6%。清运粪便233.6万吨，无害化处理粪便92.9万吨，粪便无害化处理率39.77%。全市15座投入运营的生活垃圾处理厂全部分布于郊区，而11座粪便消纳站全部位于近郊区。从目前城市生活垃圾处理率和粪便处理率看，郊区仍有相当数量的生活垃圾和粪便需要进行无害化处理，在全部实现无害化处理前对郊区环境产生明显影响。与此同时，在15座生活垃圾处理厂中，有11座是卫生填埋厂，日填埋垃圾8280吨，这些卫生填埋厂将是影响未来郊区地表水、地下水质量及景观环境的隐患。

值得注意的是，随着乡村经济的发展和乡村生活方式的转变，乡村生活垃圾产生量与日俱增，目前乡村生活垃圾无害化处理尚未提到政府环境管理的议事日程。课题组在调查中发现，各郊区县乡村生活垃圾到处倾倒和堆放现象极为普遍，将严重影响乡村体验旅游和农业休闲及农业观光旅游的发展。

（三）农业面源污染问题已到非解决不可的地步

郊区农业是乡村经济的重要组成部分。为了获得更高的产出效益，郊区农业经营中化肥、农药和农膜使用量并未减少。表8是郊区各区县化肥、农药及农膜使用情况的最新统计。从表8中各区县单位面积耕地化肥、农药及农膜使用强度可以看出，除延庆、怀柔化肥施用强度与全国平均水平略相当外，绝大部分区县高于全国平均水平1倍以上，最高的通州高达7.4倍。由于没有获得全国农药和农膜施用量资料，暂无法比较，但可以肯定，不会低于全国平均水平，足见郊区农业面源污染问题相当突出。

表8 郊区农业化肥、农药及农膜使用情况与全国的比较（2003）

区县名称	折纯化肥			农药		农膜	
	耕地面积（公顷）	施用量（吨）	施用强度（公斤/公顷）	施用量（吨）	施用强度（公斤/公顷）	施用量（吨）	施用强度（公顷）
朝阳	4225.3	3551	840.41	50	11.83	337	79.76
海淀	781						
丰台	2915.4	2773	951.16			327	112.16
延庆	29911.9	11858	396.43	189.5	6.34	75	2.51
怀柔	15358.9	6370	414.74				
密云	22579.5	19793	876.59	123.5	5.47	204	9.03
平谷	11334.2	14000	1235.20	551.33	48.64	683	60.26
顺义	34682.9	62967	1815.5	491	14.16	1353	39.01
昌平	11780.9	11369	965.04				
通州	28181.8	70738	2510.06	506.9	17.99	1002	35.55
大兴	42189.9	35808.4	848.74	1176.7	306.8	7030.9	166.65
房山	20245.7	30529.7	1507.96	349.7	17.27	499.2	24.66
门头沟	1760.5	929	527.69	22.9	13.01	26	
北京市	259860.3	143228.0	551.17				
全国平均	130039200	44166000	339.51				

资料来源：门头沟、房山、昌平、怀柔、延庆、平谷、丰台各区县统计年鉴（2003年）；国家统计局编．中国统计年鉴[Z]．北京：中国统计出版社，2004：479。

农业面源污染对郊区旅游环境的危害是多方面的。首先，造成农业生态系统和土壤生态系统严重退化，出现土壤板结、盐化和遭受污染等。其次，造成极大的农产品安全隐患。再次，对水源保护区等环境敏感区形成大的生态隐患，目前密云水库和怀柔水库等饮用水源水体总磷和总氮等卫生指标的上升，与上游水源汇水区农业面源污染有极大关系。此外，长期高强度使用化肥、农药等化学物质，通过土壤下渗影响地下潜水水质。而这些问题最终将影响郊区旅游业的持续发展。

（四）畜禽养殖业引起的郊区环境问题必须引起足够的重视

畜禽养殖业环境问题真正受到我国政府环境主管部门的重视，是1999—2000年在全国范围内开展的规模化畜禽养殖污染情况调查。根据国家环保总局进行的调查和测算，1999年北京市畜禽养殖业污染物产生总量为637.6万吨，产生COD 27.9万吨。其中，规模化养殖场产生污染物195万吨，产生COD 8.54万吨。[18]表9资料说明，2003年北京郊区养殖业发展水平远远高于1999年。

表9 北京郊区畜禽养殖业发展状况

年份	猪牛羊肉产量（万吨）	禽蛋产量（万吨）	大牲畜年底头数（万头）	猪年底头数（万头）
1999	32.3	15.8	19.0	248.3
2000	34.0	16.0	23.6	250.0
2001	38.2	15.6	27.6	248.1
2002	42.6	15.2	31	259.7
2003	42.7	16.2	33.0	252.2

资料来源：北京市统计局编．北京市统计年鉴（2004年）[Z]．北京：中国统计出版社，2004：503。

课题组在调研时了解到，目前郊区规模化畜禽养殖企业，拥有废物处理设施的不足20%。而且大部分是采用工艺较为落后的水冲式圈舍清污和沉淀池沉淀处理，因此，处理后的废物中COD含量及有害物质含量仍很高，对环境造成极大危害。根据前人研究，畜禽养殖业污染废物产生的污染危害包括了水体、土壤、大气和人畜共患疾病等众多领域。[19]近年来，郊区畜禽养殖正在发生结构性变化，家禽养殖规模增长略减缓，而牛、羊等的养殖规模在迅速扩大，特别是奶牛和肉牛及肉羊生产规模在迅速扩大，相较家禽养殖而言，牛和羊的废物排放量远远大于家禽废物排放量，使目前郊区畜禽养殖业造成的环境危害正在加重。因此，如果任郊区畜禽养殖业发展，将对郊区旅游环境及游客、旅游经营者以及当地居民健康造成巨大危害，也不利于郊区树立良好的旅游形象。

四、结论

北京郊区土地和水等关键资源供给短缺及由此引发的资源矛盾问题，将长期制约郊区旅游业的发展。而其他产业发展给郊区旅游环境带来的各种负面影响，更是对北京市整体环境的负面影响。旅游业的发展需要北京市对郊区环境问题有更多的重视，对营造良好人居环境有更多的努力。因为，这不仅将会造福首都，造福首都人民，同时各国来华旅游者、全国来京旅游者和整个旅游业也将从中获益。从另一个角度来看，北京郊区对污染的控制与治理，不仅将对首都产生极为重要的环境效益和社会效益，同时也将因为其有利于旅游业等环境依托类、环境友好类产业的发展，进而从中获得十分可观的经济效益。

无疑，郊区旅游业自身发展还存在许多不可持续性环境问题，由于本文篇幅所限，课题组将另文再论。

参考文献

[1] 北京市统计局编. 北京市统计年鉴 [Z]. 北京：中国统计出版社, 2004：20.

[2] http：www.bjta.gov.cn（北京旅游信息网）资料。

[3] http：www.beijing.gov.cn zw ghxx default.htm（首都之窗政府网站）资料。

[4] 顾晓园等. 坚持科学发展观推动北京郊区民俗旅游业可持续发展 [A]. 北京市旅游局调研报告汇编（2004年度）[C]. 北京市旅游局, 2005, 6：36 - 52; 北京市旅游局综合管理处. 北京市郊区民俗旅游餐饮特色调研报告 [A]. 北京市旅游局调研报告汇编（2004年度）[C]. 北京市旅游局, 2005, 6：122 - 141.

[5] 北京市郊区各区县统计局. 北京市郊区各区县统计年鉴（2003 -

2004）。

[6] 北京市旅游局编．北京市旅游统计年鉴［Z］．北京市旅游局，2004：154－15.

[7] 国家统计局编．中国统计年鉴［Z］．北京：中国统计出版社，2004：442－446；北京市统计局编．北京统计年鉴［Z］．北京：中国统计出版社，2004：211－216.

[8] 文化等．聚焦都市农业——农业在首都经济发展中的地位和作用（第一版）［M］．北京：中国经济出版社，2005，8：130－133；北京市统计局编．北京统计年鉴［Z］．北京：中国统计出版社．2004：500.

[9] 首都规划委员会．北京市城市总体规划（2004~2020）［ED/BL］北京市首都规划委员会网站资料，2005－04－12。

[10] 国家统计局编．中国统计年鉴（2004）［Z］．北京．中国统计出版社，2004：424－425.

[11]［12] 北京市环境保护局．北京市环境质量报告书（2002）［R］．2003：53.

[13] 北京市环境保护局．北京市环境质量报告书（2002）［R］．2003：51－53.

[14] 北京市环境保护局．北京市环境质量报告书（2002）［R］．2003：64.

[15] 国家统计局编．中国统计年鉴［Z］．北京，中国统计出版社，2004：426－427.

[16] 北京市环境保护局．北京市环境质量报告书（2002）［R］．2003：143.

[17] 国家统计局编．中国统计年鉴［Z］．北京，中国统计出版社，2004：438－439.

[18] 国家环境保护总局自然生态保护司．全国规模化畜禽养殖业污染情况调查及防治对策［M］．北京，中国环境科学出版社，2002：23.

[19] 董恒年．规模化畜禽养殖区域污染控制模式及管理工具研究［J］．北京电子科技学院学报（社科版），2004，12（4）：1－4.

（与刘德谦、董恒年合作，原载于《旅游学刊》2005年第6期）

《北京学研究文集·2004》序

北京学以研究北京为己任，用侯仁之老师的话来说，叫作"立足北京，研究北京，服务北京"。对这几句话，我的理解是，立足北京的历史和现实，面对北京的发展和国内、国际环境，研究北京的实践和理论，力图从中提炼出对北京整体发展的规律性认识，为北京市决策提供服务，为北京的企业事业单位服务，为广大市民服务。还可以认为，北京学研究既涉及北京的历史，更侧重北京的现实和发展；既涉及局部性的各个领域，更侧重整体性的研究；既重视实践问题的讨论，又以建立北京学的理论体系为更高目标。

基于以上认识，北京学研究所成立以来开展了多种活动。其一，一年一度的学术研讨会，已经开过5届，发表论文数百篇，并择其中一部分集结成册（《北京联合大学学报·北京学研究专刊》）。其二，承担了一批来自各方面的研究课题，已完成的和目前在研的各十数项。其三，与一批深深热爱北京并对研究北京有很高造诣的专家和实际工作者结下了深厚的友谊，共同营造了一个研究北京的"活动圈"。其四，以讲座、小型展览、课堂教学等方式在市民中宣传北京的基本知识和"新北京、新奥运"。其五，与国内一批地方学研究机构和国际上相关研究团体进行交流。其六，为适应研究任务进行的研究所自身建设，尤其是首都图书馆的加盟具有重要意义。目前研究所有城市、文化、地方文献、经济、旅游和理论6个研究室。

目前，北京发展面临着新形势和新任务。例如，随着2004年8月29日雅典奥运会结束，奥运的五环旗帜交到北京市长手中，北京进一步成为全球关注的焦点。在此背景下，北京应该如何运用科学发展观，使"绿色奥运、科技奥运、人文奥运"的理念得到最充分的体现。又如，北京目前正在进行的城市总体规划修编，任务十分繁重，涉及城市性质、功能更深刻的理解，人口规模的预测和规划，古都风貌保护与现代化国际大都市建设目标的兼顾，城市空间布局的重大调整，随着科技进步对首都经济更新的诠释和规划，以及地区协调发展等复杂而重要的内容。再如，北京面对交通、防灾、水资源、外来人口等一系列社会热点、难点问题，需要妥善处理。北京发展面临的新形势和新任务，理所当然是北京学研究的出发点和工作目标，这是从大的方面讲。从小的方面讲，从研究所角度看，北京学研究所已与北京联合大学的其他人文社会科学研究机构组建成北京学研究基地，并正以此向北京市申报市级哲学社会科学的研究基地。另一个角度也是值得提出来的，就是今年研讨会的国际性质比以往有了显著加强。出席此次研讨会的有来自英国伦敦、法国巴黎、意大利罗马、荷兰莱顿、澳大利亚堪培拉、韩国汉城和关东的学者。国内地方学研究机构之间的交流范围也得到了扩大。中外同行就各国各地所共同面临的"传统与现代化"这个主题进行了交流与讨论。此次研讨会的部分论文以《北京学研究文集·2004》的形式集结出版，意味着随着研究成果数量的增多和质量的提高，以年度为单位，或论文集，或调研报告，要做出长期的出版计划。

根据以上情况和分析，可以认为，北京学的研究正在迈入一个新的阶段。它以新的工作目标、新的组织形式、新的交流圈，以及所追求的新的工作水平为特点，区别于前一个阶段，并作为一个新的起点，激励研究者们不断创新，与时俱进。

以上所述，一是温故，二是知新。写此短文抒一孔之见，以为序。

（原载于《北京学研究文集·2004》）

北京学研究十年回顾与思考

早在1994—1995年，北京联合大学在与韩国汉城市立大学进行校际学术交流中，受到该校"汉城学研究所"的启发，萌生了建立"北京学研究所"的想法。之后，在北京市人大、市政协、市教委工作的几位教育界老领导先后接见过汉城市立大学的两任校长，都对汉城市立大学建立汉城学研究所感兴趣，建议市属高校北京联合大学也筹建北京学研究所。经过两年多的筹备和专家论证，北京联合大学北京学研究所于1998年1月获得北京市批准，并于1998年6月30日召开了成立大会。至今，北京学研究已经走过了10年的路程。总结10年的成就，思考未来的发展，对于推动北京学的进一步繁荣无疑具有积极意义。

一、十年历程

回顾10年来北京学研究历程，可以划分为七年初创和三年建设两个阶段。

第一阶段，北京学研究处于起步时期。1998—1999年，北京学研究所承担了"北京市旅游业的可持续发展研究"、"北京的历史传统与现代化——中外首都对比研究"等课题，揭开了北京学研究直接服务于北京市社会经济发展的序幕。2000年5月，北京学研究所接受市委宣传部委托，与市委文化产业办公室、市社科规划办等单位共同组队，开展了"北京文化企业集团运行机制研究"。

1999年12月，北京学研究所召开第一次学术研讨会，学术研讨的年会制度由此确立。2004年9月，召开"北京学国际研究会"，主题为"传承都市文脉与建设国际化大都市"。来自北京地区以及伦敦、罗马、莱顿、汉城、东京等国外城市的专家学者和国内"三峡学"、"温州学"、河洛文化等团体的代表70人参加了研讨会。

北京学研究所与市内其他文化机构、学术团体多次联合举办学术研讨活动。如2004年9月，和当代北京史研究会、北京市社科院共同组织"当代北京城市发展研讨会"，市委、市政府领导龙新民、吉林等同志出席并做了重要讲话。

2005年4月，北京市哲学社会科学北京学研究基地举行了揭牌仪式，北京学研究所与北京学研究基地两牌一体。北京学研究基地是北京市教委和北京市哲学社会科学规划办公室领导下的哲学社会科学研究基地。根据北京市的要求，自2005年至2007年，北京学基地进行了第一期建设。北京学研究进入新的阶段，即第二阶段。

基地自建立以来，共开展了129项研究项目。其中，国家级项目3项，市社科规划项目13项，研究基地自设项目78项，以及其他省部级项目8项，市教委项目13项，其他委办局项目5项，横向委托项目9项。"《清史》图录·北京及周边地区清代建筑遗址图片"为国家重大项目子课题；"首都宗教与社会主义和谐社会建设"为国家社科基金项目；"《当代中国城市发展》丛书·北京卷"为国家级项目子项目。"支撑北京郊区可持续旅游发展的产业与环境战略研究"、"北京名人故居调研"、"北京宗教文化研究"、"奥林匹克文化研究"等项目为北京市哲学社会科学规划重点课题。

三年中，基地共出版专著18部，发表核心刊物论文32篇，完成调研报告14部，获省市级及以上奖励3项。

三年中，基地学术交流频繁，共召开国际学术研讨会3次，国内学术研讨会12次，市内学术研讨会、报告会、学术沙龙18次，举办北京历史文化、书画作品展览8次，会同首都图书馆举办北京文化史讲座8次。同时，陆续与32个相关学术组织和研究机构进行了学术交流，先后派出63人次参加了40多次国内学术研讨会。此外，基地每年组织相关专家、学者参加北京科技周活动。

基地先后组织专家学者和科研人员21人次，参加了在韩国、美国、法国、蒙古等国家举办的国际研讨会以及我国台湾地区的学术活动，并与上述国家和地区的相关研究机构建立了学术交流关系。与此同时，基地接待了来自日本、韩国、俄罗斯、美国、法国、意大利、澳大利亚等国家的学者专家共50人次。

在2007年年底北京市组织的基地一期建设验收中，北京学基地通过验收，并获得专家组高度评价。

二、几点思考

北京学研究的10年，可以概括为"一个宗旨"、"两个阶段"、"三个主要研究方向"、"四个圈层研究力量"、"五项主要任务"、"六个研究室"。

"一个宗旨"是指侯仁之院士给北京学研究所的题词："立足北京，研究北京，服务北京。"这是北京学研究所全部工作的出发点和落脚点。

"两个阶段"是指前七年初创北京学研究所阶段和后三年由北京学研究所提升、扩大为北京学研究基地的建设阶段。体会是困难中要看到光明，发展中要有更高目标。

"三个主要研究方向"是指北京城市的现代化建设与发展，北京历史文化名城的保护与发展，北京历史文化的传承与发展。这三个研究方向是依据北京市的城市性质和社会经济发展的实际需要在研究实践中逐步明确起来的。在全党全国深入贯彻党的十七大精神的今天，我们必须以科学发展观为指导，更深入、更细致地把握好主要的研究方向，为北京市健康、稳定、可持续的发展做出更多更大的贡献。

"四个圈层研究力量"是指以北京学研究所为基础和核心、整合校内外机构、人员的研究力量结构模式。我们认为，这是北京联合大学应用性办学道路的一个典型体现，是适应北京学研究的地域性、综合性和应用性特点的力量组合形式，实践证明，这是一种成功的创造。

"五项主要任务"是指立项研究（包括纵向、横向、基地自立三类）、交流互动（包括市内、国内、国际三个层面）、教育教学（包括课程、培训、科普三个部分）、学科建设（在学校办学定位框架下，明确北京学的主干学科、学科交叉以及学科融合，加强建设，确立并实施创新学术队伍建设目标等）、信息平台建设（建设面向社会开放的北京相关资料和北京学研究的信息平台）。

"六个研究室"是指目前的北京城市、北京文化、北京经济与管理、北京旅游、北京地方文献、北京学理论六个研究室。研究室的设置是会随研究任务的变化而变化的。想强调的是，根据北京联合大学的实际情况，将研究室分设在不同的学院（地方文献室设在首图）是合适的。进一步发挥研究室在四个圈层力量组合体系中的骨干作用是完成上述五项任务的需要。

回顾北京学走过的路程，10年工作最显著的一点是探索性，也就是邓小平同志所讲的"摸着石头过河"。其中思考、讨论最多的问题是北京学的研究内容，涉及其内涵、边界和核心。这个问题关系到北京学最终能否立足、能不能称"学"，可以说至关重要、至为关键。对这个挥之不去的问题，在10周年之际，有必要进行再思考。至少要回答三个问题：包含什么，与其他学科、领域怎么区分，庞大体系的主干或核心部分是什么。

对第一个问题，北京学研究人员曾经将其归纳为5类。[1]

（1）诸如城市科学、政治学、经济学、历史学、文化学、社会学、宗教学、旅游学等各门学科的研究对象在北京的种种表现的研究，或者是北京发展过程中所出现的种种具体问题，领导机关、职能部门和广大群众所关心的热点、焦点和难点。这一类型的内容，是北京学研究的基础部分，尽管它分别属于上述各门学科和各个职能部门的研究对象，尽管它不是北京学研究的核心，但如果拒绝了这一部分内容，北京学研究的活力就会大打折扣，北京学理论体系能否建立起来，也将是一个问号。这个类型的研究内容带来的问题就是所谓的内容太广泛，研究不易深入。

（2）在以上研究的基础上，力求归纳、升华提出北京各个方面的特点是什么。与第一个类型一样，它也包括理论和实际两个不同的角度。例如，研究文化理论的就要说清楚北京这个城市的文化特点，研究外来人口实际问题的就要总结出北京的外来人口问题与上海、广州怎么个不一样。

（3）在以上研究的基础上，进一步研究上述特点形成的原因。显然，这一类型的研究内容更具有综合性，因为它会涉及更多的学科和更多的实际工作领域，还必然会涉及历史过程。最终要说清楚这些特点为什么在北京这个城市形成。

（4）以上研究成果的应用，基于对北京规律性的认识，预测北京的发展，提供针对种种问题的对策建议。显然这个类型的研究实际上是随时进行的，因为现实生活不断地提出问题要求我们回答。我们必须在每一个阶段，根据我们的认识水平，尽力回答好每一个问题，尽管也许是不完善的和不深刻的。

（5）因为北京学是个新学科，它需要研究北京学本身的对象、方法，建立概念、术语、范畴体系，描述历史发展，论证学科体系，揭示学科规律，阐明学科的功能和应用等，最终建立北京学的理论体系。

这个归纳，现在看还是可行的。问题在于10年实践中，我们曾经在一段时间内，认为北京学的研究内容"太杂"（指涉及的学科、专业、行业、领域太多）而试图避免。在基地三年建设阶段，才开始转化到承认这个"杂"是有道理的，是北京发展中客观存在的，是北京学研究必须面对的。从实践中看，这几年进入北京学研究的新的领域越来越多。回避是不可能的，也是不应该的。

第二个问题是北京学研究必须要有自身独特的研究视角的问题。因为对北京的研究领域十分广泛，而且各个学科、专业、行业、领域都有自己特有的研究对象。以地域性、综合性、应用性为旗帜的北京学研究，既不可能脱离这些学科、专业、行业、领域的各自研究，又必须与每一个学科、专业、行业、领域的研究有所区分。根据这个基本认识，基地强调，在各学科、专业、行业、领域研究的基础上，必须具有一个独特的研究视角，即分析该研究对象的地域性角度的内在规律：它是北京的，不是其他地方的，并回答为什么。必须承认，这是一个认识过程，也是一个实践过程。目前有一批成果较好地达到了一定的深度。前不久北京市社科院历史所和北京史研究会联合举办了"纪念戊戌变法110周年暨北京史研究学术研讨会"。对"戊戌变法"历史事件的研究显然是中国近代史、北京史等学科的研究课题，而有的论文和发言则着重分析"戊戌变法"为什么发生在北京以及为什么发生在宣南，这就产生了北京学研究的独特角度：北京作为清朝统治中心、科举中心以及宣南是北京会馆最为集中的地区而有条件成为全国各地人士传播信息、发表政见、进行宣传鼓动的地方。

在这个问题上，北京学研究在处理与其他学科、专业、行业、领域的关系上有两个要点。第一个要点，凡是发生在北京地面上的种种现象都是北京学的研究对象，说得更确切一点，都是北京学研究的基础性内容，这也是北京学必须向相关学科、专业、行业、领域学习的理由，也是必要时需要直接引用相关学科、专业、行业、领域研究成果的理由。需要强调的是，在此基础上北京学必须再往前走一步，着重说清楚这个现象为什么会发生在北京，或者说发生在北京的这个现象，为什么是这个样子的，而不是那个样子的。这样的研究做多了，北京这个城市或这个地方的特点就出来了，所谓的地域性规律就凸显了。第二个要点，需要时可以将北京这个城市或这个地方特点的研究成果应用到各学科、专业、行业、领域种种具体现象的具体研究中去。做到了这两点，北京学研究就既不至于"种了别人的田"，也不会"荒了自己的地"。

  第三个问题，显而易见，北京学研究上述5类内容组成的体系是庞大的，尤其是第一类内容的大量进入。尽管对第二个问题的回答在一定程度上解决了"杂"的问题，但"庞大"的问题仍然必须面对。这就要求我们进一步梳理这个庞大体系，其中一项工作就是找到北京学研究的主干或核心部分。经过多年的探索，我们认为这个主干或核心部分必须具备三个性质，就是它对于各个分支部分的包容性、可以概括整个体系的整体性以及对整个体系的引领性。目前能找到的同时具备这三个性质又符合北京实际情况的就是北京城市研究。城市是一个综合体，它是自然环境与人文环境的综合体，又是时间与空间的综合体，还是各城市要素在城市这个地域单元上的综合体，它具有最大的包容性，又具有完整的外在面貌和内在特质（物质的和非物质的），对城市的研究可以引领各分支部门的研究工作。当然，这里所说的城市研究是广义理解的。如果把城市研究只局限于城市基础设施、城市"硬件"、城市物质形态研究的话，上述论述就全部站不住脚了。还有，上述三个问题是紧密相连、互相渗透的，综合起来，是想回答北京学研究内容的体系。实际上，这个问题的答案一定是复杂的。因为"城市"和"区域"的概念本身就是复杂的，就如同"地方"和"文化"的概念也是复杂的一样。但无论如何，我们还是可以认为，只要抓住了研究对象的主干和核心部分，只要明确规定了独具的研究角度，北京学就有了立足的基础，就有了称"学"的重要依据，就有了服务北京的阵地和武器。

参考文献

[1] 张妙弟. 对北京学研究内容的思考——写在北京学研究所第一次学术研讨会之后 [J]. 北京联合大学学报, 2000（1）: 7-8.

（原载于《北京联合大学学报（人文社会科学版）》2009年第1期）

关于将京西古道研究引向深入的几点思考

京西古道研究是北京地方文化研究中的一个品牌。首先请允许我引用政协北京市门头沟区文史资料研究委员会编写的《京西古道》一书中的一段话:"首都北京乃'古幽蓟之地,左环沧海,右拥太行,北枕居庸,南襟河济,诚所谓天府之国也'(《京师五城坊巷胡同集》序)。京西之山,统名西山。西山,东临京城,西出塞外,接黄土高原与蒙古草原,为北京西部之屏障和通衢。西山物产丰饶,其煤炭供'京师炊爨之用,尤不可缺',而石灰、石料、琉璃等又与北京城市建设密切相关。西山之中,古刹庙宇遍布,可见宗教文化早已深入;潭、戒二寺名扬海内外,妙峰朝顶盛况举世闻名且为我国'民俗学发祥之地'。而自燕至明,历代长城遗迹今仍存于西山岭涧,透出刀光剑影、潜踪肃杀之声,尤其桑峪古化石、'东胡林人'墓葬之出土,更证距今一万年乃至十万年前人类已踏入西山;而'卢沟运筏图'则展示了一幅山水画卷,峰口庵蹄痕又对拆毁前的'阜成梅花'作了最好的印证。从远古人类的足迹到近代村镇之发展,从金戈铁马到民俗聚会,从'乌金'出峒到炊烟缭绕……这一切,如果有什么能够跨越时间与空间而连接在一起的,只有那些掩映于山中的古道。"这段话道出了京西古道与京城的密切关系,还道出了京西古道是北京历史、地理、经济、文化、宗教、军事等多领域的综合性的研究载体。作为北京市哲学社会科学北京学研究基地的一名研究人员,我是十分赞成这段话的。对于北京文化、北京特色、北京魅力的讨论,人们探讨了多少年,见仁见智。其中既包括对北京文化总体的研究,也包括对各分支地方文化的研究。可以认为,京西古道在漫长的历史长河中支持、支撑了京城的建设和生活,并形成了自己所独有的一系列特色,这是造就京西古道研究在北京地方文化研究大格局中特殊地位的根本原因。只要我们深入发掘、认真分析,并且古为今用,京西古道研究就一定会在当今的区域社会经济发展中发挥越来越大的作用,就会成为北京地方文化研究中的一个品牌。

以门头沟区为主要力量的京西古道研究已经有了很好的成绩。大家知道,门头沟区十分重视地方文化的研究，尤其是近些年来，古道研究、永定河文化研究、古村落研究，立机构，搞普查，做课题，出成果，一派繁荣景象。真可以说，"将一个历史悠久、物产丰富、山川秀美、人杰地灵及文化底蕴深厚的门头沟展示于世人前面"。京西古道的研究是其中的佼佼者。它以2002年出版的《京西古道》以及最近刚刚出版的《京西古道丛书》两种著作为代表。这两种著作最主要的贡献有三条：一是作者主要依靠两条腿的实地考察，将京西古道的路由一一摸清，为以后的研究打下了坚实的基础。这项工作极为艰苦和难能可贵，诚如历史地理学著名专家尹钧科所言："书中的每一个字就是他们踏遍门头沟区山间古道而留下的一个一个的脚印。"二是对古道沿途的文物古迹、民俗风情做了详尽记录。三是通过查阅大量文献资料与实地考察，对京西古道的起源与发展、功能与分类、现状与开发提出了自己的见解。无可争辩的是，门头沟区同志们所做的工作开了京西古道研究的先河，一批成果已经成为后续研究的"基石"。

　　将京西古道研究引向深入的思考之一：加强古道研究的经济学角度。为了进一步整理京西古道的研究方向，抛砖引玉，提几点意见，旨在引起讨论。其中最为紧要的就是加强古道研究的经济学角度，为什么？因为"经济是基础"。尽管我们可以将京西古道按功能分为商旅的、军事的、宗教的种种，但从总体上讲，京西古道的形成、发展、演变，以至于到今天的保护、开发与利用，一丁点儿也不应该离开经济角度。京西古道最核心的属性是经济古道，是经济大道。这个观点必须确立，并且贯穿研究的始终。其中有几个要点。一如古道形成的经济学动力机制研究。京城需要煤，门头沟产煤，这一对供与需的关系，就是京西古道形成的最重要的动力学机制。当然，除了煤，还有木材、石料等建筑材料，还有农副产品，还有供朝廷使用的琉璃制品等。按此思路，古道研究的第一个重点就应该是门头沟的煤业发展，尤其是它的起源，它的规模，它的地理分布，它的行销去向，它的盛衰演变。在目前的研究中，这一块比较薄弱。二如历史阶段京西古道对于北京城以及门头沟区域发展的经济贡献的研究。这一点有一定的难度，尤应重视古文献资料的发掘，目前还有一些线索可以利用。三如当今对古道的保护、开发与利用，也需要从经济学角度做一番考量。

　　将京西古道研究引向深入的思考之二：加强古道研究的地理学角度。地理学研究最核心的要义是研究对象的地理分布、区域差异、形成原因以及人地关系。京西古道研究的现有成果，对其在门头沟区域内的路由分布已有了比较详细的记录。估计除了少数路段还需继续补充、完善之外，在地理分布研究问题上，主要方向应该是向门头沟区域外延伸，其中能肯定的两个主要方向分别是北京城和蒙古高原。显然，这两个方向上，都不可能是单线的，也不可能是直达的，而一定是多点多段的，是网状的，这一点在现在的《京西古道》中已经提及，但确还需要具体展开，作为一个重要领域进行研究。往蒙古高原方向，情况会更复杂一些，可能还会牵扯到"太行八陉"的研究等。想强调的是，突破门头沟区行政界限进行京西古道的研究一定会提升研究的整体认识水平，比如除了前面所讲到的煤的生产与销售之外，门头沟还是京城与蒙古高原广大区域之间的经济、政治、军事、文化的重要通道，京西古道的形成机制中还有这方面因素的重要贡献。还有，就门头沟区域内而言，其古道在不同区域之间是有差异的，其差异本身以及形成差异的原因均与地理学密切相关。更不用说，煤、石材、木材、琉璃、农副产品产地的形成均离不开自然基础以及人类对相应资源的开发。当然，我们将京西古道作为研究对象，地理范围已圈定为"京西"，所以也不能将研究空间扩大得太大。适当扩大的目的主要在于将研究对象置身于更大的空间背景之中，有利于我们深化对问题的认识。

将京西古道研究引向深入的思考之三：加强古道研究的历史学角度。历史学研究的最大特点是将研究对象按历史的不同阶段阐述清楚，包括其背景、人物、事件、沿革、特点、影响、评价等。京西古道从产生到现在，已经走过了漫长的岁月。在不同的历史阶段，古道的情况和特点都是不一样的。加强历史学研究角度，将有利于展示其发生、发展的线索，揭示其演变变化的规律。试想，唐末五代时期刘仁恭在大安山建宫馆、置玉河县时的京西古道，宋、金、蒙古三个王朝纷争之机丘处机带领尹志平等十八弟子来到京西龙门涧燕家台村时的京西古道，清代大修京西运煤道之后的京西古道会是一样的吗？答案只有一个：每个阶段和每个阶段全不一样。即使是古道的尺寸形态一样，其路由、内容、文化、功能、贡献也不一样。按历史阶段是将古道研究引向深入的重要途径。

将京西古道研究引向深入的思考之四：加强古道研究的文化学角度。与上述研究角度相比较，这一个角度是最难的。原因之一是人们对"文化"的理解各不相同。尽管这样，我们可以避开"文化"基本定义的讨论，抓住肯定是文化、对京西古道研究又关系密切的文化现象进行研究。这样做，可能不完全，但至少不会错。京西古道研究目前的成果中，主要抓了两个方面：一个是文物古迹，主要是路、桥、庙、碑、关等；另一个是民俗风情。对这两个方面，建议在原客观记录工作的基础上，花大力量探讨这些文化现象与京西古道的关系，揭示其中的规律。拿宗教的庙、堂、宫、观来说，古道沿途的与远离古道的有没有区别？有什么区别？是什么原因造成的？有没有行业特点？有没有特殊的心理需求？清水的教堂、后桑峪的教堂的形成与古道有什么关系？灵水为什么能成为"举人村"，与古道有关系吗？民俗风情方面，也同样应该努力探寻规律性的东西，突破目前"客观记录"的局面。加强文化研究角度，还可以加强比较研究。同样是民居上的砖雕、木雕与石雕，京城的、京郊平原的、门头沟古道沿途的、怀来宣化的，既有共同点，又有不同点。又如同样是民间小庙，其壁画的风格各有异同，都有深入研究的空间。如果将宗教也作为一种文化来研究，门头沟具有得天独厚的条件，香道本身就是京西古道的重要组成部分，潭、戒两寺的宗教地位无可替代，其建筑文化、香会文化丰富而精致，妙峰朝顶盛况举世闻名且为我国"民俗学发祥之地"。其中除少数已有高水平研究成果问世之外，多数均有待深入的研究。

将京西古道研究引向深入的思考之五：创新研究思路，加强力量整合。除了上述研究角度与研究内容的思考之外，京西古道研究的深入，还需要研究体制、机制、方法、技术等方面的支撑。可以举出四个要点。

一是加强区内、区外两个方面的力量整合。区内整合是指门头沟区内的京西古道研究、永定河文化研究、古村落研究等多股力量之间的整合协调。旗帜多有利于"百花齐放"，也有可能会造成力量分散。建议将力量集中到"古道"与"永定河"两面旗帜下，并将两者协调成既密切相关又有功能分工的两个"研究圈"。至于赞成确立"京西古道"作为门头沟区主要研究方向的理由是：京西古道是一个比较完备的体系，又是一个非常好的载体，诚如安兴柱同志所言："如果以古道为藤，以村庄、古迹为叶、为花画成一幅图，会显露出历史的枝繁叶茂。"赞成确立"永定河文化"作为门头沟区另一个主要研究方向的理由是：永定河是北京的母亲河，举起永定河文化的旗帜有利于加强门头沟区在北京市文化建设中的话语权，也是对北京市文化建设的一种支持与贡献。区外整合是指与外区、外地的合作研究。首先是与石景山、海淀、昌平、丰台、房山各区的合作。其次是与河北省张家口市、保定市的合作。这些合作，是区域范围的扩大，更是视野的扩大和思维上的创新。

二是加强比较研究。这是指研究方法上要有新主意，比较研究是方法之一。举例子讲，一段时间以来成为热门话题的"茶马古道"，除媒体上大量的报道性、介绍性文章以外，还可以找到一批研究性文章。这里罗列几篇，如《茶马古道上的宗教文化交流》、《西南地区茶马古道论略》、《藏区城市景观变迁与旅游开发——以茶马古道沿线的藏区城市为例》、《基于"点—轴系统"理论的云南茶马古道旅游发展战略研究》等。实际上，茶马古道、秦皇古道、晋商的蒙俄商道等一批古道均可资比较。与丝绸之路相比，尽管规模悬殊、功能差异，但从研究方法着眼，同样可以从中得到启发。甚至于从京杭大运河的研究中，也可以借鉴一二。

三是积极引入高新技术。首先是地理信息系统的应用。根据京西古道研究多领域、多角度、多层次、信息量巨大的属性，引进地理信息系统完全必要而且可能。从北京市建设"数字北京"的工作目标看，门头沟区的京西古道研究如果能够先走一步，将是对北京市相应工作领域的重要贡献。其次是专业层面上地图的制作。在京西古道研究成果的地图表示上，非常需要从手绘示意图的阶段跨入专业制图的阶段，这个转折的意义不仅仅在于形式上，而且是表达内容和研究水平的一个大的提高。以上两项工作可以通过技术合作逐步实施。

四是加强研究规划。今日之成果来之不易，今后的研究任务更重。就像京西古道一样，路是一步一步走出来的，古道研究是一步一步深入的。在已经取得的可贵的成果基础之上，规划一个既有理想又可以操作的研究计划，可以更多提高研究的效率和水平。

（原载于北京京西古道文化发展协会会刊《京西古道》，2009年第1期）

关于大运河"申遗"类型的思考

2006年5月12日,由全国政协组成的京杭大运河保护与"申遗"考察活动在北京举行启动仪式,中共中央政治局委员、北京市委书记刘淇,全国政协副主席陈奎元为京杭大运河保护与"申遗"纪念标揭幕。在这之前,国务院已将京杭大运河公布为"第六批全国重点文物保护单位",郑孝燮、罗哲文、朱炳仁三位专家联名致信18个运河城市的市长呼吁加快京杭大运河的"申遗"工作,刘枫等58位全国政协委员联名提案呼吁高度重视京杭大运河的保护和启动"申遗"。在这之后,《杭州宣言》发表,全国政协连续几次组织大规模的考察,考察范围从"京杭大运河"扩大为"大运河",运河城市从18个增加到35个,"申遗"工作机构在扬州开始办公,相关的高峰论坛、学术研讨在各地相继召开,不少地方的政府出台了保护和发展的举措,新闻媒体舆论先行、推波助澜。凡此种种,足以说明,大运河保护与"申遗"的理念越来越深入人心,已经成为我国社会一种共同的认识并逐步付诸行动。

但是,我们也必须清醒地看到,与多数世界遗产相比,大运河具有太大的特殊性,这种特殊性是与生俱来的,它决定了大运河的过去,也决定了大运河的现在和未来,更决定了我们的"申遗"工作要走一条创新之路。

关于大运河"申遗"中的遗产性质问题,专家们有着几种不尽相同的观点。

一种观点认为,对于是否捆绑申报物质文化遗产和非物质文化遗产,主张只申报物质文化遗产。物质文化遗产中,直接关乎大运河的应作为申报对象,间接关乎大运河的不应作为申报对象。古今并存的河段,应申报"古",不应申报"今"。古代大运河废弃已久的河段,也在申报范围之内。

一种观点认为,如果把京杭大运河比喻为一棵枝繁叶茂的参天历史大树的话,那么大运河本身是这棵历史大树的树干,由于大运河而形成的政治、经济、文化、宗教等方方面面的历史(包括物质的与非物质的)成为大运河这棵历史大树的繁茂枝叶。进行大运河保护与"申遗"工作,必须有科学、完整的技术路线，需要诸如考古学、历史学、历史地理学、建筑史、水利史、民俗学、交通史、宗教史及环境、遥感等多学科结合的方法。当前尤其需要对古代大运河及其相关的遗址、遗迹与遗物进行文物普查、考古勘探与试掘或发掘，以期基本研究作为"申遗"的文化遗产——京杭大运河的范围、时代及其物质文化内涵。这种观点部分涉及非物质文化领域，但更强调物质文化内涵。

一种观点认为，大运河的遗存不光是看到的遗迹，更重要的是大运河沿岸的非物质文化遗产，怎样将两者相互融合，互相提升，一起来"申遗"。呼吁以创新的思路，加快大运河在申报物质文化遗产和非物质文化遗产两大遗产领域的工作进程。

一种观点认为，大运河水系延绵数千里，纵贯南北，构成独特的自然风情，孕育出浓郁的线性文化景观，如果再加上还未被很好发掘的非物质文化遗产，内容就更加丰富，并指出大运河完全具备联合国教科文组织关于《保护世界文化和自然遗产公约》的最新一版《行动指南》中新的世界遗产种类的特征。

以上观点，就对大运河的基本认识以及保护方面而言，是共通的，即使是对于申遗对象做了最严格界定的第一种观点，同样主张与大运河相关的非物质文化遗产也应大力保护与抢救，只是强调联合国接受遗产申报是将二者截然分开的，所以大运河应作为物质文化遗产进行申报。

以上观点，就其"申遗"的类型而言，确实有明显的不同。笔者想强调的是，对于大运河遗产性质的狭义理解，可能影响对大运河遗产价值的认识，也会对大运河遗产的可持续利用造成损失。大运河是从春秋战国以来经过2000多年逐渐完善的世界上最长的运河体系，在中国历史上发挥了极其重要的作用，大运河沿线城镇的形成和兴衰都与这条运河息息相关。随着近代公路和铁路的发展，大运河虽然已经失去了昔日国民经济大动脉的作用，有些地段已经残破荒废甚至消失，但大多数地段的遗迹依然存在。正如有些专家所指出的，大运河是一条包含了自然、文化和非物质文化遗产的"活着的"遗产廊道和生态廊道。现在提出要保护大运河，要将它申报为世界文化遗产，首先需要通过相关研究来确定大运河的遗产属性并取得社会各界共识，这是大运河保护与"申遗"工作的基础。

近年来，随着世界文化遗产保护研究领域取得的进展，世界文化遗产价值认识的多元化、遗产保护内容的综合化等一系列新的研究成果受到了遗产保护界的关注。从遗产类型上看，"文化景观"这一类型日益受到重视。笔者认为，对大运河遗产属性认识而言，"文化景观"无疑是最为恰当的。

"文化景观"一词是德国地理学家拉采尔于19世纪末在他的《人类地理学》一书中首先提出的，并认为文化景观（当时称历史景观）是一个独特组合的各种文化特征的复合体。美国的苏尔1927年在《文化地理的新近发展》一文中，把文化景观定义为"附加在自然景观上的人类活动形态"，主张通过人文景观研究区域人文地理特征。我国著名人文地理学家李旭旦认为，"文化景观是地球表面文化现象的复合体，它反映了一个地区的地理特征"。世界遗产中文化景观这一概念是1992年12月在美国圣菲召开的联合国教科文组织世界遗产委员会第16届会议时提出并纳入《世界遗产名录》中的。这样，世界遗产即分为自然遗产、文化遗产、自然遗产与文化遗产混合体（双重遗产）和文化景观。文化景观代表《保护世界文化和自然遗产公约》第一条所表述的"自然与人类的共同作品"。文化景观的选择应基于它们自身的突出、普遍的价值，其明确划定的地理—文化区域的代表性及其体现此类区域的基本而具有独特文化因素的能力。

文化景观是人和自然共同作用的产物，是人类持续利用的成果，文化景观的形式、格局、气氛是其使用者文化的重要反映，而它的结构、功能和组分又是自然生态过程长期演化的结果。在我国现有的世界文化遗产当中，庐山是唯一的文化景观。世界遗产委员会对庐山的评价是："江西庐山是中华文明的发祥地之一。这里的佛教和道教庙观，代表理学观念的白鹿洞书院，以其独特的方式融汇在具有突出价值的自然美之中，形成了具有极高美学价值的，与中华民族精神和文化生活紧密联系的文化景观。"从这个评价中可以看出，文化景观强调的是人类活动形态与自然景观的复合，"人"这个因素在文化景观的形成过程中有着举足轻重的作用。大运河作为世界最长的人工河流，其维护封建帝王的统治和社会稳定、促进经济发展和文化交流等各项功能的实现都离不开"人"的作用，从这个意义上看，大运河的形成与发展正是"自然与人类的共同作品"。

大运河完全符合文化景观的三大特征。首先，大运河具有文化景观的空间性。文化景观是附着在自然物质之上的人类活动形态，而任何自然物质都必须占据一定的空间，所以文化景观也要占据一定空间。大运河沟通海河、黄河、淮河、长江、钱塘江五大水系，其空间性明显而稳定，充分反映了沿途地理区域的自然环境、人文环境特点。其次，大运河具有文化景观的功能性。人类创造每种文化景观都具有一定的目的，因而各种文化景观对人类社会也就具有了某种功能意义。大运河的功能性不仅仅体现在交通方面，而且在经济、政治、宗教、文化等各种领域都发挥了巨大的作用。最后，大运河具有文化景观的时代性。每个文化景观都是特定时代的产物，因此它必然带有创造和生产它的那个时代的特点。大运河肇始于春秋时期，贯通于隋代，发展于唐宋，取直于元，经明清一直延续至今。在其漫长的发展历程中，将不同时代的丰厚文化积淀融入了自身，真正成为"流动的历史"。

大运河不仅是我国的重要文化遗产，更是属于全人类的宝贵财富。研究大运河、保护大运河是我们义不容辞的责任。但是由于大运河宏伟的尺度、丰厚的内涵，使得我们对大运河价值的认识尚有不足之处。在以往的研究中，往往将研究的主要精力放在了作为其构成部分的单个或部分建筑、遗址之上，相对忽略整体、全面的研究。目前，大运河的保护已经得到我国遗产保护界的高度重视，希望借着"申遗"工作的全面开展，我们能够对大运河多方面、多层次的价值有更加深刻的体会，并以此作为指导我们工作的理论基础和出发点。

（与张帆合作，原载于《中国大运河》，中国文史出版社，2009年8月）

有关隋唐大运河的十个历史地理学问题

　　隋唐大运河的工作，相对于京杭大运河，难度更大。原因有三条：一是年代更久远；二是受黄河的影响更大，而黄河的泛滥、淤积、改道，为世界之最，全世界没有任何一条河流可以与黄河相提并论；三是更近中原核心区，社会变迁剧烈，战争频仍。这三条造成隋唐大运河的面目"扑朔迷离"。具体讲有"三多三少"：地下的多，地上的少；可说的多，可看的少；局部零星的多，完整系统的少。这种"三多三少"的基本特点，决定了我们的保护与申遗工作要付出更多的努力。

　　这种努力，主要体现在密不可分的四个方面：基础性研究、实质性保护、策略性申遗、群众性普及。

　　这里只讲第一个方面：基础性研究，采用提问的方式，提10个问题。

　　（1）洛口仓为什么不在洛口（伊洛河流入黄河的河口）？

　　（2）黄河北岸春秋时期修建的古阳堤与永济渠有什么关系？这个关系说明什么？

　　（3）永济渠通航的关键之一是引入沁水、淇水等水源，有否以及能否展示相关水工设施？浚县卫河边上应该有码头，怎么把这个连接浚县城与永济渠的关键点找出来并展示？同样的还有洛阳天津桥、宿州埇桥等。

　　（4）洛河的洛阳段该不该叫通济渠？或者说历史上是怎么称呼的？如果这一段称为通济渠，那么其下游的黄河的一段是不是也要称通济渠呢？还有为什么不称为永济渠呢？因为这一段黄河也是永济渠航道中的一段。

　　（5）按现在的说法，开封汴河上的"州桥"离皇城那么近，这合理吗？或者换一个角度问，州桥所跨过的这一道水，是当时的汴河（通济渠）吗？

　　（6）开封城屡建屡毁而再建，为什么？与大运河有关系吗？

　　（7）通济渠与黄河连接的地方，历史上会不会建有重要的水工设施？笔者认为会，那么它是什么样的？要解决什么问题？怎么解决的？还有，它也应该是屡建屡毁，能找到遗存吗？到哪儿去找？有什么线索？找不到，是否也要寻找文献说清楚？同样的，还有永济渠与黄河的连接处。

（8）据商丘提供的资料，虞城县以西，受黄河泛滥、淤积影响较大，运河掩埋较深，在地下保存完好；虞城县以东，受黄河泛滥、淤积影响相对较小，20世纪六七十年代夏邑、永城境内运河还保存有高出地面2米多的河堤；以及安徽淮北的柳孜码头遗址埋深较浅，宿州泗县尚保留一段25公里长的大运河河道等情况，问一个问题：能否通过多学科联合，设计一个系统研究的平台，将黄河泛滥、淤积、改道对隋唐大运河的直接影响及其规律做出系统的回答，同时回答针对这种情况古人采取了什么措施。回答这些问题，对阐明大运河自然、文化双遗产的性质有重要意义。

（9）以通济渠为例，是否可以认为，通济渠流经地区，除了通济渠这条主航道以外，以众多河流（也不排除人工渠道）为依托，存在着一个水运体系？也就是说，研究隋唐大运河，是否应该有更宽的视野？因此隋唐大运河的历史价值，不仅仅在于满足了京城的物质需要，也不仅仅在于"两点连一线"，其核心意义在于成就了中国封建社会的一个鼎盛时期，支撑这种鼎盛局面的，不是点，也不是线，而应该是广阔的面。

（10）从申遗角度考虑，如何策划隋唐大运河这个线状遗产的展示系统，这个展示既不可能是全线的，也不应该全部是凭嘴说的。它应该是由一定数量的可供展示的关键的遗存文物点为骨架，以多学科的系统研究为基础，以科学结论为内容的多种手段组成的一个展示体系，具体怎么做，需要多学科、多领域、多部门共同努力。

以上10个问题，主要是从历史地理学角度所提出的。问题本身不一定全对，或不一定全部切中要害。只是想说明，研究是大运河保护和"申遗"的基础和前提，而研究必须是多学科、多领域、多部门，再加一个多地区联合作战。

（原载于《中国大运河》，中国文史出版社，2009年8月）

运河名城——北京

千年古都北京，我们伟大祖国的首都，世界著名历史文化名城。"中华文明万年结晶，世界文化东方之都"是学者对北京这座伟大城市精髓的深刻提炼。

北京城最早见于历史记载，它的名字叫"蓟"。"武王克殷反商，未及下车，而封黄帝之后于蓟。"这一年是公元前1045年。这就是通常所说北京3000多年建城史的开始。蓟的位置，根据郦道元在《水经注》里"今城内西北隅有蓟丘，因丘以名邑也"的说法，应该就是现在的广安门外一带，而蓟丘的位置在今白云观西墙外，可惜如今已无存了。分析地理形势，蓟城既离永定河的渡口不远，扼守交通要道，又稍离渡口靠着一个蓟丘，以躲避洪水之灾。

经历了北方军事重镇——幽州时期之后，到了10世纪，我国北方少数民族日益强盛，并相继南下，先后到达蓟城。头一个是辽，它在原来蓟城的位置建了陪都，并改名为南京。

相继而来的是金，并且真正把都城建在这儿，称中都。这一年是金贞元元年（1153），这就是通常所说北京800多年建都史的开始。

金之后继之而起的是元朝。它营造了一座新的都城——元大都。这个城，为今天的北京城奠定了基础。依据《周礼·考工记》"面朝后市，左祖右社"的理想设计，元大都建成了当时世界上最为宏伟繁华的城市。西方人称之为"汗八里"，对它的雄伟、富有和华丽称羡不已。

明朝大将徐达北伐打下大都后，把原来的北城墙向南移了5里。到了明第三代皇帝永乐的时候，决定重新建都北京。其中首先开拓南墙，向南拓展了2里。由南、北城墙的变化所牵动，北京城市的几何中心、河湖水系等也相应有了变化。一直到明朝中期加筑了外城，北京城"凸"形形态就形成了，并且一直保留至今。

作为我国封建帝都的最高总结，国际上对北京城的评价达到了无以复加的地步，以至于有人说："整个北京城，乃是世界的奇观之一"，"可曾有过完整的城市规划的先例，比它更辉煌更庄严的吗"？

当然，北京城的精髓不仅仅在于它的形式宏伟有序，同样重要的还有它的内涵，在于它的历史、文化，在于它的精神。以至于有学者说："如果说，法国巴黎是西方古典文化中心，英国伦敦是西方近代文化中心，美国纽约是西方现代文化中心；那么，北京则是一身而三任焉。"

一、通漕天下

北京城如此辉煌，何以至此？众多原因中显赫的一条可用以回答。用老北京人爱讲的一句话："漂来的北京城。"

北京东郊朝阳区有一个地名叫神木厂，是明永乐年间营造北京皇城时存放贵重木材的地方。从南方运来的金丝楠木，最大的一棵长6丈有余，粗的一头，两边站着人相互看不见。这棵木料被皇帝封为"神木"，称为"东方甲乙木"，成了北京城的镇物之一。清乾隆帝亲笔题写了《神木谣》，至今，"神木谣碑"还立在北京星海钢琴厂院内。

其实，无论是元大都的建设，还是明清北京城的修建，大量的建筑材料都是水上运到北京的。如河南、山东、江苏等地生产的大城砖和金砖，江南、西南的上好木料等。这就是"漂来的北京城"这句话的含义。这里讲的水运通道，就是名振中外的大运河。北京城是靠大运河建设起来的，北京城是靠大运河滋养的，北京城是大运河历史文化名城。

北京的运河发展史上各朝代都有标志性的重大工程。

首先是东汉末年，曹操占领幽州（治蓟城，今北京）之后，为了从关东地区运粮北上以灭辽西三郡乌桓而开凿辽西新河、泉州渠、平虏渠，从而在华北平原东部形成了一条南北方向的水运通道，加强了北京与当时经济富庶地区关东的联系，也为隋朝开凿永济渠奠定了基础。魏征北将军刘靖屯田幽州，"登梁山以观源流，相漯水以度形势"，修建了戾陵堰和车箱渠。梁山，即今石景山，漯水，即今永定河。这项工程是北京地区历史上第一个大型水利工程，史称"水灌溉蓟城南北"。之后在近1000年的时间里，它屡毁屡建，发挥了重要的作用。

隋唐时期，众所周知的隋代文帝、炀帝父子开凿了南通余杭（今杭州市)、北达涿郡（今北京）的南北大运河，其中与今北京直接连接的是北段永济渠。永济渠开通伊始，隋炀帝立即自江都（今扬州）行幸涿郡，"御龙舟，渡河入永济渠"。紧接着，依托永济渠的漕运，以涿郡为兵马粮饷集结之地，两度出兵高丽。南北大运河的凿通，有力支持了隋、唐时期的北部边防，还为今北京地区带来了社会经济的空前繁荣。

辽代的主要工程是萧太后运粮河的开通。它由辽景宗的皇后萧绰主持，西起南京城东门，汇陶然亭、龙潭湖等水源，向东至张家湾城东入潞河的运河，解决了辽南京城至潞县（今通州）的漕运问题。现在的萧太后河是朝阳区南部的主要排水通道。

金朝建都中都以后，每年漕粮的数字，少则数十万石，多则百余万石，由华北大平原北部经今卫河、滏阳、滹沱、子牙、大清诸河，汇集到当时的海滨，再循潮白河（即潞水），溯流而上，输送到通州。通州至中都之间，金代的办法是引高粱河水，凿渠东去，往通州注入潮白河，时称闸河。为了增加高粱河的水源，又凿开瓮山泊（今昆明湖）与高粱河之间的分水岭，这一段渠成为今长河的前身。这个工程造成了高粱河的重大变化，原来"又东南入㶟水（今永定河）"的下游改为东去入潮白河，而上源则增加了一段人工渠道，汇纳了玉泉山和瓮山泊之水。闸河的开通，水量依然有限，为扩水源，金大定年间又引卢沟河（今永定河）水直通闸河，史称"开金口"。取水口位于石景山北麓，东至今玉渊潭，又东南入中都北护城河，再东接闸河。结果因"地势高峻、水性浑浊"不能通船，不久便将金口堵塞。

元朝统一了全中国，大都对于漕粮的依赖，数倍于中都。元朝的漕粮北运，对海运、河运均给予了高度重视。特别是彻底改造了隋、唐南北大运河，先后开凿了济州渠和会通河，沟通了京杭大运河。这样"裁弯取直"的改造，不仅大大缩短了江南漕粮北运的距离，而且将南北大运河的基本格局由以关中、关东为本位改变为以今北京地区为本位，成为支持北京政治、经济、文化地位上升的交通命脉。另外一项成就是开通通惠河，解决了漕粮自通州到大都的水运问题。通惠河由元代著名水利专家郭守敬规划设计并主持修建。"上自昌平县白浮村引神山泉，西折南转，过双塔、榆河、一亩、玉泉诸水，至西（水）门入都城，南汇为积水潭，东南出文明门，东至通州高丽庄入白河，总长一百六十四里一百四步。"积水潭往上为引水段，以下为通航段。为了控制水流，沿途"置闸二十有四"。至此，大都漕运一改以往，江南粮船直抵城内积水潭，以至于积水潭"舳舻蔽水"，盛况空前。元世祖忽必烈大悦，赐名"通惠河"。元代在今北京地区的重要运河工程还有几项，如元初直至通惠河通航之后一段时间，坝河也是重要的挽舟通道，它由通州沿温榆河至深沟坝入坝河，通过七坝最终到达大都光熙门（今东直门北）。后因水源缺乏，河道浅涩，终于"舟不至京师"，逐渐成为一条排水沟。另一项是郭守敬在永定河上重开金口，由于妥善处理了引水与防洪的矛盾，历时30多年，在运送西山木材、石料建设大都上，发挥了重要作用。该工程在今天已无觅踪迹。

到了明代，白浮瓮山河断流，水源减少，加上城中通惠河一段已圈入皇城之中，漕船已不能进城。明正统三年（1438）东便门外大通桥闸建成，始为通惠河起点，又名大通河。最后，嘉靖六年（1527）巡仓御史吴仲又请重浚通惠河。上源来自玉泉山，河口自张家湾北移至通州城北入白河。现今通州城北的运河故道就是明代改造通惠河所形成。

清代康乾两朝是通惠河最为兴盛的时期。主要措施有收集西山玉泉诸水，疏浚通惠河和护城河，在大通桥、大通桥北、朝阳门桥、东直门桥等地各置一闸。至此，入东直、朝阳门一带的裕丰仓、储运仓、太平仓、禄米仓、万安仓等处的漕粮，即可用驳船自大通桥沿东护城河直接浮运。直至道光年间，护城河还水势充盈，驳船满载而行。光绪二十六年（1900）京津铁路通车。光绪二十七年（1901）全河停运改征白银。自金、元算起相继700多年转输京师漕粮的历史任务最终结束。

二、胜迹随风

对于北京，漕运可以因历史原因盛极一时，也可以因历史原因成为过去。但是，大运河却与生俱来地始终伴随、滋润着北京城，就像命中注定的一样，因为大运河的风吹遍了北京城的每一个角落，回荡在每一个北京人的心中。

通惠河开通之后，"川陕豪商，吴楚大贾，飞帆一苇，径抵辇下（指大都，今北京）"。当时的积水潭作为运河的终点，人声鼎沸，百货云集。其北岸以及今日的烟袋斜街、钟鼓楼地区成为繁华无比的商业中心，"马似游龙，车如流水"。粮行、绢行、木行、果品行、米市、面市、皮毛市、鹅鸭市等应有尽有。商业的发达带来了文化的繁荣，沿岸古刹林立，水上吟诗赋唱。元代大画家王冕曾赞云："燕山三月风和柔，海子酒船如画楼。"几百年过去，积水潭有了不少变化，而现在的什刹海仍然是"城中第一佳山水"，仍然是寺院道观、王府园林的集中地，仍然是普通市民泛舟游湖、宴饮赏荷的好地方。"银锭观山"、汇通祠（郭守敬纪念馆）仍然是游客必到之处。高珩的《水关竹枝词》"酒家亭畔唤渔船，万顷玻璃万倾天。便欲过溪东渡去，笙歌直到鼓楼前"仍然为今人吟诵。

　　开凿大运河的初衷是为了漕粮，粮仓是必要的建筑。北京朝阳门内大街两侧就有旧太仓、新太仓、海运仓、禄米仓、南新仓、北新仓等。至今保留下来人们可以看到的文物有禄米仓、北新仓、南新仓等。老北京城的朝阳门又被称为"粮食门"，在城门洞中有石刻的麦穗作为门徽。

　　通州作为漕运最重要的中转站，在清康乾时期，平均每年有上万艘漕船抵达通州。通州的粮仓有大运西仓、大运南仓、大运东仓、大运中仓。其实，通州整个城市完全是因运河而兴起，因运河而发达。元代通惠河开通后，通州开始"编篱为城"。明初用砖石筑通州城，周九里三十步，开四门，东门曰"通运"，西门曰"朝天"，点明了与漕运以及与京城最为直接的关系。通州的县名本身就是"通漕天下"、"漕运通济"的表达。对通州当时漕运的盛况，乾隆年间绘制的《潞河督运图卷》（现收藏在国家博物馆）有生动的记录。至今，通州仍有不少与运河密切相关的文化遗产，首屈一指的是燃灯佛舍利塔。它已有1400多年历史，全塔挂有2248枚铃铛。当年南来北往的漕船，对矗立于运河岸边的古塔，视为"定海神针"，既指明路，又保平安。通州的运河文物还有通惠祠、仓神庙、铁锚寺以及通州城北的运河水道等。

　　张家湾是通州的又一个运河古镇，它与运河的渊源更为久远。位于张家湾镇西定福庄南的大运河故道，尚存2公里，通皇木厂和盐厂码头，有多次重要文物考古发现。土桥村至皇木厂村的通惠河河段，尚存广利桥和广利闸遗址。张家湾城于明代为护漕卫京所修筑，其南护城河利用萧太后河，所以横跨该河的通运桥俗称"萧太后桥"。张家湾附近还有皇木厂遗址、虹桥、琉球国人墓地、福德庙碑等一批运河文物。

　　大运河在北京的文化遗存十分丰富，再圈点若干。白浮泉遗址，大运河北端上游水源，院内有明清修庙记事碑五通。广源闸，有"京杭运河第一闸"之称，两旁泊岸尚存元代镇水兽四只。高梁桥，始建于元，因跨古高梁河得名。白石桥，桥东白石闸，元建，今尚存。银锭桥，创建于明，清乾隆初年重修,"银锭观山",燕京八景之一。万宁桥,出什刹海东南流之第一桥,漕运船只必经,积水潭咽喉要津,也是明清北京城的重要坐标点。神木厂址,尚存乾隆御制《神木谣》碑。庆丰闸,又称二闸,自通惠河通航,两岸风景绝佳,有"北方秦淮河"之称,今保留有元代虎皮石河墙及闸门槽。高碑店闸,是京杭运河北方段现存最完整的一座石闸。八里桥,东距通州城八里。中孔桥洞高,故有"八里长桥不落桅"之说,桥墩上至今留有船篙戳出的石窝。此外,通州运河船工号子、放河灯、高碑店独特的春节、端午、中秋节的习俗、国粹京剧等非物质文化遗产都有运河文化的烙印,为北京历史文化名城增光添彩。

三、古韵新貌

新中国成立以后,北京市十分重视对通惠河的治理。1965 年疏浚通惠河上游河道,改宽庆丰闸口。至 1977 年先后改建、新建通济桥、卧虎桥、新八里桥、花园闸、普济闸和通惠河闸。1981 年改造高碑店闸。1995 年起自上游开始清淤、加宽、调直,修筑水泥护坡。1997 年,对西起八里桥东到卧虎桥的通惠河下游河道进行治理,河道按 20 年一遇洪水设计、50 年一遇洪水校核。通惠河已经成为现今首都的重要防洪排涝系统。1998 年起,按照"水清、流畅、岸绿、通航"的目标,对城区"六海"和长河、京密引水昆玉段以及转河等运河水系进行整治与开发。1999 年两条旅游线路已经通航,百年前乘船游北京的旧景已经重现。不似当年,胜似当年。

根据《"人文奥运"文物保护规划》,对什刹海风貌区和京东运河文化带进行大规模的整治。什刹海风貌区的目标是重现当年"荷花极盛,沿堤植柳,自夏及秋,堤通设茶肆,间陈百戏"的风貌。要完成恭王府邸的腾退,修复后对社会开放;修复醇亲王府;迁出涛贝勒府北侧并对外开放;修复开放贤良祠。整治周边环境,恢复"满地月明如白昼,一灯人语共清宵"的景色。京东运河文化带,在修复燃灯塔、三教庙、皇木厂等人文景观的同时全面整治环境,挖掘运河文化内涵,再现运河文化风采。如今大运河通州段河道已拓宽 1 倍有余,达到 200 米左右,4.6 公里长的河道水面达到 90 万平方米,蓄水量超过 200 万立方米。市、区投资数亿元恢复运河历史风貌的一批人文设施的修缮重建已完成。通州区已经多次召开运河文化研讨会,运河文化的品牌正越来越响亮。

北京市旅游局提出，北京将打造"运河源头、休闲水都"的旅游形象。什刹海作为历史文化休闲旅游区，将结合历史文化区古迹和传统民居的修复工作，开发具有浑厚地方文化底蕴的旅游产品，办好什刹海旅游文化节，建成融湖光山色、历史遗迹、民俗文化、现代休闲活动为一体的都市旅游精品景区；运河文化旅游区，将对古运河进行疏挖、清理、引水和蓄水，进行古运河历史环境的恢复性建设，营造古运河文化旅游氛围，建设大运河水梦园，开发张家湾古城。

纵观古今，大运河集航运、灌溉、防洪于一身，历史悠久，内涵丰富。随着现代社会经济的发展，古老的大运河越发显示出它的巨大价值。正如作家任卫新所说："它有着老人般的沉静，沉静不是沉睡，更不是沉沦，或许是一种伟大的历史沉思！然而，一旦被人们重新提起，被重新认识，便会加倍使人敬仰！"随着大运河申遗、保护、利用的步伐，北京城也必将更加辉煌。

参考文献

[1] 侯仁之、邓辉. 北京城的起源与变迁 [J]. 北京：北京燕山出版社，1997.

[2] 于德源. 南北大运河和北京首都地位的形成，蓟门集——北京建都850周年论文集 [C]. 北京：北京燕山出版社，2005.

[3] 北京市地方志编纂委员会. 北京志·水利志 [M]. 北京：北京出版社，2000.

[4] 王东，王放. 北京魅力 [M]. 北京：北京大学出版社，2008.

（原载于《北京学研究文集（2009）》，同心出版社，2009年10月）

建设"人文北京"的一项重要内容：
大运河（北京段）的保护与申遗

尊敬的论坛主席，尊敬的四家主持单位的领导，各位专家、各位老师，大家上午好！

非常感谢论坛给我一个交流发言的机会。我的发言题目是——建设"人文北京"的一项重要内容：大运河北京段的保护与申遗。向大家学习。

一、背景和意义

众所周知，在震撼人心的 2008 北京奥运、残奥会之后，在喜迎新中国成立 60 周年之际，北京市委、市政府敏锐地把握住新的发展机遇，站在历史新起点的高度上，提出了将"人文北京、科技北京、绿色北京"作为建设首善之区的新的战略举措。刘淇同志对"人文北京、科技北京、绿色北京"的科学内涵和基本要求进行了全面的阐述，并在不久前召开的市委十届五次全会和北京"两会"上，获得了高度认同，也得到了全市人民的赞同和拥护。一个学习实践科学发展观与北京发展实际相结合的热潮正在健康发展之中。

诚如不少专家所言：在"人文北京、科技北京、绿色北京"的理念中，"人文北京"居于核心的地位。这是因为"人文北京"更能体现北京城市的特点和城市发展的总体水平，最能说明北京特有的城市形象。说到北京的城市形象，我们就要切入我的发言主题，关于大运河（北京段）的保护与申遗工作。这与北京一个特有的形象"双龙交汇"密切相关。这里所说的"双龙"，一是指万里长城，二是指京杭大运河，都是中华大地上的人类杰作，中国著名古建专家罗哲文先生称之为"世界古代工程史上最为伟大、连续建筑时间最长"的姊妹篇。

要强调指出的是，这两项伟大工程，一东西延伸，一南北布展，两者只有一个交会点。这唯一的交会点就是北京。我们有充分的理由相信，这不是巧合，而是中华民族发展的必然，也是北京城发展的必然。实际上，多少年来北京城、万里长城、大运河三位一体,共轭发展。尤其在元代对隋唐南北大运河进行了"裁弯取直"的大改造,京杭大运河面世,大运河的基本格局由以关中、关东为本位改变为以今北京为本位之后更是如此。长城、运河在北京"双龙交汇",为北京这座历史文化名城更增添了无穷的魅力。

长城北京段,是整个长城的中坚与精华。万里长城已经列为世界文化遗产,其标志碑就立在北京八达岭长城上。运河北京段,是大运河的起始地,也是终到站。大运河正在积极准备"申遗",我们翘首期盼,世界文化遗产的标志碑在北京大运河畔早日矗立。因为北京城、万里长城、大运河不仅仅是北京的,不仅仅是中国的,它们是全人类的宝贵财富。

下面,让我们重点关注大运河的保护与申遗工作。

这里所说的大运河,肇建于距今2000多年前的春秋时期,隋代开始全线贯通(史有隋唐大运河等名称),经唐宋发展,最终在元代成为沟通海河、黄河、淮河、长江、钱塘江五大水系,贯通南北的交通大动脉,称京杭大运河。

二、大运河保护和申遗的形势

国务院已将京杭大运河公布为"第六批全国重点文物保护单位"。

全国政协将保护大运河作为义不容辞的历史责任,连续组织一系列调研和呼吁工作。

著名专家郑孝燮、罗哲文、朱炳仁致信大运河沿线各市市长,呼吁保护和申遗。

刘枫等58位全国政协委员在全国政协十届四次会议联名提案,提出立即启动对京杭大运河的抢救性保护,并在适当时候申报世界遗产。

2006年5月12日,由全国政协组织的京杭大运河保护与申遗考察启动仪式在北京首都博物馆举行,刘淇同志与全国政协副主席陈奎元同志为纪念标揭幕。考察团在北京考察了明清皇家粮仓南新仓和漕运重镇通州。

上述考察团发布《杭州宣言》。

国家文物局扩大大运河保护和申遗的范围,增加京杭大运河前身隋唐大运河流经的安徽、河南两省。全国政协组织了对上述两省大运河遗存状况的调研。

大运河申遗联合办公室在扬州挂牌。

2008年4月,国家文物局在扬州召开大运河申报世界遗产工作会议暨大运河保护规划编制要求研讨会,大运河沿线各省、市文物部门和33座城市政府、专业人员以及中国文化遗产研究院、中国城市规划设计研究院、清华大学、同济大学、东南大学等单位的专家参加研讨。

全国政协和沿河各地多次召开大运河保护和申遗高峰论坛。

沿河各地举办丰富多彩的相关活动，如北京通州，江苏淮安、扬州，浙江杭州等地的活动都有很大影响。一批著述相继出版。

江苏淮安的漕运博物馆已于2008年奠基。沿河城市普遍加强了与大运河有关的文物考古和研究工作，各地方博物馆的展陈也得到空前的重视。

各省市政府纷纷就大运河的保护和申遗制订规划，采取实际措施。

在看到大好形势的同时，要看到大运河保护和申遗工作的复杂性和艰巨性。国家文物局单霁翔局长曾经概括过面临的九个问题，如长期未引起重视（进入21世纪后才得到关注）、家底不清、环境污染严重、建设性破坏、缺乏统一有效的协调管理机制等。

三、北京是京杭大运河的"龙头"

北京城的辉煌是国际上的共识，以致有人说，"整个北京城，乃是世界的奇观之一"，"可曾有过完整的城市规划的先例，比它更辉煌更庄严的吗"？还有人说，"如果说，法国巴黎是西方古典文化中心，英国伦敦是西方近代文化中心，美国纽约是西方现代文化中心；那么，北京则是一身而三任焉"。我们要问，北京城如此辉煌，何以至此？原因肯定是众多的，其中显赫的一条可以用来回答，用老北京人爱说的一句话："漂来的北京城。"是运河的漕运，给北京送来了漕粮、建筑材料，送来了生产、生活物资，送来了人才和各地的文化。北京是京杭大运河的终到站，又是出发地，大运河是几个朝代北京驾驭、影响全国的重要通道。由于时间的原因，今天不能全面叙述大运河（北京段）的历史和辉煌。

四、在"人文北京"旗帜下，进一步做好大运河（北京段）的保护和申遗工作

近些年来，在大运河（北京段）的保护和申遗方面，北京市已经做了大量工作，取得了显著的成效。在市文物局，根据市政府的安排，《大运河保护规划》正在编制，大运河专项调查、沿线文物、遗址保存状况的测定以及基

础地理信息的收集整理等项工作也都已启动。市政协文史和学习委员会对大运河（北京段）组织了调研考察，并积极组织人员编著《运河名城·北京卷》，已经完成了全国政协文史和学习委员会主持的《运河名城》画册北京部分的工作。北京文史研究馆在已经启动的《中国地域文化通览·北京卷》的编著工作中，给予大运河以高度的重视，安排了专门的章节。市地方志办公室、运河沿线各区政协、市水务局、文化局、文物局、市社科院、北京联合大学等单位积极参与相关研究和著述。

北京市对大运河（北京段）保护和申遗的重视，更多体现在沿线各段的工作上。如元代通惠河的源头昌平白浮泉遗址和龙王庙都得到了很好的保护；长河得到了保护和开发利用，游船可以通过长河抵达颐和园昆明湖；广源闸、白石闸、庆丰闸、高碑店闸、高梁桥、八里桥等一批通惠河古迹保存至今；位于积水潭北岸的郭守敬纪念馆（原汇通祠址）十分受北京市民的欢迎，其展陈的内容系统、丰富，很好地反映了大运河（北京段）的开通、水源、漕运、管理以及历史和现实的伟大意义；作为京杭大运河终点的什刹海，虽然面积已经缩小，但是盛况风貌犹存，不少古迹还在，至今仍是旧城中难得的休闲佳地；位于东城区的御河，自后门桥向东南的一段，民国时期已经变成了暗沟，最近已经恢复了河道，环境清新优美，得到了各方面的肯定；东南角楼往东，现在的通惠河，得到了很好的治理，已经成为现今首都的一条风光带和重要的防洪排涝河道；通州是大运河（北京段）最重要的中转站，整个城市因运河而兴起，因运河而发达，燃灯塔、通惠祠、仓神庙、运河古镇张家湾、通运桥、皇木厂遗址等一批文物留存至今，尤其是通州区高度重视大运河的保护和开发利用，运河文化节的活动有声有色，4.6公里长的运河通州城市段治理景观工程已经竣工，河道由过去的100米左右拓宽至200米，水清岸绿。2008年北京奥运会的火炬接力即在此运河段的仿古龙舟上进行，其繁忙与热烈想必一定超过当年大运河的盛况。

北京，作为首都，作为京杭大运河的出发地和终到站，理应在大运河的保护和申遗工作中做得更好。"人文北京"的建设，更给我们指明了方向。做如下建议：

（1）进一步加强对北京段的调查、研究和评估。除了文物系统的专门力量之外，发挥北京教学、科研人才优势，组织深入研究，出版一批高水平的科研成果，作为申遗的有力支撑。

（2）作为北京段，应该以整体进入国家的大运河申遗预名单，并尽早确

建设"人文北京"的一项重要内容：大运河（北京段）的保护与申遗

定北京段重点的段与点。对申遗成功后遗产碑的选址问题要早做思考。

（3）稳步推进文物古迹保护修缮，严禁建设性破坏和保护性破坏现象的发生。

（4）尽快建立并完善北京段保护与申遗统一有效的协调管理机制。

（5）在已有成绩的基础上，继续下力量整治北京段以水为核心的环境问题。

（6）利用教育、媒体、群众文化、旅游等系统的突出优势，大力加强在市民和游客中的宣传，做到让大运河（北京段）流入心田、树立形象、产生骄傲，自觉做保护和申遗的主人。

（7）学习兄弟省市，加强交流合作。

不妥之处，敬请指正。

谢谢！

（在 2009 年 4 月 18 日北京文史论坛上的发言）

历史上北京城的演变及文化内涵

一、北京城肇始的背景条件

一座城市的诞生，一定有其背景条件。

3000多年以前，作为北京城前身的原始聚落开始发展的时候，华北平原和内蒙古高原以及松辽平原（或称东北平原）之间的文化交流早已存在。一方面是出现于华北平原腹地的中原文化沿着太行山东麓向北方传播，首先进入北京所在的小平原，然后再从这北京小平原穿越北方的燕山山脉，继续向山后地区扩散。另一方面，在燕山山脉以北的广大地区内也孕育着具有地方色彩的古代文化，并且沿着同样的路线逐渐向南方渗透。于是北京小平原逐渐成为南北两方古代文化集中接触的地带。因此，近些年来，在北京小平原北部和东北部的山前一带所发现的新石器时代的遗址，如昌平的雪山遗址和平谷的上宅遗址，在其出土器物上，除去本地的特点之外，无不显示出南北文化接触的迹象。这些文化遗址的最下层，都可以上溯到七八千年以前，当时的原始农业已经开始发展，人们已经在土地肥沃而且有稳定水源的地方定居下来，先民的原始聚落从此诞生。当时还处在原始氏族公社时期，其后，随着社会生产力以及交换关系的不断发展与私有制的产生，终于导致了阶级的分化，从而在人类历史上开始出现了第一个阶级社会，也就是奴隶制的社会。正是随着奴隶制社会的出现，从功能上来说，才出现了最早的城市，它既是交通的枢纽和物品交换的场所，又往往成为地方势力统治的中心。因此，可以说，城市的出现，乃是奴隶社会发展的标志。也正是从这时候起，人类开始进入有文字记载的历史时期，在我国就是夏商之际的时期。

这就是北京城得以起源的社会经济条件。除此之外，北京城的肇始还有一个重要的地理条件。

如果打开北京地区的地形图，可以看到，北京城的渊源蓟城是建址在北京小平原上。这个小平原的西、北和东北三面群山围绕，状若围屏，只有正南一面，向平坦广阔的华北大平原展开，从形势上看，它很像一个半封闭的海湾，有人形象地称为"北京湾"。需要特别关注的是在蓟城形成之初，距今三四千年前的古代，北京小平原的东南一带水网稠密，分布着星罗棋布的淀泊和沼泽，成为北京小平原通向华北大平原的天然障碍。

在北京小平原的背后，平地崛起的崇山峻岭，自古以来就是南北交通的极大障碍。幸而在崇山之中，有一些天然峡谷，形成了南来北往的通道。其中最为重要的，一是西北角的南口，一是东北角的古北口。

可以设想3000年前当蓟城开始兴起的时候，如果从华北大平原北上，只有沿着太行山东麓一线高地才能顺利进入北京小平原，因为这条线以西是高山深谷不便通行，以东的平原上散布着一些湖泊沼泽，使得南来北往也不可能。在沿着这一线高地北进的道路上，必须越过从太行山东流到大平原的大小河流，其中最后也是最大的一条河流就是永定河。从永定河的古代渡口一旦进入北京小平原之后，大路开始分歧，西北一路出南口直上蒙古高原，东北一路出古北口，穿越一片平缓的山地丘陵通向松辽平原。此外，还有正东一路沿着燕山南麓直趋海滨，然后出山海关直下辽河平原。

反之，如果从山后地区南下华北大平原，无论遵循哪条路线，都必须先汇集在北京小平原，然后再经由古代永定河的渡口，合为一路沿太行山东麓南下。这样，由现在卢沟桥所代表的古代渡口，就成了南来北往的必经之地。

如果仅仅从这一点来看，古代永定河的渡口附近，因为交通荟萃，似乎应该是最适宜一个城市诞生和成长的地方，如同英国伦敦依傍于泰晤士河、法国巴黎依傍于莱茵河一样。

但是，永定河是一条流量很不稳定的河流，像华北地区的其他河流一样，在夏季经常遇到洪水暴涨，泛滥无常，这就严重地威胁着一个城市在临近河流的地方成长。因此，古代由南而北的大路在穿越永定河进入北京小平原之后，仍然继续前行，只有在距离渡口最近而又最不容易遭受洪水威胁的一个原始的居民点上，才开始分道扬镳，朝着不同的方向前进。

这个古代大路分歧之处的居民点，便成为当时沟通南北交通的枢纽。当社会经济的发展具备了一个城市诞生的条件时，处于这个枢纽位置上的居民点，就十分自然地迅速发展起来，终于凌驾于附近其他的居民点之上，成为当时西周一个北方诸侯国的统治中心。

二、北京城的渊源——蓟城

"蓟"这个名称,最早见于《礼记》中的《乐记》篇:"武王克殷,反商,未及下车,而封黄帝之后于蓟。"(另一说,封帝尧之后。)讲的是周武王消灭了殷商势力之后,立即着手分封黄帝的后代于蓟的事实。"蓟"既是西周分封在北方的诸侯国的国名,也是当时的国都所在。这就是说,至少在西周初年的时候,今天的北京城附近就已经有了一座被称为"蓟"的城市。

西周初年,周武王分封蓟国的时候,还在北方分封了另一个诸侯国,这就是燕国。《史记·燕召公世家》记载:"周武王之灭纣,封召公于北燕。"这里所说的北燕,其实就是我们所说的燕国,因为当时在今河南省境内还有一个同名的燕国,所以有南燕、北燕的说法。这样一来,在西周初年的时候,现在的北京城及邻近的地区里,实际上有两个西周的诸侯国,一个是在北京原始居民点上建立的蓟国,另一个是在蓟国附近建立的燕国。

那么,周武王分封燕国时的都城在哪里呢?在北京西南的房山区琉璃河董家林村附近,它与北面位于今北京城西南一带的蓟城,南北相距约百里。当年燕与蓟是两个各自独立的诸侯国,有各自的都城,两城异地,毫不相涉。

到了东周时,北京周围地区的政治格局发生了很大的变化,这就是位于蓟国以南的燕国势力增强,逐渐兼并了北面的蓟国,并且将国都迁移到蓟城。《韩非子·有度》记载说:"燕襄王(前657—前618)以河为境,以蓟为国。"就是说东周燕襄王时,燕国的南疆以黄河为界,它的国都是蓟城。从此以后,就有了燕都蓟城的说法。后来北京又被称作燕京,也是来源于这里。

燕国在势力扩张后,将都城由董家林村的古城迁到北面的蓟城,这其中有它的地理意义。董家林古城虽然也位于太行山东侧古代南北交通大道上,北去蓟城不过百里,是从中原北上蓟城所必经之地;它的腹地面积也大于蓟城,农业经济比蓟城一带发达,而且靠近中原,最容易接受中原先进文化的影响。但是,董家林古城在交通和战略上的位置却远不如蓟,因为蓟城所处的位置,既是南北大道的北方终点,又是大道分歧后进入北京山后地区的交通线起点,实质上蓟城是当时燕山南北交通的枢纽。交通区位条件的影响,应该是燕国在兼并蓟国之后迁都到蓟城的主要原因。

燕国将国都迁到蓟城以后,初封时作为国都的董家林古城便被冷落到一旁,以后逐渐沦为废墟;但因为当地人类活动影响小的缘故,反倒保留下不少的古代遗迹和遗物。与此相反，蓟城虽历代沿续发展下来，但由于几千年来人类不断地活动和改造，当地保留下来的古代遗迹和遗物反而比较稀少。有些人根据这一点而认为北京城的前身是琉璃河的董家林古城，这显然是一种错误的看法。北京城的前身是蓟国的国都——蓟城，而不是燕国早期的国都——董家林古城，这是不证自明的史实。北京城作为一个城市的发展历史，只能从蓟城的出现算起，而绝不可以和董家林古城相混淆。

对我们来说，最感兴趣的还是蓟城城址的确切位置，它究竟在今天北京城的什么地方？现今的北京城是否还保留了一些古老蓟城的遗迹？在有名的乐毅《报燕王书》中，有如下一段话："臣……奉令击齐……大胜之，轻卒锐兵，长驱至国，齐王逃遁走莒，仅以身免。珠玉财宝车甲珍器，尽收入燕，大吕陈于元英，故鼎反于厉室，齐器设于宁台，蓟丘之植，植于汶篁。"

据史书记载，元英、厉室（《史记》作磨室）是燕国两座宫殿的名称，相传建于宁台。但宁台在蓟城的什么地方，现在已经无法知道了。这里应该值得注意的是蓟丘这个名称的出现，蓟城与蓟丘究竟有什么样的联系呢？

北魏（386—534）时代的大地理学家郦道元在他的名著《水经注》中，对蓟城的由来做了比较可信的注释，并且还对蓟城与蓟丘的关系做了说明。

郦道元说："昔周武王封尧后于蓟，今城内西北隅有蓟丘，因丘以名邑也，犹鲁之曲阜，齐之营丘矣。"按照这一说法，蓟城这个城市名称的由来，与城内西北角的蓟丘，如同鲁国的曲阜、齐国的营丘一样，都是由于当地有一个显著地理特点的土丘而得名的。

郦道元是今河北省涿州人，生于北魏和平六年（465）或延兴二年（472），晚于战国时代六七百年。但从上面所引的文字中"今城内西北隅有蓟丘"一语看来，有理由相信郦道元本人确曾到过蓟城，并且亲眼看到了蓟丘的方位，才能写下如此肯定的记述。

唐代著名诗人陈子昂，写过《蓟丘览古》诗，其中有：

  北登蓟丘望，求古轩辕台。
  应龙已不见，牧马生黄埃。

由此可见，至少唐代时，蓟丘仍然历历可见，如此才可能有陈子昂蓟丘怀古的诗句。

既然郦道元所说的蓟丘与蓟城的相对位置是可信的，那么，根据这个重要线索，并参照有关的文献记载，我们便可以按图索骥，来确定蓟城所在的位置。

从地理方位及地理形势分析，郦道元所记载的蓟丘，约在今北京广安门附近。现在白云观的西墙外原有一处高丘，很可能就是古代蓟丘的遗址。北京解放初期，在高丘周围新开挖不久的土壕里，曾经发现一些战国时期的陶片，说明这一高丘的历史是很久的。1975年春夏之间，考古工作者曾有计划地发掘了这座土丘，发现了一段埋藏在地下的古城墙和一些从汉代至隋唐间的遗址和遗物。由于种种原因，这次发掘并未能挖到当地文化层的最底部，因此没有找到早期城址的直接证据，但也没有发现充足的证据来否定这里不是古代蓟丘的故址。蓟丘位置最终确定，还需要今后进一步的考古发现来证实。

实际上，早在1957年，在这座高丘以南不到4里的地方，也就是现在广安门以南700米处，曾发现战国和战国以前的遗址，发现的古代陶器碎片中，年代最早的接近西周，而出土的饕餮纹半瓦当，本是燕国宫殿建筑常用的屋顶构件。根据这一情况推测，蓟城的位置应该在现在的广安门一带，这也与郦道元所记载蓟城与蓟丘的相对位置吻合。

由历史记载中我们知道，今天的北京城的前身，是西周初年周武王分封的蓟国的国都——蓟城，今天的北京城便是在这个基础上发展起来的。只是到了东周的时候，蓟国被燕国兼并以后，蓟城转而成为燕国的都城，但是城址并没有变化。这就是说，北京建城的历史应该从周武王分封蓟国的时候算起。实际上就是武王克商灭殷的时间。

周武王克商的年代，根据历史学家们的考证，是在周武王十一年的时候。那么周武王十一年又合公历上的哪一年呢？根据最新研究成果，最后推定周武王灭纣是在公元前1045年。

据此，北京建城的起始年代问题得到了比较圆满的解决。

从公元前1045年蓟城初建，到2009年时，是北京建城3054周年。应该看到，在全世界范围内，有的城市虽然建城的年代要早于北京城，可是后来却逐渐衰落下去，甚至沦为废墟。像北京城这样自建城到今天，历3000多年而不衰，而且在新的时代里更焕发出活力与光彩的古老城市，在世界范围内也是不多见的。

三、军事重镇——幽州城

公元前221年，秦始皇创建了我国有史以来第一个中央集权的封建国家。

燕国的故都蓟城，就成了经由华北平原进入北部和东北地区的一个重要城市。在东北，秦继承了旧日燕的疆土，统治范围一直伸展到现在的辽河下游和整个辽东半岛。

秦代实行郡县两级行政制度，原来的燕国被分为六郡，其中广阳郡的治所在蓟城。这样，蓟城在汉族统一封建国家和东北地区少数民族之间的关系上，起着非常重要的作用。应该看到，我国是一个疆域辽阔的多民族国家，中原与北方边远地区社会经济的发展是不平衡的，因此而产生的民族之间的矛盾，在封建统治时期是不可避免的。这一点，表现在北京城的发展史上，是十分明显的。简单地说，从秦始皇统一中国，一直到唐朝（618—907）末年，前后 1000 多年间，每当中原的汉族统治者势力强大，内足以镇压农民的反抗，外足以发展势力、开拓疆土的时候，就一定要以蓟城作为经略东北的基地；反之，每当中原的汉族统治者势力衰微，农民起义日趋激烈的时候，东北游牧民族就常常乘机内侵，于是蓟城又成为汉族统治者军事防守的重镇。到了防守无效，东北地区游牧部族的统治者一旦侵入之后，蓟城因为地处华北大平原北方的门户，遂成为双方必争之地，甚至还成为入侵者进一步南下的据点。自然，这期间也经常出现一些比较安定的局面，于是蓟城又会很快地发展起来，成为中国北部的一个贸易中心，并促进了汉族与北方游牧部族之间经济文化的交流。

这就是从秦汉到隋唐，前后 1000 多年间，蓟城发展的基本规律和主要特点。

司马迁在《史记·货殖列传》中曾经对蓟城做过如下描述，他说："夫燕亦勃、碣之间一都会也，南通齐赵，东北边胡……有鱼盐枣栗之饶。北部乌桓、夫余，东绾秽貉、朝鲜、真番之利。"

这寥寥数语，扼要地把蓟城在我国北方的重要经济、政治地位说得十分明白。

秦汉广阳郡治蓟城，西汉时广阳地区有时为郡，有时为封国，但政治中心仍在蓟城。

秦汉时期蓟城到底位于什么地方呢？可惜史籍中缺少这一方面的记载，不能为我们提供可靠的直接答案。但是近几十年北京城区内的考古发现，可以提供一些间接的证据。

1956 年，在配合永定河引水工程的考古发掘工作中，发现了 151 座春秋战国到西汉时的陶井。1965年以来，考古工作者在配合各种市政工程的考古发掘中，又发现65座战国至汉代的陶井，其形制与永定河引水工程中出土的战国至西汉陶井略同。这些陶井分布较密集的地方是内城西南角经宣武门至和平门一线。

由此推测春秋战国至两汉时期，蓟城的中心应当在发现陶井最密集的宣武门至和平门一带。由于目前已经知道的考古材料很少，秦汉时期蓟城的确切位置与范围仍不十分清楚，还只能大体地推测一下其约略的位置。

历史文献中比较明确地记载了蓟城位置的，是北魏时期的地理名著《水经注》。郦道元在这部书中写道："（洗马沟水）上承蓟水，西注大湖，湖有二源，水俱出县西北，平地导源，流注西湖。湖东西二里，南北三里，盖燕之旧池也。……湖水东流为洗马沟，侧城南门东注，昔铫期奋戟处也，其水又东入㶟水。"洗马沟上源的西湖，就是今天广安门外的莲花池前身，现在兴建的北京西客站正位于它的东侧。西湖是由平地涌出的地下泉水汇聚而成，这里正是永定河冲积扇的潜水溢出带，地下泉水丰富，因而在低洼之处汇集成一个小湖泊。湖水东流为洗马沟，也就是现在从莲花池向东转而南流的小河。《水经注》中说洗马沟水"侧城南门东注"，即从蓟城南门向东流过，那么蓟城的西界与南界据此可以大致确定下来。

用同样的方法可将蓟城的东界推测出来，这里省略不述。

根据《水经注》中记载的洗马沟水与蓟城西、南墙的关系和高梁水与蓟城东墙的相对位置，可以大体恢复出北魏时期蓟城的范围。另外，在一本名叫《太平寰宇记》的书里，引用了一部唐代或稍早于唐代的地理著作——《郡国志》中关于蓟城的一条记载："蓟城南北长九里，东西宽七里。"按照这一记载复原蓟城的范围，恰好与当地河湖水系的相对位置相符。

由书中所示的蓟城位置及与周围河湖水系的相互关系看，蓟城正是位于永定河冲积扇的背脊之上，充分利用了形成于扇前潜水溢出带上的西湖（莲花池）水系，作为城市用水的主要水源。可以毫不夸张地说，早期蓟城的形成与发展，与西湖水系是息息相关的。

早在三国时代，北京近郊就出现了较大规模的人工灌溉工程，这就是戾陵堰的建造和车箱渠的开凿。

戾陵堰实际上是一座拦水坝，建造在今天石景山西北麓永定河之上，拦截永定河水以入车箱渠。车箱渠则是一条人工引水渠，它将由戾陵堰分出的河水平地导流，经过现在八宝山迤北，东北注入蓟城北面的高梁河上源。然后再将引入高梁河中的永定河水，通过人工开凿的支渠系统灌溉农田。

最初倡导戾陵堰工程和车箱渠工程的，是曹魏时代驻兵蓟城、负责防御北方边疆的"征北将军"刘靖。

戾陵堰的修建和车箱渠的开凿，对解决古代北京的水源和郊区的农田水利灌溉，很有成效。因此，曹魏景元三年（262），樊晨又调动兵士2000人，用工4万多个，重建了戾陵堰。从而把更为丰沛的河水注入高梁河，并在高梁河的上游，自西而东，增辟了一条水道，利用现在的坝河，引水东流入潮白河（古潞河）。这一水利设施，不但大大增加了农田灌溉面积，而且沟通了分别位于蓟城以东以西、相距40公里的永定河水系与潮白河水系。这在北京近郊水道网形成的历史上，是很值得注意的一件事。

值得注意的是，在经过了1700年以后，今天北京城的永定河引水渠正是继承了古代车箱渠的经验而又进一步发展的结果。

隋唐时期，蓟城在我国北方的军事地位显得十分突出。隋的涿郡和唐的幽州都以蓟城为治所，因此蓟城又被称为涿郡或幽州。隋炀帝和唐太宗在全国统一之后，都曾利用蓟城作为基地，向东北进行征讨，这是汉族中原王朝在势力强大的时候，往往把蓟城作为进攻据点的典型例子。

隋炀帝在大业元年（605）开凿了通济渠。大业四年（608）又开凿了永济渠。不过需要注意的是，永济渠最后一段利用的桑乾水，当时是流经蓟城南郊的（今北京城南面的凉水河），这也是当时永济渠可以利用桑乾水而直抵蓟城的原因所在。

就在永济渠开凿后的第三年，即大业七年（611），隋炀帝亲自到涿郡的临朔宫，调兵遣将，组织进攻高丽的战争。当时首先组织力量将河南黎阳仓（今河南浚县）、洛口仓（今河南巩县）储存的粮食调集到涿郡，史书记载说："（隋炀帝）发江、淮以南民夫及船运黎阳及洛口诸仓米至涿郡，舳舻相次千余里。"接着又征调全国各地的军队到涿郡集结："四方兵皆集涿郡……凡一百一十三万三千八百人，号二百万，其馈运者倍之。宜社于南桑乾水上，类上帝于临朔宫南，祭马祖于蓟城北。"

以后隋炀帝又曾发动过两次征服高丽的战争，都以失败告终。但是这三次大规模军事行动，蓟城都是兵马粮饷的集结之地，蓟城军事地位的重要性，由此可见一斑。贞观十八年（644），唐太宗李世民也步上隋炀帝的后尘，发动了远征高丽的战争。唐朝军队兵分两路，一路由海上进攻，一路从陆路经蓟城，直赴辽东。陆上一路也同样首先集结于蓟城，在蓟城南郊大举誓师之后，浩浩荡荡地去进攻高丽。结果无功而还。

这年冬天，唐太宗退兵蓟城，为了安抚军心，便在蓟城东城墙内偏南的地方，建造了一座悼念阵亡将士的庙宇，命名为"悯忠寺"。这座庙宇经过历代重建保留至今，改名为法源寺，是现在北京城内最重要的寺庙之一。

唐朝中叶以后，在沿边一带的重镇，分设节度使，从现在的河北省一直到新疆，共设有8个节度使，蓟城便是其中之一，号称范阳节度使。

唐天宝十四年（755）发生的"安史之乱"，就是身兼范阳、平卢（今辽阳朝阳）、河东（今太原）三镇节度使的安禄山发动的。

隋唐时期蓟城的情况史书没有记载，现在仅能依靠考古材料推测大概，这些考古材料主要是近些年在北京城附近发现的唐代墓志。可以大致推定当时幽州城的东墙在今天的法源寺以东、烂缦胡同偏西一线的地方。西墙位于今会城门稍东一线。南墙大致在今天陶然亭以西的白纸坊东西街一带。北墙应该在今头发胡同一线，向西一直延伸到白云观以北一带。

根据唐代的墓志推测出的唐代幽州城位置，与北魏郦道元《水经注》中所记的北魏蓟城位置基本一致，城址没有发生大的变化。可以比较肯定地说，自西周初年开始，历春秋战国、两汉、北魏至隋唐，蓟城城址并没有太大的变化，都是依傍于莲花池水系发展的。

四、陪都之一——辽南京城

在北京城的发展史上，辽代（907—1125）和金代（1115—1234）是相当重要的过渡时期。由于辽、金两代都是北方的少数民族入主中原，在华北和东北的辽阔地区建立了称雄一时的统治政权，在这样特定的历史背景下，北京就从一个华北平原的北方门户，逐步发展，在中国封建社会的最后数百年间代替了前期长安城的地位，形成了全国最大的一个行政中心。

从长安城的衰落到北京城的兴起，有着非常复杂的政治、经济和历史原因。简而言之，随着江南的开发，长安城失去了过去所具有的绝对优势，这是其一。唐代中叶以后，东北边外的游牧民族，对中原的劫掠和入侵，前后相继，北京城在全国范围内的重要意义日益显著，这是其二。

在这个全国政治中心由长安到北京的转变过程中，辽的南京城和金的中都城，应该看作是古老的蓟城从北方的一个军事重镇走向全国政治中心的重要过渡。

辽是契丹族建立的北方少数民族政权。

契丹族是我国古老的少数民族之一，原来居住在今天内蒙古东部西辽河上游的西拉木伦河（古代称为潢水）流域。

长期以来，契丹族与汉族往来密切，他们在政治、经济等方面与中原地区有频繁的接触和紧密的联系。

契丹族长期过着以畜牧、狩猎为主的游牧生活。10世纪初势力逐渐强盛壮大。公元916年，耶律阿保机在临潢（今内蒙古巴林左旗）称帝，正式建立契丹政权，成为北方草原地区的一支强大势力。于是契丹统治者开始举兵南下，叩打唐王朝的北方门户，而首当其冲的就是幽州城。

这时，中原一带正处在军阀混战的局面。相继建立的政权分别是后梁、后唐、后晋、后汉和后周，历史上称之为"五代"时期，是中国历史上非常黑暗的一个阶段。

正当耶律阿保机建立契丹政权时，后唐河东节度使石敬瑭为了篡夺政权，不惜求援于契丹。他在公元936年夏上表契丹统治者，以割地、纳贡、称臣为条件，愿意以父礼事奉契丹统治者，约定消灭后唐政权后，愿意把包括现在从大同到北京一带的燕云十六州割让给契丹。

石敬瑭依靠契丹的军事力量爬上皇帝的宝座以后，就把燕云十六州一股脑儿割让给契丹。燕云十六州当时是中原地区的主要军事屏障，在战略上具有突出的地位。十六州一旦割给契丹，整个华北已是无险可守，门户洞开，于是契丹骑兵的铁蹄便可以向中原地区长驱直入了。

契丹统治者在吞并燕云十六州后不久，便改国号为辽，建都临潢府（今内蒙古巴林左旗），并在幽州城建立陪都。因为这个陪都位于它所统辖的疆域南部，所以叫作南京，又称作燕京。

契丹为什么要在幽州城建立陪都南京城呢？这里面有两个原因：一个是要利用这里有利的地理形势，作为向南进攻中原的据点；另一原因在于契丹占据了燕云十六州以后，它的统治疆域大大扩展，而且新占领的地区人口稠密，物产丰饶，自然条件优越，经济文化和生产发展水平远远高于契丹族原来活动的北方草原地区。因此，为了加强对新占领地区的统治和掠取更多的财富，幽州城自然而然地成为辽在华北的政治中心。

辽代实行五京制度，五京是：上京临潢府，在今内蒙古巴林左旗；中京大定府，在今内蒙古宁城县；东京辽阳府，在今辽宁辽阳市；南京析津府，在今北京市；西京大同府，在今山西大同市。五京之中，以南京城规模最大。

南京城周长20余里，城墙高三丈、宽一丈五尺。城有八门：东面的是安东门、迎春门，南面的是开阳门、丹凤门，西面的是显西门、清晋门，北面的是通天门、拱辰门。宫城位于南京城的西南角。宫城四门，西为显西门，南为丹凤门，东为宣和门，北为子北门。西、南二门与外城共用。

辽南京城基本上还是沿用唐代幽州城，只是把城墙重加修筑，并没有进行大规模的城市改造。从史书记载与考古材料推断，辽南京城的东垣在现在的烂缦胡同西侧一线；西垣在今小马厂、甘石桥、双贝子坟偏西一线；南垣则在今白纸坊东西街稍北一线；北垣大致在今白云观以北一线。辽南京城四垣位置与唐幽州城基本上是一致的。

由于南京城内西南角的一片地区建为宫城，占了整个大城的四分之一，所以大城内只有一条横贯东西的大街和一条纵穿南北的大街。纵穿南京城南北的大街由拱辰门直到开阳门，相当于现在牛街到南樱桃园一线；横贯全城东西的大街则自清晋门直到安东门，大致相当于现在的广内大街、广外大街的位置。

虽然辽南京城规模不大，但在当时整个北方仍不失为一个人口稠密、市井繁华的城市。当时的城市人口达到30万，其中包括多种民族，除了汉、契丹、奚、渤海等族以外，还有不少女真族和来自西域的少数民族。城内共划分为26坊，各坊有围墙、坊门，门上有坊名，以此管理城内居民。

隋唐以来普遍兴起的佛教，在辽代大为盛行。有些寺庙建筑历经数百年的兵燹战乱，依然保留至今。天宁寺，寺中砖塔则是辽代在旧塔址上建造的，是北京城区现存古密檐砖塔中最古老的一座。

五、帝都之始——金中都城

辽建国后20余年，赵匡胤陈桥兵变，建立了北宋政权。当辽与北宋沿着塘泺一线（西起今保定西北，东达今天津塘沽附近，东西数百里成为一片水泽）南北对峙的时候，活动在东北松花江流域的一支号称女真族的少数民族，日渐强盛起来。

公元1113年,女真族的杰出酋长阿骨打继位完颜部的首领。当时辽朝统治者对女真族盘剥压榨,有加无已,迫使居住在今松花江以北、吉林扶余县以东的女真的各个部落联合起来,纷纷归附完颜部酋长阿骨打,对辽廷进行武装反抗。

阿骨打为了最终推翻辽朝,经营农业,厉兵秣马,积蓄了雄厚的物质基础。公元1115年初,阿骨打正式建国称帝,国号为金,建都于会宁(今黑龙江阿城县)。这就是历史上金朝的开始。从此,金朝和辽朝展开了争夺中国北方统治权的斗争。

北宋宣和四年(1122)金辽战争打响后,金军势如破竹,攻占了辽的中京。辽天祚帝西逃夹山(今内蒙古萨拉齐县西北)。转年,金军继续南下,突破居庸关、得胜口,直捣南京,进而占领了燕云地区。

这时,北宋要求按与金之间的"海上盟约",收取燕云十六州,但金朝以这些地方并非宋军攻下,拒绝交还。双方反复交涉,最后以北宋每年增加一百万贯的岁币作为赎金,才达成协议。北宋宣和五年(1123),金军破坏了南京城防,掠夺大量财货,驱走居民3万余户,然后把一座残破不堪的空城交还北宋。在这以后的短暂时间里,南京改称燕山府。

然后,不到两年时间,金人在俘获了天祚帝、拔掉心腹之患以后,又卷土重来,乘胜南下攻宋。金军在占领燕山府后即长驱直入,渡过黄河。

靖康元年(1126),北宋的都城——汴梁被金军攻破,徽、钦二帝以及宗室、官僚3000余人都成了阶下之囚,北宋王朝灭亡。

北宋王朝灭亡以后,金朝在华北平原上的统治也就转入了相对稳定的状态,于是金朝的统治者便把首都从远在松花江上的会宁府(今黑龙江阿城白城子),迁移到燕京来了。正是在这样特定的历史背景下,使得北京城在全国的地位发生了根本性的变化。

金天德三年(1151)三月,金主完颜亮命令在燕京城的基础上扩建新都。主要工程限期一年之内竣工。

金贞元元年(1153)完颜亮正式迁都,改燕京为中都。从此,北京作为我国封建王朝统治中心的历史真正开始了。

金中都既是在北京原始聚落的旧址上发展起来的最后一座大城,又是向全国政治中心过渡的关键;同时在北京城市建设史上还起了承上启下的作用,因此是值得特别注意的。

首先，中都城并不是简单地沿袭旧日的燕京城，而是参照北宋京都汴梁城的规制，进行了大规模的城市改造和扩建。金在上都的城池、宫殿均很简陋，攻下汴梁城后，见到北宋都城宏大，宫殿豪华，一心仿效，因此在新建成的中都城身上，处处可以察觉到汴梁城的影响。

金统治者为效仿北宋汴梁，同时也为了扩大都城规模，设计上力求使皇宫居于城市之中，因此将旧城大大向西、南两个方向展扩，东面的城墙仅略有外展，而北面的城墙基本不变。经过这么一番扩建，中都的皇城便居于大城的中央了。中都城建成后，大城周长37里有余。它的位置相当于现在宣武区西部的大半，东墙约在今四路通以北到麻线胡同、大沟沿一线；南墙在今凤凰嘴、万泉寺、三官庙、四路通一线；西墙则在由凤凰嘴至木楼村的延长线上；北墙变化不大，仍位于今白云观略北的位置。大城略呈方形，每边各有三个城门，东为施仁门、宣曜门、阳春门；南为景风门、丰宜门、端礼门；西为丽泽门、颢华门、彰义门；北为会城门、通玄门、崇智门。有趣的是，几百年以后的今天，金中都城早已片瓦无存，但在今木樨地以南的地方，仍有一个叫会城门的地名，这正是从金中都的会城门得来的。

位于全城中央的宫城，规模宏大，四周长9里30步。宫城南门叫作应天门，从应天门向南出皇城南面的宣阳门，直达大城南面的丰宜门，贯通三门的是相当于全城中轴线的一条御道。金中都的中轴线，正是以后明清北京城西墙所在的位置。现在西二环的南段，即广安门一线，正紧傍着昔日金中都的中轴线。

沿着中轴线御道的两旁，从应天门前直到宣阳门内，为东西并列的千步廊，各200余间，分为三节，每节有一门。千步廊南端止于宣阳门内东西两侧的文武楼，文楼在东，武楼在西，左右对称。千步廊北段，在应天门横街南侧，又分别转向东西各有100多间，直到应天门东、西的左、右掖门为止，中间形成了一个"T"字形的宫廷广场。

正中的御道修筑得十分宽广，夹道有两条水沟，两岸种植了柳树，成为一条绿色的林荫道。更为突出的是，在这条贯穿全城的中轴线上，对称安排了一系列规模恢宏的建筑物，除了上面提到的千步廊和文武二楼以外，文楼以北为来宁馆，武楼以北为会同馆。千步廊的中部各有偏门，东通太庙，西连尚书省。这样的精心布局显然使得宫城前面的宫廷广场气势宏伟，从而更加烘托了宫城的庄严气氛。

宫城的正南门为应天门，正东为宣华门，正西为玉华门，正北为拱辰门，由宫城的正南门应天门往北，经过大安门，便是皇宫中的前殿大安殿，为金朝皇帝举行盛大庆典的地方。大安殿以北的仁政殿，是皇帝临朝听政的地方。

城市水源的解决，是金中都这座城市发展的又一个关键问题。

中都城的供水来源主要有三处：一是古代的洗马沟水，发源于中都西北的西湖（今莲花池），东南流入城中的鱼藻池（今青年湖）；二是今天玉渊潭一带的湖水；三是中都城正北方的高粱河水。

今中都内的同乐园，正是利用了西湖下游地区开挖湖沼、引洗马沟水建成的。同乐园内，辟治了瑶池、蓬瀛、柳庄、杏村等风景中心，"柳影王参水底天"、"晚风吹动钓鱼船"，风景优雅，景致佳丽。小河的下游，自西而东穿过城市的南部地区。河上兴建了一座大石桥，桥分三道，两旁是玉石扶栏，上有精细雕刻，这就是当时宫前御道上有名的龙津桥。

中都的东北郊外，相去二三公里，原有一片低洼地带，为高粱河水所灌注，形成一片浅湖。这一带浅湖经过后来的人工改造，遂成为近郊的一个风景区。中都城建成之后，金朝的统治者从金世宗大定十九年（1179）开始，又在这里营建大宁离宫（后又改称孝宁、寿安、万宁等名）。这座离宫环湖而筑，琼林苑中筑有横翠殿、宁德宫；西园有瑶光台、瑶光楼；湖中有琼华岛，湖滨辟有稻田，引泉水灌溉，是中都城外著名的风景区。这一带地方正是现在北京城中心的北海、中海附近。金朝在这里修建的离宫别馆，为日后元大都的兴建，埋下了一个伏笔。

实际上，在金中都的发展过程中，解决漕粮运河的水源，才是一个最大的难题。

金代的漕运虽然沿途都是利用天然河道，但是在这条运输线的末端，即从通州以西至中都城约25公里的距离，却没有天然河道可以利用，必须开凿一条人工运河接运，才能使这条水上运输线直抵中都城。但是，由于中都城的地势比通州约高出20米，致使流经通州的潞河之水不能西引，为此必须在中都城另一端寻找水源，才能顺着自然地势开凿运河以连通潞水。

当时首先想到的是引卢沟河水（今永定河）以济运河。但是当金口河开凿之后，由于卢沟河水含沙量很高，水量少的时候，泥沙淤积，河道变浅，无法通舟；到了雨季，则洪水暴涨，冲毁堤岸，直接威胁到中都城的安全。

因此，金口河开凿后不能使用，只得又重新堵塞不用。

引卢沟河以济漕运的工程失败以后，又开始考虑利用中都以北的高梁河水。为了开辟漕运水源，用人工将分隔瓮山泊和高梁河这两个小水系的高地凿开，利用堤坝等工程措施将西山瓮山泊一带的水流南引，穿过原来的小分水岭，与高梁河的上源接通。这样一来高梁河的水量就大大增加了。

金代利用高梁河水源开凿的运河共有两条：一条是从高梁河下游的白莲潭（今积水潭）向东，利用坝河的河道，一直通向温榆河，然后经温榆河达通州；另一条则是由白莲潭向南，开凿高梁河西河接至中都城北护城河，然后再由北护城河向东开闸河至通州。

有金一代，在开辟水源以济漕运的一系列工程技术上，表现出高超的智慧和才能，尤其在高梁河与瓮山泊水源的利用上。这些成功的经验为以后元代的水利工程提供了有益的借鉴。

金代在中都城附近进行的一系列水利建设工程，如金口河、高梁河西河、坝河、闸河等，经过几百年之后，都已经湮没不见或者作用不大明显了。但是永定河上的卢沟桥，却经历无数次洪涛恶浪的冲击，至今仍巍然屹立在永定河上。算起来，从它创建到2009年，已度过820年的漫长岁月了。

卢沟桥建于金大定二十九年（1189），桥跨卢沟河上，因而得名。到了清初，卢沟河改名永定河，而桥名一直沿用到今天。

原来在石桥未建之前，大路通行的渡口上已有浮桥，但是由于卢沟河在洪水季节容易泛滥成灾，严重威胁着这条通衢大道的畅通，因而使金朝统治者感到忧虑。在卢沟河上建造一座在洪水期也能畅通无阻的大桥，已是势在必行了。

明昌三年（1192）石桥建成，命名为广利桥。接着在大桥东西两岸营建了廊舍，以方便过往官吏和商人。以后各代均不同程度地对卢沟桥进行了修缮加固。至于在桥头附近筑城驻兵，以控制这条咽喉要道，那就更不用说了。

"卢沟晓月"，早在金代就已成为燕京八景之一，历明、清，相沿不断，成为北京西南郊的一处著名风景。

六、一统之都 ——元大都城

在12世纪末叶、13世纪初年，中国北方的又一个游牧民族——蒙古族的势力越来越强盛。

公元1206年,铁木真正式建立蒙古政权,在斡难河上继位蒙古大汗,被各部尊称为成吉思汗。蒙古统一以后,以成吉思汗为首的蒙古贵族即向南方发动大规模的战争。金朝为了逃避蒙古军队的频频威胁,将都城南迁至汴梁(今河南开封)。中都城作为金朝的统治中心,前后共经历60余年。

公元1215年,也就是金朝迁都汴梁的第二年,蒙古骑兵攻进了中都城。兵荒马乱之中,中都城内金代的皇宫被大火焚烧,一代宫阙竟成一片废墟。这以后中都城改称燕京。

成吉思汗去世30多年后,他的孙子忽必烈继承了汗位。中统元年(1260),忽必烈抱着消灭南宋统一中国的勃勃雄心,从蒙古高原的都城和林(今蒙古国哈尔和林一带)来到燕京城。可是此时城中的宫殿早已成为废墟,于是忽必烈决定在旧金中都城的东北郊外选择新址,营建一座新都城。在新都城营建的过程中,又决定以"元"为国号,并把新都城命名为大都。至元十一年(1274),大都城建成,这就是我们常说的元大都,蒙古人称之为"汗八里",也就是"大汗之城"的意思。

元大都的建设是非常成功的,意大利人马可·波罗于至元十二年(1275)来到大都城。他对大都城的平面设计极为称赞,在其游记中他是这样描写的:"全城中划地为方形,划线整齐,建筑房舍。每方足以建筑大屋,连同庭院园囿而有余。……方地周围皆是美丽道路,行人由斯往来。全城地面规划有如棋盘,其美善之极,未可宣言。"马可·波罗对大都城的描述,出于事后的回忆,又经过他人记录整理,难求其完全确切。可贵的是,通过他的叙述可以看出,元大都确是一座当时世界上无与伦比的伟大城市。

元大都的兴建,在北京城市发展史上是一个极其重要的转折点,它放弃了莲花池水系上历史相沿的旧址,而在它的东北郊外选择新址,重建新城。由此可见,元大都的兴建,标志着北京城址的转移,这在北京城市发展史上无疑是一件值得重视的大事。

新城的城址是以金代离宫——大宁宫附近的一区湖泊(今日的中海和北海,当时南海还不存在)为设计中心,而这一片湖泊为高梁河水所灌注,属于高梁河水系。元代把北京城的城址从莲花池转移到高梁河水系上来,绝不是偶然的,而是出于城市建设的长远考虑。

当然,放弃旧址的原因,首先在于金代宫阙已成废墟,而对比之下,以大宁宫为中心的金代离宫，景色优美，环境宜人，是一处不可多得的建造新城的好地方。但是，另一个不可忽视的更为重要的因素，还是城市建设本身的客观要求，也就是对于水源的要求。

在我国历代的都城建设中，元大都的平面设计，可以说是最接近于我国古代一种理想的设计方案。这一理想设计，就是要以体现皇权至上为其指导思想。关于这一设计的具体说明，见于春秋战国之间编写成书的《周礼·考工记》。它的大意是说：一个帝王都城的设计，应该是一个正方形的大城，四面各有三个城门，门内各有笔直的通衢（宽阔的大道）纵横交错。在大城之内，中央部位的前方（南面）是朝廷，后方（北面）是市场。在朝廷的左方（东面）是太庙，右方（西面）是社稷坛，即"匠人营国，方九里，旁三门，国中九经九纬"，"左祖右社，面朝后市"。

大都建城之前，先进行了地形测量，然后根据上述古代的理想设计，结合历史发展的因素和地理特点，拟定了一个全城的总体规划，然后逐步施工。首先，在地下顺着地形的坡度，铺设下水道，装置了排水设施。其次，才在地面上根据分区布局的原则，进行设计。整个过程有条不紊，十分科学。

这里值得注意的一点，即宫殿建筑的布局，并不仅仅占据全城中央部位的前方，而且还采取了一种非凡的艺术手法，使庄严雄伟的宫殿建筑和妩媚多姿的水上景色，紧密地结合起来，因而达到人工美与自然美相互辉映的奇妙效果。

具体来说，当时曾以琼华岛及其周围的湖泊为中心，把三组宫殿环列在湖泊东、西两岸。在湖泊东岸的，是属于皇帝的一组宫殿，叫作"大内"，也就是现在紫禁城的前身，在湖泊的西岸，有南、北两组宫殿，南面的叫隆福宫，北面的叫兴圣宫，分别为太子和皇太后所居。三宫鼎立，中间的湖泊按照传统被命名为太液池。

环绕三组宫殿的四面，加筑了一道城墙。当时叫作萧墙，也叫红门阑马墙，也就是后来所说的皇城。

最后，环绕在皇城外面的才是大城，也就是外郭城的城墙。在大城的平面设计上，有一条明显的南北中轴线。这条中轴线实际上也就是贯穿太液池东岸整个宫城的中心线，从而十分鲜明地突出了宫城的位置，显示了这个封建王朝统治中心至高无上的重要性。

宫城的位置既然已经确定，然后沿宫城的中心线向北延伸在太液池上游另一处叫作积水潭的大湖东北岸上，选定了全城平面布局的中心。在这个中心点上竖立了一个石刻的测量标志，题为"中心之台"。在台东15步（约合23米）的地方，又建筑了一座中心阁，其位置相当于现在北京城内鼓楼所在的地方。

从"中心之台"向南采取了恰好包括皇城在内的一段距离作为半径，来确定大城南北两面城墙的位置。同时，又从中心之台向西恰好包括了积水潭在内的一段距离作为半径，来确定大城东西两面城墙的位置，只是由于东墙位置上遇有低洼地带不宜筑城，这才向内稍加收缩作为东墙墙址。

大都城的外郭城周长28600米，南北略长，呈长方形，南墙在今北京城东、西长安街的南侧，北墙在今德胜门和安定门以北5里处，至今尚有残存的遗迹可见，而且已被辟为"元大都城垣遗址公园"。东墙与西墙分别与今东直门和西直门所在南北向的垂直线相重合。元大都外城（大城）北面只有两座城门，东为安贞门，西为健德门；其余三面各有三座城门。东面的三座城门，自北而南依次为光熙门、崇仁门（相当于今东直门）、齐化门（相当于今朝阳门）；西面的三座城门自北而南依次为肃清门、和义门（相当于今西直门）、平则门（相当于今阜成门）；南面三门，正中者称丽正门，东为文明门，西为顺承门。

在皇城以东，也就是现今东四牌楼以东，以及皇城以西，也就是现今西四牌楼以西，各有一组建筑，单独成为一区。东面的是太庙，也就是封建皇帝祭祀祖先的地点；西面的是社稷坛，是封建皇帝祭祀土地和五谷神的地点。这样左右之间的对称排列，在布局上更加加强了宫城位置的重要性。另外，沿着全城中轴线向北，在"中心之台"的正西和西北面，又有前后两座大建筑物耸立起来，这就是鼓楼和钟楼，是全城报时的中心。

大都城内主要市场的分布，集中在三处：一处在积水潭北岸的斜街，正当"中心之台"以西地区，叫作斜街市，属日中坊。积水潭乃是当时新开凿的南北大运河的终点，水运便利，因此斜街市一带，商业荟萃，是全城商业最繁华的地点。一处在今西四（牌楼）附近，名为羊角市，是羊、马、牛、骆驼、驴、骡等集中交易的地方。还有一处在今东四（牌楼）西南，叫作旧枢密院角市，在明照坊内。这三处主要商业中心，一在东城适中的地方，一在西城适中的地方，第三处在北城，都是街道的冲要之地。从以上城市布局，可以看出大都城的平面设计，不仅体现了《周礼·考工记》所记载的古代都城的理想设计，而且还有所发展，这是十分值得重视的。

元代定都北京以后，首先面临的问题便是将各地的粮食运输到大都城。

元初即着力开辟京杭大运河，同时大力发展海运。但是无论河运或者海运的漕粮，只能先到通州，而从通州到大都这一段距离，在水源问题未能解决之前，只能依赖陆上运输，耗费甚大。

在大都还未建之前，当时杰出的水利专家郭守敬就曾经建议引用玉泉山水以通漕。

但是，从大都初建时起，高梁河上游的主要水源——玉泉山诸泉之水，就已经被元朝皇室据为专有，修筑了一条专门的渠道，将玉泉山水直接南引，经和义门（今西直门）南水门引入宫城中，流经宫苑，注入太液池，其下游绕出宫城前方和运河相通，这就是金水河。现在北京城内天安门前有"外金水河"，即是旧制的残余。现在玉泉山前还有一段河道名叫"金河"，已经与长河汇流。但在元朝，金水河一直是独流入城，不得与他水相混。在遇有其他水道的地方，都要架槽引水，横过其上，名为"跨河跳槽"，而且"金水河濯手有禁"，悬为明令，玉泉山诸泉之水，为皇家宫苑所独专。

因此，郭守敬引玉泉山水以通漕运的计划未得实现。要想引水济漕，还必须另寻水源。这里就涉及了以昌平神山白浮泉为代表的西山诸泉。

郭守敬根据实测的地形情况，巧妙地先引白浮泉水西行，沿着西山脚下，从上游绕过沙河、清河谷地，然后再寻西山山麓转而东南，沿着平缓的坡降，并沿途汇集了许多傍山泉流，开渠筑堰，最后将各泉之水导引至瓮山泊（今昆明湖的前身）。又从瓮山泊疏浚旧渠道，从和义门北水关入大都城，汇入积水潭内，从而为大都城开辟了前所未有的新水源。

从白浮泉引水处算起，下至通州高丽庄入白河（今北运河）处，当时实测总长为160公里140步。这项巨大的水利工程在至元二十九年（1292）动工，转年秋全部完工。从此，河运畅通，南来船舶结队停泊在积水潭上。当时正值忽必烈从上都归来，"过积水潭，见舳舻蔽水，大悦"，遂将这条渠道命名为通惠河。

通惠河的开凿成功，在北京城市建设史上是一件大事。无论是新水源的开辟，还是在修筑人工渠道的工程技术方面，都是空前的创举。

七、古都之巅——明清北京城

元朝末年，反抗蒙古统治者的农民大起义如暴风骤雨，席卷全国。元至正十一年（1351）爆发的红巾军大起义，坚持了 13 年之久。

虽然红巾军最终不幸失败，但在红巾军与元军浴血奋战之时乘机在长江下游一带发展起来的朱元璋的势力却不断壮大。朱元璋兼并了起义军陈友谅、张士诚的势力之后，占领了江南半壁江山，并于元至正二十七年（1367）派大将徐达、常遇春率师北伐。

明洪武元年八月二日（1368 年 9 月 12 日），明军进占大都，元顺帝妥欢贴睦尔和后妃、太子以及部分蒙古大臣从健德门仓皇北逃。至此，历时 98 年的元朝灭亡。朱元璋早在这年的正月在南京登上了皇帝的宝座，这就是明朝的开国皇帝明太祖。

徐达攻下元大都以后，将大都城改名北平。当时元顺帝退走蒙古高原，继续号称大元皇帝，时刻伺机南侵，企图复辟。明兵占领大都城后，为了加强防守，对大都城进行了大规模的改建。原来大都城内北部比较空旷，加上多年战乱饥馑，人口多有流移和死亡，地方渐趋荒落。明朝修筑北平城时，放弃了北部城区，并在北面城墙以南约 5 里处另筑新墙，只是这新筑北城墙的西段在穿过旧日积水潭最窄狭的地方之后，转向西南，成一斜角，从而把积水潭西端的一部分隔在城外。北城墙上仍然只设两个北门，重新命名，东为安定门，西为德胜门，从而奠定了明代北京城的北界。此外，明初还分别将东城墙的崇仁门易名为东直门，西城墙的和义门易名为西直门。正统元年（1436）开始修建九门城楼，正统四年（1439）完工，遂改称丽正门为正阳门，文明门为崇文门，顺承门为宣武门，齐化门为朝阳门，平则门为阜成门。九门名称一直保留到今天。

与此同时，出于迷信的风水观念，明代还把元大内尽行拆毁。

洪武三年（1370），朱元璋封第四子朱棣于北平，为燕王。

洪武三十一年（1398），朱元璋去世，皇太孙朱允炆继位，年号建文，是为明惠帝。这时燕王朱棣拥有重兵，蓄意夺取统治权。建文元年（1399）朱棣以入京诛奸臣为名，向南京进兵，历史上称为"靖难之役"。经过四年的战争，朱棣终于从他侄儿的手里夺取了帝位，建元永乐，是为明成祖。

明成祖朱棣即位之后，鉴于当时威胁明王朝的主要危险仍然为来自塞外的蒙古贵族残余势力，他一方面对蒙古各部采取怀柔和防御并施的政策，另一方面积极准备迁都北平。

他首先把北平改称北京，随即开始重新营造北京城的艰巨工程。由于连年战争，当时北京城内人烟稀少，市井萧条，以致不得不远从江南以及山西大量迁移富户来充实京师；北京附近的农村同样残破不堪，田园荒芜，也不得不从外地迁移无地或少地的农民前来耕种。

尽管如此，营建北京城的工程还是刻不容缓地进行着。永乐四年（1406）开始建宫殿，修城垣。四川、湖广、贵州等地的人民跋山涉水，为建造宫阙采伐珍贵木材；山东临清的工匠日夜不息地烧制城砖和墙砖；宫殿内墁地的方砖称为"金砖"，则是苏州烧制的。

北京城的营建，从永乐四年（1406）开始，到永乐十八年（1420）才基本上竣工，前后延续了14年之久。

明初兴建的北京城，乃是在元大都的基础上加以改建的。在改建的过程中，既有所继承，又大有发展。

除了前面已经讲过的缩减居民稀少的城内北部，将北城墙南推5里以外，不久以后，又展拓城内南部，在旧城以南近2里处，建起新南墙，也就是今日崇文门、正阳门与宣武门东西一线的位置。由于北、南城墙位置的变化，从全城平面布局来看，元大都以"中心台"作为全城几何中心的标志，已不复存在，新的城市几何中心南移到万岁山的位置。

明紫禁城的兴建，乃是在元大内故址上又稍向南移，其东、西两面城墙位置不变，仅分别缩减其北端、延长其南端，因而宫城形制仍然是南北纵长的长方形，并且依旧处于全城中轴线的最重要位置上。

紫禁城南移之后，元代后宫延春阁的故址就处于紫禁城的北墙之外。出于风水方面的考虑，在延春阁的故址上用挖掘护城河与南海的泥土，人工堆筑起一座土山，命名为万岁山，俗称煤山（清初改称景山）。万岁山中峰所在之处，正是延春阁旧址，明代在这个故址之上堆筑土山，意在镇压前朝的"风水"，所以这座土山又被称为"镇山"。万岁山在北京城的整体平面设计上，还有更为重要的一项现实意义，即它的中峰代替了原先大都旧城的"中心台"，而成为北京新城的几何中心。万岁山中峰位置的选择，既在全城中轴线上，又是内城南北两墙的正中。这个人为的制高点，在整体的宫阙建筑上虽然没有明显的实用价值，却具有突出的象征意义。它企图在一种类似几何图案所具有的严正而又匀称的平面设计上，凭借一个巍然矗立的实体，以显示封建帝王至高无上的尊严。

另外，紫禁城的南移，还有更加值得注意的一点，这就是只有在它南移之后，才有可能在保持其全城中轴线上主要位置的同时，又得以环绕宫城四面，开凿宽阔的护城河。这项工程在元大内的四周是不可能进行的，因为元大内的西北一侧距离太液池东岸太近，已经没有开凿护城河的余地。由于护城河的开凿，不仅加强了紫禁城的防御性能，而且还可以把护城河的水，从紫禁城的西北角通过暗渠引入城内，然后傍着西墙南流，绕行午门内，最后由东南角暗渠注入护城河，这就是所谓"内金水河"。内金水河的下游经过太庙东墙外南流，与"外金水河"相汇，再转而东流入通惠河。这条内金水河的开凿，与自然地形从西北向东南倾斜下降约 2 米的坡度完全符合，可见开河之前一定是经过了精细的地形测量。内金水河起着重要的防洪、防火的实用功能。

紫禁城南面的午门，是宫城的正门。午门内建金水桥，金水桥北面新建皇极门。皇极门内先建皇极殿，后又建中极殿和建极殿，这就是外朝的三大殿。这三大殿在清代易名为太和殿、中和殿和保和殿。

其后是所谓内廷的后三殿，名称是乾清宫、交泰殿、坤宁宫。后三殿的名称，一直到清朝沿用未变。

后三殿北通御花园，园的中央有钦安殿，再往北便是紫禁城北门，名为玄武门（清代改称神武门），它向北正对着的就是万岁山。

明代把原在东城墙以内的太庙和西城墙以内的社稷坛，分别迁建到紫禁城南门之外的左右两侧，仍然保持着"左祖右社"的传统规制。同时又把皇城的南、北、东三面城墙稍向外移，于是太庙、社稷坛以及新开凿的太液池南端的湖泊，都被包入皇城之中。

在承天门（清初改称天安门）前开辟了一个完整的"T"字形的宫廷广场，这是明代继承元大都的旧制又加以发展的突出一例。沿广场的东、西、南三面，建筑宫墙，把"T"字形的广场完全封闭，东西两翼以及南端凸出的一面，各开一门，东曰长安左门，西曰长安右门，正南曰大明门（清初改为大清门）。自大明门内沿东西宫墙的内侧，修建千步廊，至北端又沿宫墙分别转向东西，中间衬托出砥平如矢的中心御道，从大明门向北直达承天门。

明永乐初，在多年战乱之后，北京的商业区异常萧条。为此，明朝政府在皇城四门之外，钟鼓楼、东四牌楼、西四牌楼以及大城各城门附近，修建了几千间民房和店房，规定一部分"召民居住"，一部分"召商居货"，叫作"廊房"。

此外，还在南郊兴建了规模宏大的天坛和山川坛。

明朝前期，曾逐步把围绕大城的四面城墙进行加固。元大都的城墙用土夯筑而成，这时一律改用城砖包砌，城门洞改为砖砌筒壳。在修建城楼的同时，连城门外面横跨河上的木桥，也一律改建为石桥。

这就是所说的北京内城，它的改建，到此基本就绪。

此后又经过100多年，由于蒙古骑兵多次南下，甚至迫近北京城郊，威胁北京的安全，明世宗朱厚熜采纳大臣们的建议，加筑外郭城，以增强北京城的防卫。嘉靖四十三年（1564）修筑了包围南郊一面的外罗城，也就是旧日所说的北京外城。原来计划环绕北京内城四面一律加筑外垣，后因财力不济，只将环抱南郊的城墙修建成功，这样便把天坛和山川坛纳入外城的范围之内。外城的修筑，使北京城在平面上构成了特有的凸字形轮廓。外城南面有三门，正中为永定门，东为左安门，西为右安门。东、西两面各一门，东曰广渠门，西曰广宁门（今广安门），东北和西北隅还各有一门，分别叫作东便门和西便门。这七个城门的名称，也一直保留到今天。

应该指出的是，外城所包入的居民区，从未经过规划，因而多是曲折狭窄的街巷相互交错，并且形成一些自西南而东北通向正阳门前的斜街，这种情况与内城整齐排列的街道，有明显的区别。其中只有一条东西向的干道，即现今的广安门内大街，原是旧中都城内横贯全城的东西大道，所以还显得比较宽阔正直。值得注意的是，外城这种不规则的街道，一直到今天仍然影响着北京城的市内交通。

外城的建成，使得从正阳门向南有一条笔直大道穿过东西并列的天坛和山川坛之间，直抵永定门。这是北京内城中心御道的延长，也是全城中轴线的明显标志。这条中轴线，从永定门算起，向北穿过紫禁城的正中心和景山中峰，最后止于鼓楼和钟楼，全长近8公里。

由此可见，明代对北京城的改变不仅典型地体现了我国封建社会帝王之都的设计思想，而且奠定了北京旧城的规模和格局。在北京城的发展史上，这是一个极为重要的阶段。

明朝末年崇祯皇帝在位时，政治黑暗，经济凋敝，灾荒频仍，人民生活艰难困苦。崇祯十七年正月（1644年2月），李自成在陕西建立了大顺政权，并以西安为西京，定国号为大顺，建元永昌。同年二月，率领农民军从陕西长驱直捣北京。

当明末农民起义军胜利进军之时，崛起于东北白山黑水之间的满族已经在关外建立起大清政权，势力日益强大。满洲贵族看到明朝政府内部的危机日益激化，早就萌生灭亡明王朝的野心。李自成进兵北京推翻了明王朝后，满洲贵族们认为时机已到，于是乘机大举入关。

驻守山海关的明朝总兵吴三桂，在李自成占领北京时，投降了清军，引导清兵进入山海关。大顺永昌元年（1644）四月二十三日，李自成与吴三桂激战于山海关，由于清军与吴三桂的联合，农民军在战斗中失利。

山海关失败后，北京城不能再守，四月三十日农民军在占领北京城41天之后，放弃北京城撤退陕西。五月一日，清军进占北京。同年九月，清顺治帝从沈阳迁来北京，定北京为清朝的首都。

从此，北京作为我国封建社会最后一个王朝的首都，一直持续了276年（1644—1911）。

清朝的统治者完全沿用了明朝的北京城，没有做什么变动，就连紫禁城在内，也只是对建筑物做了一些重修和局部的、小范围的改建、增建工作。

那么，是否可以认为清朝一代在200余年间对北京这座伟大城市毫无建树呢？恰恰相反，终清一代，曾经投入巨大的财力，役使难以计数的劳力，大规模地开发了北京西北郊的园林风景区，营建了规模空前、华丽非凡的离宫建筑群。这就是通常所称的西北郊"三山五园"，即玉泉山静明园、香山静宜园、万寿山清漪园（颐和园）和畅春园、圆明园。清朝帝王在这里观览山水，处理朝政，成为与北京城中紫禁城并重的另一个政治中心。清代发生的许多重大历史事件都与这一带的园林有密切关系。有人称清代北京是一南一北的"双城"制，可谓不无道理。限于时间，这部分内容不再赘述。

八、北京旧城的文化内涵

以上七个部分概述了历史上北京城的演变。在近几十年北京城不断扩大的情况下，人们将原明清北京城城墙（今二环路）所包围的部分称为旧城。北京历史文化名城保护的任务更多地集中在旧城范围之内。这里，首先需要弄清楚的一个问题是，历史上北京旧城的规划建设有哪些文化内涵。在这个问题上，专家、学者众说纷纭，这里只能罗列一二。

"天人合一。"《论语》说："天何言哉，四时行焉。"《孟子》说："顺天者存，逆天者亡。"董仲舒说："人者，天之象征也"，"以类合一，天人一也"。这种宇宙观，表现在国家体制上，则是在宇宙，"天"为至尊，在人世，"君"为至尊，天上北极至尊是人间"上天元子，代天君临万民"的本原。这种观念充斥于北京旧城规划建设之中。明永乐初年故宫前三殿名为"奉天"、"华盖"、"谨身"，嘉靖年间改名为"黄极"、"中极"、"建极"，以至到清代改称"太和"、"中和"、"保和"，都是"天人合一"宇宙观指导下的统治者的最高理想追求。其核心是君权神授，"奉天承运"。

"象天设都。"古人认为，天界是一个以北极帝星为中心，以"四象、五宫、二十八宿"为主干，结构十分严密的社会体系。帝星所居的紫微垣位居中宫，而东宫苍龙、西宫白虎、南宫朱雀、北宫玄武并二十八宿，形成拱卫之势。对此，古人在都市建设中进行了不遗余力的模仿和拟似，如以宫城象征紫微，大城建筑象征二十八宿，乃至全天星斗等。这就是"王者制宫阙殿阁取法焉"。明清北京城，就是其登峰造极的成果。

阴阳学说。"阴阳者，天地之道也"，"分阴阳，两仪立焉"，"阴阳谐和，而生水、火、木、金、土。五气顺布，四时行焉"。阴阳学说对北京旧城规划建设的影响几乎无处不在。如宫城分为外朝和内廷两部分，外朝为阳，三朝五门，多为奇数，内廷为阴，两宫六寝，多为偶数。外朝之殿均采用"九开间，五进深"；重檐歇山顶，九条脊，甚至连檐角小兽亦为"九数"；门扇是四九的倍数，门钉是九九的倍数等。又如外朝三大殿坐落在"土"字形的汉白玉台基之上，是依据土在五行居于中，表示这里是天下的中央，同时土也代表江山社稷，期盼安定永固。再如文渊阁作为紫禁城内的书库，忌火，用黑色琉璃瓦绿剪边屋面，黑色属水，内含以水压火之意等。

礼制。《礼记》说："道德仁义，非礼不成。教训正俗，非礼不备。分争辩议，非礼不决。君臣、上下、父子、兄弟，非礼不定。"礼教自诞生之日起，就渗透进了社会生活的各个领域。在周代，表现在建筑的等级制度上，有些建筑只有"天子"才能拥有，如明堂、辟雍；有的是从建筑的尺寸和数量上做出规定，如"公之城方九里，伯之城方七里，子男之城方五里"等；还有从建筑形式、色彩和工艺上加以限制，如天子宫殿为"四阿顶"，卿大夫以下宫室为两坡顶等。这种建筑等级制度历朝历代都有细则，明清两朝尤为苛刻。清代，门钉只允许用在皇宫、坛庙和皇室成员府第，且规定了严格的行数、枚数的系列标准。对三种不同手法彩绘、七种屋顶形式、六种四合院大门的适用等级都做出了规定。

《考工记·匠人》"营国制度"。该制度记述的是周王朝建都邑的制度，也有人理解成一种都城规划建设的理想追求。其核心是"匠人营国。方九里，旁三门。国中九经九纬，经涂九轨。左祖右社，面朝后市。市朝一夫"。该制度规定了王城的形制、规模和城墙的数量，提出了王城干道网络规划，确立了"左祖右社，面朝后市"的主要格局，而将王城的其他部分，按各自的功能和规划要求，分别部署在主体的周围。这个规格模式，在我国封建社会的进程中，得到不断的革新和发展。我们今日所见的明清北京城（其中包括元大都遗留至今的街道格局），在继承传统的基础上，因地、因时制宜，形成了独特的风格，体现出更加丰富的文化内涵。

宫城处于全城的中心，外为皇城，再外为都城，其精神实质是尊崇皇权至高无上，其外部特征是"回"字形的密封式城建规制。

世界上最长、最伟大的中轴线，体现了君权神授，皇权"中"、"正"的尊贵地位。

从大明门到万岁山距离 2500 米，从大明门到皇极殿庭院中心的距离是 1545 米，二者的比值正好是黄金分割率的 0.618，是巧合还是匠心独运？

元大都城的建设，先确定宫城的位置，再确定全城的中心点并做出标志，再后才确定都城四面城墙和城门的位置，是城市规划史上一大创举。

总之，北京旧城是中国古代都城规划建设的巅峰之作，是中国传统文化的典型代表。建筑学家梁思成先生曾经满怀深情地指出："北京市在全盘的处理上，完整地表现出伟大的中华民族建筑的传统手法和都市计划方面的智慧与气魄。这整个的体形环境增强了我们对伟大的祖先的景仰，对于中华民族文化的骄傲，对于祖国的热爱"，"这样一个城市是一个举世无匹的杰作"。英国科技史专家李约瑟认为："这种建筑，这种伟大的总体布局，早已达到它的最高水平，它将深沉的对大自然的谦恭与崇高的诗意组合起来，形成任何文化都未能超越的有机图案。"在学习和实践科学发展观、建设"人文北京，科技北京，绿色北京"的今天，让我们更加珍惜、倍加保护我们伟大的北京城。

（原载于《图说北京城》，北京大学出版社，2011 年）

加强地方文化中的文化态度层面研究
——以永定河文化研究为例

近年来,国内地方文化的研究呈现出蓬勃发展的形势。人们在下力量发掘整理各地的地方文化资源的同时,也关注到地方文化在现代化和城市化大潮中所面临的种种问题。本文以永定河文化研究为例,强调加强地方文化研究中的文化态度层面。

一、永定河文化研究中的一点情况

永定河是北京的母亲河。

永定河文化在北京城市发展史上具有母体文化的重要地位,是北京历史文化不可分割的一部分。

永定河文化研究已经有了不少进展和积累。其中门头沟区首先明确提出将打造永定河文化品牌,作为促进门头沟区发展的重要措施,永定河文化研究、古村落研究、京西古道研究,多个方面逐步深入,成果迭出。北京市社科院尹钧科、吴文涛两位学者则捧出了他们钻研多年的系统性认识——《历史上的永定河与北京》一书。该书作为国家社会科学基金资助项目的成果,堪称永定河文化研究的标志。它不仅深刻阐明了历史上的永定河及其与北京的关系,还首次提出了永定河文化的十大内涵。还有一批学者和实践工作者围绕永定河文化这个主题做了大量工作。

本文想强调的是,在以上工作和成果的基础之上,永定河文化研究需要加强一个重要方面——文化态度层面。为叙述方便,本文以门头沟区的实际情况为主进行分析,也会涉及永定河流域内的其他地方。

何谓永定河文化?根据尹钧科、吴文涛的定义,"永定河文化是对在永定河流域的地理环境中,人类利用各种自然资源和人文资源,世世代代所创造的区域历史和区域文化的通称"[1],并指出它涵盖自然和人文两个方面。笔者认为，这里所讲的两个方面中的自然，主要不是指自然本身，而是指人在与自然的相处中产生的认识，产生的感情，产生的相处之道，产生的后果，也就是产生的文化。这些认识、感情、相处之道及后果，还会随时间而变化，也就是它也会形成自己的历史。以山水文化为例。在永定河流域，人们怎样利用永定河干流与支流的水，为自己造福谋利，又怎样同永定河的洪水或者地区的干旱做斗争，以减灾避患，这就是永定河流域水文化的主要内涵。而名山文化则是指与名山相关的名人、事件、文物、古迹、诗词、文章、民俗、特产等为内容的文化。实际上，名山本无所谓"名山"，只有在人对它有所认识、欣赏、宣传、利用之后才会"出名"。说这些，只为一个目的，即想强调，在讨论永定河文化（讨论其他地方文化也一样）的语境下，自然资源、人文资源都是相对于人而言的资源，都是人作用的对象，作用的结果是产生文化，其过程则形成历史。所以，我们目前所从事的研究对象的核心是"文化"。这大概也是大家同意将我们的这个研究对象用"永定河文化"这个名称来表述的原因。

二、永定河文化的几个基本性质

永定河文化具有几个最基本的性质，即区域性、乡土性、遗产性。

区域性，即地方性，指以永定河流域为范围的区域性。这个性质，不必多讨论，只指出一点，门头沟区的永定河文化研究具有相对的独立性。也就是说在整个永定河流域内，永定河穿越"百里山峡"这个自然属性以及地近京城这个地理区位，带来了它的文化的特殊性。所以讨论门头沟区的永定河文化，不仅仅在于一个行政区划单元的意义，更主要在于一个文化地理单元的意义。对这个问题的认识，会随着研究的深入而更趋明显。或者说，它本身就是永定河文化研究的一个方向。与其他区域相比较，它有自己的个性，当然也有共性。

乡土性，也就是民间性、草根性，是相对于宫廷、官府、文人的文化而言的文化特性。由于永定河流域中包含有北京、大同、涿鹿三座古都，尤其是北京城作为都城影响尤为深远，永定河文化中含有一定数量和级别的宫廷文化、官府文化和文人文化。以门头沟区现存古迹为例，有金代皇家游览胜地仰山，明刘定之《重修仰山栖隐寺碑记》云："……（寺）创始于金时。金之诸主，屡尝临幸，有金章宗所题诗在焉"；有金太宗完颜旻第八子完颜窝鲁欢之墓、清初靖南王府耿聚忠暨柔嘉公主合葬墓、清太宗皇太极四世孙显亲王丹臻墓、慈禧太后之父承恩公惠征之墓等历代王室宗亲墓；有民国初期来京为退位的宣统帝教授英文的苏格兰人庄士敦的别墅；有与朝廷关系十分密切的寺庙潭柘寺和戒台寺等。尽管如此，永定河流域广大区域地处山区、农村，其世代传承的地域文化更具有强烈的乡土性。门头沟区的古村落、古民居、古道无一不是在老百姓的生产、生活中发生和发展，并形成了自己独特的品格。妙峰山的庙会被视为华北民俗文化的圣地，其兴盛尽管与乾隆皇帝封妙峰山娘娘庙为金顶有关，但是其核心内容是民间信仰和民间花会。流传至今已被列入《非物质文化遗产保护名录》的千军台、庄户村的古幡会、古幡乐和大峪村的太平鼓都源于民间，传承于民间，娱乐于民间。[2]

再举一个典型案例——蔚县上苏庄村拜灯山[3]。蔚县地处永定河右岸最大的支流壶流河流域，属于河北省张家口市。上苏庄村是建于明嘉靖年间至今已有450多年历史的一个古堡，拜灯山是其代代相传的民俗社火活动，现在是国家级非物质文化遗产，其核心内容是敬祀火神。拜灯山的过程包括点灯山、拜灯山、耍社火、唱大戏四个部分，每年农历正月十四、十五、十六举行时，人们按照传统方式，酬神娱人，处处充斥着乡土气息。

遗产性，笔者将其概括为三层含义。第一，由于社会的进步，人们生产、生活方式的改变，原有文化中的相当一部分趋于衰微甚至消亡。举例来讲，门头沟区的煤业文化，自辽代采煤开始，到清末进入近现代采煤业阶段以至现今采煤业在门头沟区全面停止，其相应的文化随之不断变化。其中的生产组织形式、窑神崇拜以及约定俗成的某些习俗失去依托而趋于消亡。现代交通的产生使得原来运煤古道上的"蹄窝"不可能继续发生和发展，而只能成为历史的遗迹。这种变化，可以认为是文化赖以生存的环境变了，文化本身必然会发生重大变化。第二，由于社会的进步、科技水平的提高、人们思想认识的改变，原有文化中的一部分发生了功能的转变，由原有的传统意义上的功能转换成现代意义上的功能，或者处于这种转换的过渡状态。例如，今天妙峰山的庙会固然有很多传统文化要素包含其中，也不可否认，今天参加活动的民众与100年前民众的想法已经有了巨大的不同。今天这个庙会既有传统内涵丰富的民间信仰和民间习俗的性质，又是适应现代人追求自然与人文双重享受的文化节庆。也就是说，它的文化功能已经发生了某种程度的改变。第三，包括前两层意义在内，所有的文化现象都会随时间进程而变化。一般来说，时间距离越大，历史上形成的文化的变化就越大，遗存至今的文化的稀缺性就越明显，这也就是我们所讲的遗产性。以古村落为例，著名文化学者冯骥才先生指出："最大文化遗产是古村落"，而"如今它正在发生质的变化。愈来愈多的村落因农民外出打工而出现空巢现象。有的古村落经年历久，多已破败，重修无力……"门头沟的爨底下、灵水村、琉璃渠，之所以能够位列中国历史文化名村名单之中，不仅是因为它们有着历史文化的丰富内涵和鲜明特色，还因为它们是不可多得的历史遗产。物质文化遗产是如此，非物质文化遗产也是如此。在某些特殊的历史阶段（如发生战争、重大政治变故或重大自然灾害），原来的文化会遭受更集中、更严重的破坏，文化的历史遗存就会更加稀缺。永定河文化十大方面中的相当部分具有这种遗产性。

三、地方文化面临的新问题

以上是永定河文化三个最基本的性质。以此为基础，我们可以分析在当今形势下，永定河文化所面临的问题以及人们采取的文化态度。

毋庸讳言，在"文革"中达到登峰造极的"左倾"思潮对传统文化的冲击，其影响是严重的。永定河文化也在其中。好在人们经过总结和反思，已经重新认识传统文化在社会发展中的重要作用。文化遗产日的设置，一系列文件和法规、规划的制定，国家和地方文化遗产名录的整理，一系列保护、发展措施的推行以及多项重大文化工程的出台，加上学界的推动，中国在地方文化保护与研究领域，已经出现了一个令人鼓舞的新局面。现在的问题是，在国际、国内新的形势下，又出现了新的问题。概括地说，一方面是西方文化作为强势文化随着经济全球化的浪潮，对中国影响越来越大；另一方面是国内快速发展的现代化和城市化进程对传统文化的冲击也越来越大。这两股力量共同作用的结果，以农村为例，引发农村生产、生活方式的巨大变化，造成大量年轻人进城或者进企业而脱离传统农业生产，电视、网络等媒体的普及以及文化娱乐形式的多样化等，都造成了对地方文化生存空间的挤压。可以认为，"文革"的"阵痛"已经过去，消除其后遗影响还需一定努力，而当前更主要的负面影响则源于上述两股力量。这是包括永定河文化在内的中国传统文化在当今所面临的局面。

再说得具体一点，永定河文化也与其他中国传统文化一样，面临着保护与开发这一对两难的矛盾。这一对矛盾，一头连着传统文化的保护，这个保护由于人们对"文革"的反思而愈显突出和重要；一头连着地方社会经济的发展，这个发展由于现代化与城市化目标的指引和提高老百姓生活水平的鼓励而具有了充足的动力。问题是，保护有保护的原则，开发有开发的目的，两者从目标到实践，均存在明显的悖论。

拿开发这一头来说，近些年来地方对于开发本地的传统文化，可能的目的大概有以下几种：一是弘扬地方文化，这是最好的一种。其目标是发掘地方文化，提高地方的知名度，为地方社会经济的发展寻找历史文化上的渊源、动力和特色。尽管这种做法之中也有着谋取商业利益的因素，但是毕竟弘扬地方文化是一件好事，只要在开发中保持文化的主体地位并能避免盲目开发、过度开发就行。二是急功近利打着文化的旗号为地方经济招商引资。这一种是前些年在很多地方普遍存在的现象，其标志性口号就是"文化搭台，经济唱戏"。在这种指导思想下，文化作为配角，不仅仅要立竿见影地服务于招商引资这个主角，而且在经济利益驱动下，人们还会根据需要随意改动甚至制造假的文化遗产。三是纯粹的商业利益推动，这是最不好的一种，它往往由商业利益集团操作，对文化的随意性更大，破坏性也更大。这一种不是开发地方文化，而是糟蹋地方文化。还有一种情况就是几个地方"争"同一个文化遗产，如卧龙岗之争、杜康酒之争、梁祝之争以及近来的赵子龙故乡之争等。这种情况比较复杂，弄清史实是好事，发扬地方文化也是好事，如果出于上述第二、第三种目的，就不好了。

再看保护这一头。近些年来，各地对地方文化的保护是有较大力度和取得重大进步的。主要的问题有几个：第一，哪些一定要保，哪些保不了，哪些可以不保，从理论和政策上并没有完全明晰，造成实践中的困难。第二，保护工作的速度和力度赶不上现代化、城市化的进程。第三，保护的方式和途径还有待进一步明确指导思想和积累经验。第四，非物质文化遗产保护工作中的传承人工作，方向已经明确，而大量实际问题有待进一步研究解决。

四、加强文化态度层面研究的必要性

根据以上分析，可以将地方文化研究概括地分为三个层面：文化资源层面、文化态度层面、文化实际工作层面。可以认为，就整体而言，在当前的地方文化研究中，有必要强调加强其中文化态度层面的工作。

以永定河文化研究为例。一方面如前所述，《历史上的永定河与北京》一书堪称永定河文化研究的标志性成果，它是对永定河文化资源全面、深入的发掘和系统的梳理,并确立了永定河文化作为北京城市发展史上的母体文化地位。另一方面,以门头沟区为代表,既大力推进了发掘、整理资源的工作,如出版了一批丛书,也十分重视实际工作层面的工作,包括保护传承和开发。问题是,前述各地地方文化在保护传承和开发中所遇到的问题同样存在于永定河文化研究之中,而解决这些问题的出路离不开加强其中文化态度层面的工作。

笔者认为,这里所采用的"文化态度"的说法,无论是从术语用词上,还是在学术内涵上,都还有很大的不成熟性,还需要进一步斟酌。目前只是从研究的逻辑和工作环节上认为迫切需要加强这么一个环节。它以资源层面为基础,而它又是实际工作层面的基础。只有加强它的研究,资源层面的丰富内容才有可能在当今社会发挥作用,而实际工作层面中所遇到的种种难题才有希望逐步解决。例如,深入分析各类地方文化资源形成的社会发展背景条件以及这种社会发展背景条件在当代的变化,也就是分析清楚各类地方文化资源所赖以生存和发展的土壤是否发生了重大的变化和发生了什么样的重大变化,这才能明确前述哪些一定要保、哪些保不了、哪些可以不保的问题。又如,对于由于时代的前进,某些文化所赖于产生和发展的生产、生活方式不再存在,造成某些历史上的地方文化以"活态"形式保护不了也不必活态保护的,经过研究,需要明确对其以博物馆形式保存起来;而另一些历史上流传下来的地方文化类型则可以赋予其新的时代功能。再如,说到保护的原则,在讨论世界级文化遗产以及适当扩大的范围内,以整体性和原真性为标准是必需的,但也必须承认,在讨论很多地方的地方文化的时候,坚持这两条是很困难的(包括文化生态保护区、生态博物馆等形式在内),当地居民要求享受现代生活方式的要求是正当的,寻找既能保护、传承地方文化,又能满足当地居民正当要求的"双赢"之路是必要的,而这条道路的诞生一定是以深入研究和认识地方文化(包括历史的和当代的)为基础的。还如,对地方文化要真正处理好保护和开发这一对矛盾,继承、发扬地方文化优势,在现代化、城市化大潮中保持充足的动力和明显的特色,就一定要注重内核、提炼精华、古为今用、不断创新。

总之,本文强调的是,对地方文化,人们通过研究,梳理资源,产生认识,形成态度,推进保护、传承和开发工作。在目前的实际中,更需要加强的是处于中间环节的文化态度层面的研究。

参考文献

[1] 尹钧科、吴文涛. 历史上的永定河与北京 [M]. 北京：北京燕山出版社，2005：375.

[2] 苑焕乔，王晓芳. 北京门头沟区非物质文化遗产的保护和传承对策 [J]. 北京联合大学学报（人文社会科学版）2009 (3)：23 -26.

[3] 侯秀丽. 原生态是民俗的生命，民众是民俗的灵魂——'09 元宵节蔚县民俗活动考察记 [J]. 古村落，2010 (2)：113 -115.

（原载于《北京联合大学学报》2011 年第 1 期）

刍议北京城中轴线研究十要点

当下北京，文化领域热度最高的事情莫过于中轴线申遗。据媒体披露，有关部门已做决策，2011年9月份前该项目将入围《中国文化遗产预备名录》，2012年正式冲击世界文化遗产。受形势鼓舞，各界纷纷行动，形成社会上一个热潮。与此同时，由于事情来得仓促，各方面准备多少有点不足，很需要群策群力，共襄盛举。

本文刍议几点看法，以作"引玉"之举。

要点一，从发生上讲，中轴线是北京城市规划设计的"原线"，即起始线；从形态上讲，中轴线是北京城市的脊梁；从功能上讲，长期以来中轴线是北京作为首都运转的中枢和象征。总之，有中轴线，才有北京城；反之，有北京城，才有中轴线。所以，"北京城中轴线"应该是它的正名。从逻辑上讲，没有中心，就没有周边；没有中线，就没有两翼。没有中轴线，就没有我们现在所讨论的北京城。反之也一样。所以，"中轴线"与"北京城"同属一个有机体，不可分割，一定要一起讲。

要点二，关于北京城中轴线的发生发展，较多学者采用"肇始于元，形成于明"的说法，笔者认为，一方面这有一定的道理，因为明清中轴线与元大都中轴线在主要段落上确是重叠的。但另一方面，明清中轴线是在彻底摧毁了元大都中轴线建筑之后重新规划、重新建设，而不是局部重建的。要说理念上的传承，那传承的不仅仅是元大都的，完全可以再往前追溯，至金中都，至汴梁，至洛阳，至邺城等。从文化遗产角度讲，明清中轴线以及当代的发展是今天仍然看得见摸得着的，所以，笔者倾向于说，北京城中轴线是经过长期的历史积淀，经过多个古都的不断实践，在明代建成并发展至今的。

要点三，现在有一个被广泛采用的说法：北京有一条贯穿城市南北的中轴线。这条中轴线，南起永定门，北止钟楼，全长7.8公里。笔者认为，这个说法并没有错，但它不是最具本质属性的说法。人们对同一个事物往往可以从不同角度采用多种表述，这些不同的表述中，有的从形态表象出发，有的从内在性质出发,有的从发生发展角度出发,而发生发展角度往往是最具本质属性的。据此,建议对北京城中轴线采用如下说法:这条中轴线,起自于封建时代最集中象征皇权的金銮宝殿——三大殿,向南、向北延伸,首先形成紫禁城内长约1公里的中轴线,然后继续向南延伸至永定门,向北延伸到钟鼓楼,形成北京城的中轴线,全长7.8公里。笔者认为,这种说法揭示了北京城中轴线最深刻的含义,而不是仅限于形态和静态的一种表象描述。

要点四,根据故宫史研究专家单士元先生的描述,千门万户的宫殿,近万间的紫禁城,是三重城墙包围之下的"城中之城",全城面积72万平方米,约1087市亩,相当于一个中小县城,豪华富丽却达极点。城墙四周绕以护城河,用条石砌岸称筒子河。波光城影,庄严之中给人以玲珑剔透之感。这是中国古代"城"的最高建筑形式,而这座城只住一户人家——皇帝。[1]

根据人居环境科学的理论,"人类聚居由两部分组成:①内容,即单个的人以及由人所组成的社会;②容器,即由自然的或人工的元素所组成的有形聚落及其周围环境"[2:228]。"人类聚居是为了满足居住其内的人和其他人的需要,满足各种不同影响因素的需要而创建的。"[2:272]那么,居住在紫禁城中明清两朝的皇帝,其首要的需要是替天发布命令,统治全国。任继愈先生曾经说过:"无论中外,古代封建社会都是政教合一,神权支配王权。中国封建社会独具特色,皇权神权高度合一,皇权也是神权,神权也是皇权。皇帝诏令一开头必为'奉天承运,皇帝诏曰……'故宫三大殿有行政作用,更具有神殿作用。"[3]据此,故宫三大殿作为紫禁城中轴线的起始,进而作为北京城中轴线的起始也就不足为怪了。

要点五,三大殿是紫禁城外朝部分的主要建筑。现在要问,讲中轴线的起始,为什么不讲一个点?为什么不讲一个殿?比如三大殿中的太和殿?笔者认为,有两点理由:一是建筑形式及其文化内涵上的,二是功能上的。建筑上,三大殿共用一个统一的台基,前后排列,自成一组。台基为汉白玉须弥座,平面呈"土"字形,表示天下土地皆属皇帝。根据五行学说,土居中央,皇帝的大殿就在中央,皇帝就是天下的中心。功能上,三大殿也是一个整体。三座大殿同时称为"金銮宝殿"。太和殿主要用于举行大朝会,例如新皇帝"登基"、向全国颁布政令和诏书、皇帝生日和新年元旦在此接受朝臣的祝贺,以及冬至节去天坛郊祭之前先在这里举行仪式等。中和殿的主要用途是去太和殿举行大典前做准备的地方。保和殿也是皇帝举行重大活动的场所，并与太和殿先后作为殿试的地方。殿试属于最高级的科举考试，国家大典之一种。总之，三大殿从形式到文化内涵，到实际功能，都是一个整体。所以，笔者不主张用一个点来讲中轴线的起始。如果一定要讲一个点，可以用太和殿中的皇帝宝座来代表。

要点六，关于北京城中轴线的空间特征，可以认为，它具有以下几个要点。① 它是由若干个单元组成的；② 根据不同的功能，这些单元具有不同的南北长度和东西宽度；③ 从文化功能上考察，每个单元是一个统一的整体并明确区分于相邻单元；④ 这些单元相互连结，连续而不间断；⑤ 具有上述特征的若干个单元连接而成的北京城中轴线，在空间形态上是"宽度不一的多个哑铃的纵向连缀"。

要点七，如何认定上述单元，应该依据一定的理论。由于从整体上研究北京城中轴线尚属起步阶段，这方面的理论建设有待学界的努力，笔者只能从不同角度借用两个概念。其一，文化生态学中的一个概念——文化区（culturearea）[4]，是指文化特征在均质程度上可被识别的地理区域。显然这个概念在空间尺度上比我们讨论的中轴线的组成单元要大得多，因为研究者们还将这样的文化区划分为三个次一级的区域：核心区、外围区和边缘区。而这个概念经常被应用于城市亚文化或城市主导生活方式的研究中。笔者之所以认为可以借用这个概念，是因为可以在均质程度上识别其文化特征。我们可以将相对宽泛的文化特征集中在相对具体的文化功能上，而中轴线上每一个单元被赋予的文化功能都是明确而不致混淆的。其二，根据道萨迪亚斯在"人类聚居学"中的表述，"人类聚居的基本细胞，即人类聚居单元，是一个社区的实体空间表现，这个单元具有正常的功能而不能再分割"[2:276]，完全可以理解，这个"正常"的功能对于这个单元来说是独特而无可替代的，而且是"不能再分割"的。据此，笔者认为，可以暂时借用这两个概念用于北京城中轴线的研究，其中的要点是"专门的文化功能"、"内部统一、均质"和"不可分割"。

要点八，在认定北京城中轴线组成单元的具体工作中，除了要符合上述借用的两个概念中的"三要点"之外，还要关注两点：第一是每个单元必须有明确的边界。第二是历史时期不同，单元的形态与内涵可能发生变化。

先说边界。这些单元大多数具有明确的边界，拿故宫（明清紫禁城）来说，其本身的边界就十分清晰。其南北长 960 米、东西长 753 米、高 10 米的宫墙（由地面到女儿墙）、午门、东华门、西华门、玄武门四个城门，以及独具九梁十八柱、七十二条脊建筑形式的四个角楼，加上城墙四周围绕的筒子河，严密地划定了明清紫禁城的边界。其所包围的空间，从文化角度来看，是均质、统一而成为一个整体的，也是不可分割的。

像故宫那样本身具有明确边界的，还有正阳门（按原有瓮城情况下的边界，包括箭楼）、劳动人民文化宫（原太庙）、中山公园（原社稷坛）、永定门（按原有瓮城情况下的边界，包括箭楼）、天坛公园（原天坛）、古建博物馆（原先农坛）、景山公园（原景山）、钟鼓楼（钟楼、鼓楼连同连接它们的广场）。

另一类单元的边界需要专门给予明确或划定。它们是：天安门里单元（含天安门，不含午门、劳动人民文化宫西门和中山公园东门）、前门大街单元（不含正阳门，含大街东、西两侧各第一排商铺，南至天坛墙西北角与先农坛墙东北角之连线）、永定门里单元（不含永定门，不含天坛西门、先农坛东门，北与前门大街单元相接）、神武门外单元（以北上门为中心，东西与景山单元同宽，向北接景山单元）、地安门里单元（含原地安门，南接景山单元，东、西两侧包含原东、西皇华门及两列雁翅楼）、地安门外单元（不含地安门，北与钟鼓楼单元相接，东、西两侧包含临街各第一排商铺）。

要点九，再说不同历史时期的变化，这种变化有单元形态上的，也有文化内涵以及功能上的。要强调指出的是，从总体上说这种形态上的变化是局部的，内涵以及功能上的变化是传承发展的，而这正是北京城中轴线历久弥新、能长期保持旺盛生命力的原因所在。现择变化中的主要点罗列于下。要说明的是，这里罗列的主要是20世纪前半叶中国社会制度大变革前后的变化，而同属中国封建社会历史阶段的清朝和明朝之间也有变化，但其变化的程度明显属于轻微，本文不作为重点列入。

（1）紫禁城，明清时期作为天权神授、统治全国的中心和象征，辛亥革命后失去其显赫的政治功能，转化为保存和展示中国传统文化重要组成部分的皇家文化的故宫博物院，以后又纳入《世界文化遗产名录》，供人参观，给人启示。显然，这个变化是顺应历史发展趋势的，是继承发展的。

（2）20世纪天安门广场经历了一场大改造。改造前，天安门前为南北长540米的"T"字形空间，南起中华门（明代大明门、清代大清门），北至天安门，天安门南东、西两侧为长安左门、长安右门，广场内御道两侧，排列有完全对称的东西向廊房各110间，称"千步廊"，又东西折建北向廊房各34间，北为天街，即今长安街。当时千步廊是明清两代中央政权的办公之地，各部衙署按文东武西布局。这个天安门广场的核心是御道以及南端的大明门（大清门），是皇帝、宗室冬至祭天、孟春祈谷、先农坛亲耕必经之路。显然，在当时，这个天安门广场是北京城中轴线的一个组成单元，它以当时的红墙为界，含南端的大明门（大清门），不含北缘的天安门（前述已将天安门计入天安门里单元）。还需要提及的一点是，明清时期的这个天安门广场单元与正阳门单元之间还有一个过渡性单元，以棋盘街地名，可以称其为棋盘街单元，是一个广、深各数百步的小广场。

现在我们看到的天安门广场是20世纪大改造之后形成的，这个改造始于中华民国成立后，而改造的高潮在50年代。其中主要的变化是：拆除了原中华门、长安左门、长安右门、千步廊以及外围的红墙；大大扩大了广场；建造人民大会堂、国家博物馆、人民英雄纪念碑、毛主席纪念堂等大型公共建筑；修缮天安门及增建了观礼台等配套设施；打通东、西长安街成为通衢大道等。改造之后，天安门广场成为国家政治中心的象征、广大人民群众集会的场所和全国人民向往的地方。它的面貌与封建时代的那个T字形广场已经不可同日而语，它所代表的社会制度已经翻天覆地，但它仍然是北京城中轴线不可或缺的组成部分，仍然占据着无可替代的"政治之轴"的地位。经过这个改造、继承和发展之后，对现在的天安门广场这个单元还要进一步明确三点：一是天安门城楼由原来属于天安门里单元转而属于现在的天安门广场单元，1949年在天安门城楼上宣布中华人民共和国成立之时，这个转折就完成了。二是现在的天安门广场单元东边包括国家博物馆，西边包括人民大会堂，中间包括人民英雄纪念碑和毛主席纪念堂。三是明清时期的棋盘街单元已经融入现在的天安门广场单元。

（3）1949年之后，为适应新的时代的需求，北京城中轴线上一部分单元的功能有了改变，如原太庙由皇帝宗庙、祭祀祖先之地转变为劳动人民文化宫；原天坛由皇家的祭天之坛转变为市民的公园等。这种改变确实带来了不少问题，不利于历史文化名城的保护。好在，这些单元的古建筑的精华作为文物的国保单位，多数得到了较好的保护。笔者认为，劳动人民文化宫，没有必要恢复其原来的功能。天坛，是否有必要恢复其皇家祭天的活动可以讨论，但有一条可以肯定，即使是恢复，也要让现代的民众能够从中得到优秀传统文化的熏陶，得到人必须与"天"和谐相处的启示，亦即必须在现代意识的观照下考虑对传统文化的继承和发展，而不是形式上的"复古"。

(4) 由于思想认识上的局限性，北京城中轴线上的少数单元也有被拆毁的，这不得不说是历史性的遗憾，如永定门、地安门等。好在人们已经开始反思。永定门城楼已于前些年复建，笔者建议继续将其瓮城和箭楼复建起来（包括护城河恢复原格局）。也建议将地安门复建起来。现在的经济条件和技术条件已经足以保障复建如旧。总之，一个活态的城市，要求其一成不变，是不应该也不可能的。历史是长河，文化在流变，变是不可避免的。关键是在北京的实际情况下，有必要把强调保护放在工作的首位，必须以保护为前提，再来考虑继承和发展的问题。没有了保护，继承和发展就失去了"根"，城市就失去了"魂"。

要点十，分析了北京城中轴线方方面面的问题之后，还有一个相对更高层面上的宏观问题需要解决，即明清时期是什么思想和理论将这些一个一个各具功能的文化单元组合成了北京城中轴线？又为什么在经历了国家社会如此严重的变革之后，北京城中轴线却依然具有强大的生命力，以至于要将它作为全人类的文化遗产，作为全人类用之不竭的共同财富。简单说，在明清封建社会制度下，从三大殿到紫禁城，到整个中轴线，众多单元各自的文化功能归纳起来，是6句话、24个字：法天宗祖、天下之尊、号令行政、御敌守土、享受荣华、笼络百姓。这恰恰就是封建社会统治理论的纲常所在。每一个单元的功能是各自的，串起来可是统一、完整而至高无上的。其核心是政治，所以北京城中轴线是"政治之轴"。从学理上讲，"系统具有多层次、多功能的结构，每一层次均成为构筑其上层次的单元，同时也有助于系统的某一功能的实现"[5]。要说明一点，作为首都，当时的北京城的"政治之点"在中轴线之外还有，比如地坛、日坛、月坛，比如历代帝王庙等，对这些点的内容，可以在讨论北京城的历史文化中进行，而不能放在中轴线中来讨论。我们已经明确，在几何形态上中轴线必须是连续的，是完整不间断的。

如果说明清北京城中轴线的中心和象征是三大殿，或者扩大一点说是紫禁城，那么在当代，这个中心和象征已经转移到了包括天安门在内的天安门广场。

在不少单元的文化功能发生了明显改变的情况下，北京城中轴线作为"政治之轴"的地位和作用得到了继承和发展。现在的北京城中轴线，既给今天的世人提供了中国封建时代的"政治之轴"基本完整的范本,同时给出了顺应时代变化保护、继承和发展的成功案例(当然同时也有失误的教训)。所以它理应是全人类的永久财富,也可以用6句话、24个字来概括当代的北京城中轴线:历史名城、完整中轴、人民时代、政治中心、保护传承、人类享用。

参考文献

[1] 单士元. 故宫史话 [M]. 北京:中华书局,1962:13.

[2] 吴良镛. 人居环境科学导论 [M]. 北京:中国建筑工业出版社,2002.

[3] 单士元. 故宫史话:序 [M]. 北京:中华书局,1962.

[4] [英] R. J. 约翰斯顿. 人文地理词典 [M]. 柴彦威等译,北京:商务印书馆,2004:138.

[5] 成思危. 试论科学的融合 [N]. 光明日报,1998-04-26(3).

(原载于《北京联合大学学报(人文社会科学版)》2011年第3期)

寻找城市的灵魂
——关于城市发展和文化保存的对话

城市发展的三大问题：贫穷、环境与文化

梁燕城：张教授，你本来是研究自然地理的科学家，但后来你转向研究北京人文地理，是最早提出"北京学"这一新领域的人之一。城市化现在已经成为人类发展的一个很重要的经验，中国在这30年中，城市人口在不断增加，而且产生很多诸如环境、人口、贫穷、交通、住房等问题。城市化、现代化同时也会产生很多问题，表面上看发展得很好，市场经济带来财富，大家很富裕了，但同时也会带来贫穷。从前马克思分析这个问题，城市化一开始就产生不公平问题，城市的空间开始产生一大片贫民地带，失去了 Edward Soja 所谓的"空间公义"（spatial justice）。到20世纪，不但有不公平问题，而且更出现了环境破坏问题。城市化与消费性的市场经济结合，无止境地产生各种废物，而且工业和汽车产生了大量废气，大地、水源和空气都被污染。如何建造一个绿色而又可持续的发展呢？这是另一大问题。在北京城市发展过程中，我们还加了一个因素，北京还是一个伟大的文化古城，城市化扩展，将现代化的建筑和公路伸展入古文化建筑区域，拆去大量古老建筑，空间的现代化摧毁了文化空间的风韵，也破坏了城市文化的灵魂，如何在建城中保留一个灵性的空间呢？总结来说，贫穷、环境、文化上的破坏构成了三大问题。我很想知道，从自然地理到人文地理，你是如何思考这些问题的？

从自然遗产到文化遗产的研究

张妙弟：你所提出的问题，是国内许多人包括政府官员、学者、普通老百姓都在思考的问题，也是一个绕不开的问题。现在中国城市化的进程，工业化的进程，速度很快，成就很大，这中间也产生了很多问题。其中一个问

题，从文化角度来思考，随着工业化的进程，城市优秀传统文化受到破坏，或者至少没有得到足够重视，有的甚至被严重破坏。这个现象应该说在全国各地城市甚至农村都存在。当然大家都在反思这个问题，努力寻找解决的办法。包括今年的"两会"，很多代表和委员都强调提到保护和传承文化的问题。我原来是学地理学，属于自然科学的范畴，怎么会从事北京学研究的呢？这里有一个认识转化的过程。中国在五六十年代有一种"学好数理化，走遍天下都不怕"的说法，学习自然科学是一种很伟大很高尚的事业，依靠科学技术可以为国家建设做出更大贡献。现在看来，这个观念也对，也不全对，说也对，因为科学技术确实是生产力，对国家建设可以发挥非常重要的作用，但是不是有点偏？1949年后，整个社会对社会科学重视不足，相对而言，对自然科学是更多的重视。几十年的实践证明，这两大门类的科学都不可偏废，自然科学要好好发展，社会科学、人文科学也要好好发展。如果后者不好好发展的话，不给予妥善的处理，社会经济发展中涉及人文和社会科学的就会产生种种问题，社会就会发生重大偏差。这个对中国来说是一个比较深刻的教训。这是我基本的观念上认识上的一个变化。

还有一个客观条件上的变化，我原来在北京大学搞教学和科研，给我的工作条件允许我有更多的时间去从事自然科学的研究，比如说，搞自然地理学的人可以年年跑野外，需要很好的野外装备，那些年我也确实得到了这方面不少支援，参与了若干国家重点科研项目。比如说，我早期参加的中科院新疆分院的几个项目，新疆的沙漠和戈壁滩面积很大，环境很艰苦，没有相应的条件是做不了科研的。那个阶段我得到过新疆维吾尔自治区的科技进步奖。我还参加过关于"三北"防护林调查研究的国家项目，这个是自然科学领域的，这个工程做下来，取得了国家林业部的科技进步一等奖。还有秦岭大熊猫栖息地的调研，成果是一本专著，获得国家图书奖。还有泰山项目，泰山是我们申报世界遗产中的第一批，泰山申报材料的依据，就是北京大学谢凝高老师领导的一个科研项目形成的成果。我在其中承担两个领域，一是植被，二是用遥感的方法来研究泰山。应该说，这项工作整个课题组做得相当成功，后来即依据这个成果编成了向联合国教科文组织申报的材料，可以说中国申报世界遗产中有北大的一份工作，其中也有我的一份贡献，我很高兴。

但是，就是在做这样的工作中，我就慢慢琢磨出了一些道理。如果从科学的角度去研究问题,比如我的任务是研究泰山植被,我用植物地理学、植物生态学等一套科学的方法,进行考察和分析,但问题是它要作为世界遗产,它是一种风景,对人类和自然界有一种关系。那么人如何去领会这个风景,没有一定的美学知识,显然是领会不了或领会不到那么深,我注意到自然科学要和社会科学相结合,就是从这儿开始的。这项工作顺这个思路做下去,很成功。当时有五位国家级的权威专家,来听我们课题的汇报,每人一个题目规定讲10分钟,我这个题目讲了30分钟,底下的老先生给我鼓掌,说,不要打断他,让他讲下去。我自己认为这是一次最最得意的成果汇报。后来我的工作岗位发生变动,调到北大分校,又归到北京联合大学,我从系副主任、系主任开始,到学校的教务长,一直到校长,工作变化限制我不能再跑野外,因为时间不允许,再加上我刚才讲的,随着中国社会发展的进程,需要思考的问题越来越多,原先单纯崇尚自然科学的思想发生了变化,觉得自然科学重要,社会科学也重要,甚至在某些关键的时候,社会科学起的作用会更大。包括一系列的决策,决策里面就涉及文化,涉及对文化的认识,涉及对文化根基的认识,等等,一系列问题就凸显了出来。

从"物理空间"转向"人文空间"

梁燕城:你的研究是一个从"物理空间"转向"人文空间"(humanistic space)的过程,纵使在西方,当代科学哲学的讨论,也发现任何一个自然科学家都有他的社会背景、文化背景,科学家本身就是一个人文的团体。科学本身有自己的观点和研究方法,去研究客观的物理世界,但科学本身也是人类文化的创造,是人文世界的一部分。西方发展初期,所谓科学就是进行分科,喜欢把一切越分越细,是一种分析尽理的精神,曾经有一定的成就,但到今天,褊狭的科学主义又会边缘化人文世界,破毁了文化的整体。但中国文化有不一样的道路,我们思考方法重视从整体来做综合判断,中国文化自始不是分析道理为本,却以整体人文为取向的。你从最简单的自然地理看,慢慢发展就会接触到人文世界,碰到文化的问题,自然就会从整体考虑,反省到从国家和民族往前发展会发生的一些问题,研究的课题就不能不跟人文和社会科学有关系。而走向人文和社会科学这条路的同时,中国或北京的城市化越来越快速,环城公路出现了,中国新一代精英成长了,从非常贫穷的年代慢慢走向较为富裕的年代，楼价也炒得很高。就得面对这个过程。那么，你一进入人文地理的时候，又如何变成"北京学"研究呢？或者，北京发展的问题又在哪里呢？

北京城发展的保护与破坏

张妙弟：我长期在高校工作，高校作为一个基层单位，尤其北京联大是北京市属的院校，北京城市发展的任何一个局部或方面，都会影响到每个大学的走向。我举一个例子来讲，北京联大的生源在过去很多年里，是以北京的生源为主，大概占80%—90%的比例（现在有所变化）。我们需要研究北京的学生，以及他们的家长，包括大家的思维方式以及对北京这个城市的看法，等等。当然，作为市属的院校，北京联大的任务是为北京培养人才，并承担北京市的科研工作，这就是说，北京联大的这个工作岗位，不得不让我去思考北京这个城市的发展。再加上因为工作岗位的变化，让我的视野比过去更开阔一些了，形势和要求使自己经常去思考北京的城市发展，以及遇到的问题和问题的根源，如何解决这些问题。光凭自己的经验肯定是远远不够的，需要团结和组织一批专业人员共同进行研究。同时，当时还有一个外部的客观原因推动，当北京学研究所成立时，韩国首都汉城（现在叫首尔）的汉城市立大学有一个汉城学研究所，汉城大学的校领导到北京高校来交流，北京市教委的领导认为，北京联大是市属院校，跟你们汉城市立大学性质一样，我们也可以组织力量研究北京。我们确实认为北京需要研究的问题太多了，我们虽然不一定能一一解决，但至少可以把北京的问题梳理得清楚一些，并可以提出我们的见解。这就是当时的想法。

梁燕城：从八九十年代开始，北京发生了很大变化，开始拆去旧城，建造现代化新城，其间具有文化风情的特色建筑，及很多树木园林河流泉水，都被庞大建筑物及宽阔的环路所取代，恐怕这很容易对文化有严重破坏，政府已很努力保留文化，但在城市化过程中，平衡这些难题仍是一大挑战。

张妙弟：从整体上说，北京遇到的很多问题，同全国各地城市是一样的。这些问题有普遍性，但因为是首都，这些问题表现出来会影响更大。比如说人们普遍地追求和关注高速度的经济发展，不惜破坏或摧毁应该保护或保留的、应该继承和发扬光大的好东西。我曾经在北京市政协文史委员会任职，跟大家一起观察、分析，提出北京城市文化中的一些问题，做了一些工作。我刚才说的是有所指的，当时确实是有许多我们认为应该好好保护的建筑、文物，或者一些非物质的文化项目，在很大程度上遭到了破坏。这个问题要从两方面看，一方面从正面说，政府确实做了很多工作，许多东西得到了保护，但从另一面来说，确实存在为了追求经济发展速度，而不保护甚至故意破坏，年年都有。政协委员、文史工作者、广大群众都极力呼吁。作为政协委员，提的提案有的还真的取得了成效，当然很高兴，有的提案得不到成效，我们就很郁闷，都时有发生。比如说，京杭大运河在北京这一段叫通惠河，是京杭大运河的龙头，这一段其中很重要的一些段落，从1949前后到50年代，陆陆续续给盖了板了，就成了暗河。因为大运河意义重大，是北京历史文化名城的重要组成部分，加上国家正在准备申遗，当时我就提案这些段落应该恢复起来，恢复河道，不但有助于申遗，也是北京生态环境的需要，而且也对改善北京水系的问题有重要意义。到目前为止，我的提案有一部分成功，就是恢复了从什刹海旁中轴路上的后门桥向东南斜向平安大道这一段河道。把破烂房子都拆掉了，把原来的河道都恢复出来了，环境也整治了，现在搞得不错。而且还挖出一座原先被埋在地底下的古桥——东不压桥。这是我提案中提的一段，这段成功了，这是东城区的，所以我很感谢东城区政府，他们做了一件好事。市民反映也很好，无论是从文物保护角度，还是从自然景观角度，还是从整个人文北京建设角度，大家都说很好。但问题是，这段河道再往南走，穿过了平安大道，经过北沙滩，走北河沿到南河沿，经贵宾楼到长安大街，穿过长安大街，河道就走向市政府大院，往东再穿过东单公园，再从北京站方向朝东南走去。这一段能不能挖出来，现在还不太好说。

监督发展，保存城市灵魂

梁燕城：学者通过学术研究，可以救回一条河其中的一段。可见在城市发展中就需要有这种知识分子的监督和理解，避免随意的发展带来破坏性的后果。在北京城有许多古老的建筑物，不少重要的都由政府保护了，但仍然有些重要的建筑物也拆掉了，例如四合院就拆了很多，只保留少数变成旅游观光地，这可以形成对城市原本文化风韵的破坏。我曾提出"城市的灵魂"（the soul of a city）一词，指一个令市民感到骄傲的城市，在市民之间有感通与关联，大家对自己的社区及城市有认同，文化风韵正是市民的同，这是城市的灵魂。破坏文化建筑，可以说破坏了城市的灵魂。在发展中，必须有一自觉，就是保留城市可引以为傲的灵魂，亦即保留人对城市的精神认知，这是城市的灵性的空间。

张妙弟：拆掉这些古建筑，尤其是拆掉具有地标性的古建筑，或者说，没有好好把这些具有地标性的古建筑进行保留，再扩大一些，对北京棋盘式的城市格局，对四合院的基本面貌，没有好好加以保护，我认为这是北京发展中的一个重大失误。我认为话还是要从两方面说，一方面做了很多工作，取得了成绩，这确实是事实；但是另一方面，就是人为意志的发展经济的推动下，也确实做了一些蠢事。这些蠢事究竟是怎么做出来的，有多方面原因造成，开发商的经济利益，政府的政绩观念，还有一部分老百姓迫切要求改善生活质量，有这么几个动力，联合起来造成的。北京为什么拆了这么多的四合院？现在的认识比几年前有所进步，有所改善，北京市政府做了一个决定，北京旧城肯定不再大拆大建，这个进步来得太不容易了。这么多年大圈大拆大开发，现在终于下定决心不再大拆大建，但局部的是不是还在拆呢？还在拆。那么，我们作为学者，也不能去制止政府啊，我们只能去尽力呼吁。有些呼吁历经艰难，也逐步地取得进展。例如，北京的大高玄殿，是古代皇家的道观，古迹的级别非常高。可是几十年以来，从进城开始就被占用。这是国家重点保护古迹，我所在的北京市政协，委员们曾经多次观察、呼吁对方应该迁出，交还文物部门好好保护，但困难重重。直到前不久，才刚刚有进展，对方准备迁出了。还有一个例子，在北京东南方向的亦庄，是一个经济开发区，其中有一个与德国合作的汽车企业，根据文物保护法，企业建设在地基挖掘中，发现地下文物应该马上报告，以便及时加以保护。但企业为了追求工程速度，居然不报，文物部门发现后要进去也不让进去，我们后来协调文史、文物、政协部门，组织人员进去，进行了严厉批评，要求制止，并且在市政府支持下采取了一定措施，才扭转了局面。另一方面，也有做得好的。有一年我们视察奥运场馆建设，有一个西山射箭场要扩大，在旁边的土地中发现有明代几十个太监的墓葬，马上就报告了。文物部门也马上进驻，既配合了奥运工程，又保护了文物。这件事就做得很好，北京市还进行了表扬。北京的胡同和四合院拆了不少，还有五六十年代拆的城墙，都已经没办法。参考西安、南京等城市保护下来的城墙，可以让我们反省这些文物是多么重要。

城市成为心灵流浪之地

梁燕城：抢救河流、抢救文物，原来城市发展中有这么多的工作。而关于城墙，我曾讲过如果恢复一部分，重新让人看到它的古貌还是值得的。还有元朝的古城，现在只剩下一个土堆，也是很可惜的。可以从某一个位置重建一部分，让大家知道元朝时是什么样子，并同明朝、清朝进行比较。这种重建是可以考虑的。另外一个大的问题是城市的发展，根据《圣经》的记载，远古有一个人物叫该隐（Cain），杀了他的弟弟，是人类犯罪的开始。而该隐就是第一个建设城市的人，所以有一位著名社会学家以罗（Jacques Ellu），就特别通过这个该隐来研究、描写城市的问题。因为该隐第一是杀人的，第二是流浪的，该隐到了挪得（Nod）之地，建立一座城，而挪得一词在希伯来原文就是指"流浪之地"（the land of wandering），他停止而居住在流浪之地，似是吊诡之词，以罗指出此中的隐喻，"人类所有渴求的种子，可表现为该隐的生命陷在流浪之地，永远在寻找一个可满足其安全感的地方"。城市是人希望得到安全感，但又不断在流浪的地方。以罗指出，人都在"寻找一个家，寻找一个伊甸，最后是恒常地渴望得见上帝之呈现。但看来又没有希望"。这可说是城市深藏的哲学含义。城市人的心灵是在流浪中，该隐建造城市，把人定死在静态的围墙里面，城市变成固定的地方，停在那里不再发展了。然后，城市里面也没有自然物的生长，变成一个破坏自然的地方，也是心灵流浪的地方。因为在一个固定的城市里，心灵是空虚的。在城市很繁荣的里面，人好像没有一种安定的心灵，每天工作，只是满足一种工具的作用。人文的关系，对他人的关怀，在城市里是越来越少了。所以，在城市里进行精神和文化的建设，北京应该走出自己的一条路。

寻找北京城市的特质

张妙弟：从我自己生活经历来看，非常赞同你的看法。这个问题有两个角度，一个是城市确实创造了伟大的文明，另一方面城市也确实造成了许多严重的缺失。两个问题同时存在，并行不悖。我出生于上海农村，离开家乡将近50年，有时回家多待几天，便会发现农村的人情味，毕竟比城市要浓厚。所以人的岁数大了，往往思乡情绪也多了。但城市总是人类文明的一个重要载体，还是应该采取一些措施，要使城市里的人在精神享受方面更丰富一些。现在我想，城市化过程中存在一个普遍问题——优秀的传统文化与现代化会有矛盾。究竟如何处理，如何掌握一个恰当的度才能处理好？我认为在北京的实际情况下，为什么会出现那么多不尽如人意的地方，可能是对北京这座城市的历史文化价值的认识不够有关。最近我们有一些朋友在一起讨论如何认识北京城市历史文化的精华，或者价值，或者特点，或者基因，这些名词可以再做斟酌，但最关键的是寻找北京这座城市的特质，把它与其他城市的不同找出来。我整理了一下，从整体上说大概有这么几条，一个是历史悠久文化丰厚，大家都知道3000多年建城800多年建都，光建都从1153年金中都迁都北京开始，到后年是860年，而且这个建都是中国七大古都里面最后的一个古都。所以我们认为它是古都建设理论和实践的极致，集大成者而达到巅峰。我在参加当代中国城市发展丛书北京卷的编写中，曾主张给它一个评价，将北京卷起名为"东方之都北京卷"，但后来没有被采纳。当时的领导人说，这个想法很好，但也要为其他卷的城市想一想，上海卷怎么办，西安卷怎么办，南京卷怎么办，等等。这当然有道理。但我至今认为将北京定位为东方文化之都一点也不为过。还有专家有一个说法，法国巴黎是西方文明的古代之都，英国伦敦是西方文明的近代之都，美国纽约是西方文明的现代之都，而北京是从古代到近代到现代之都当之无愧。我认为对它要有总体上的认识。还有一个关于北京的都城建设问题。刚才我讲到七大古都，除北京外，有南京、西安、洛阳、安阳、开封、杭州，在这七大古都中，北京的情况最特殊，那些古都均是历史上某一朝代或某一时期的都城，而只有北京是最后的时期，而这个最后的时期又是连续的，到后年860年。这么长一个时期，而又占据了对后面有巨大影响的历史时期，所以，这个地位明显与其他古都不一样。最要紧的最实质性的问题，是都城建设理论和实践的问题，在北京的都城建设中发挥到了极致。这个问题侯仁之先生有精辟的论述，有详细的评价。另外，北京目前正在做的一项工作，也说明了这个问题，就是中轴线准备申遗。中轴线是北京旧城的一个非常重要的组成部分，同时也是北京都城建设中逐渐发展形成的。过去的都城并没有像现在这样完善的中轴线。从曹魏时期到东魏时期，邺城的中轴线才刚刚有一些雏形，洛阳得到了比较多的发展，最后集大成者达到巅峰的是北京。我们参与中轴线申遗的调研工作,这是都市建设中的一项重要方面。另外,因为是首都,中国传统文化尤其是以儒家思想为代表的学说,在北京得到了集大成的机会,我们完全可以说北京是中华文化的一个圣地。举例来说,从金开始,历朝历代,最后一个封建王朝是清代,古今图书集成大型类书四库全书,把儒家重要经典都梳理了一遍,我们给它的评价就是集大成者,是一个学术的圣地。还有关于北京地方的文献——《日下旧文》和《日下旧文考》二部书,尤其是后者《日下旧文考》的规模是《日下旧文》的许多倍,把有关的北京地方文献集大成。现在要查北京地方历史文化,经常要查考的就是《日下旧文考》。北京有专门的机构来整理和梳理这些文献资料。除了是东方文化之都,都城建设的极致,学术圣地,还有一个是正统的中枢。北京作为都城,历史上曾经有三个少数民族入主中原,但这三个少数民族无一例外尊崇中华文化的传统为正统,视自己为中华大家庭中的一员,这一点非常了不起。尽管当时取得政权过程中也要经过战争,但是,取得政权后,他不是说要你照我的办,相反地,而是我要照你的办。这一点太了不起了。举一个例子,金代决定从现在哈尔滨旁的阿城迁都北京,不但把自己的城市和政权搬到北京,而且把自己的老祖宗的陵寝也搬到北京,他认为只有到了北京才能坐镇全国,用的是汉法。包括后来的元、清,都用汉法,以示继承正统,并不断将多民族的文化融入其中。这一点是很了不起的,我们有一个名词,叫作融合之地,正统中枢。

北京与中西文化对话

梁燕城:"融合之地,正统中枢",正是对心灵流浪的答复。作为"融合之地",北京是中西文化交流最早的地方,它不单是少数民族进来,而且西方文化进来最早也是在北京,利玛窦是最早到北京的西方知识分子和传教士,他建立了中西文化和平的交流,至今在北京还有耶稣会士的坟墓群。利玛窦不单介绍天文、地理、数学、音乐、武器等,且与中国知识分子有很多交往,如当年东林党在宣武门建首善书院,也是知识分子汇聚的地方,而利玛窦就在其旁建立了南堂,与知识分子对话。后来东林党被朝廷摧毁,首善书院被破坏,知识分子则跑到南堂讲学论政。当时,中西知识分子对话交流是很好的现象,不像后来因西方侵略带来的中西敌对。那时,无论是基督教文化,还是儒家,都是中西双方最高层次的精神文化,大家和平并存,和平对话。到近代历史则变成冲突,不是文化的,而是西方帝国主义扩张带来的民族冲突。到现代,西方文化更是进入北京,造成很大的影响,五四运动就是从北京开始的,要求全盘走向西方现代化,也使北京城市走向西化。北京在中西文化交流中,尤其是儒家文化与基督教文化的交流,这段历史有何启示?

北京自古吸纳不同民族文化

张妙弟:我认为,中国历来不排斥外来文化,当中华民族在形成过程中,就不断有外来文化进入,当然包括西方文化的进入。就当时国内多民族政权形成来说,有些当时是外来民族,例如满族、女真族,当时对中原民族来说也是外来的。所以,实际上外来文化不断进入,而且外来民族还把政权建立起来了。这就是说,中国传统文化历来不排斥外来文化,历史上也不乏友好相处、互相交流的例子,这样的例子太多了。我最近比较关心运河的事,通州老运河码头附近有一块老琉球国人的墓地,那时琉球国属于明朝的属国,大家非常友好,年年来朝贡,年年有人员来往,还派留学生来北京学习,说明历史上的交流是很频繁的,与冲突比起来,更多的时间是友好相处的。尤其是再向下发展的话,不同国家和民族的交流更是一种趋势,因为每个国家和民族都有自己的强项,也都有自己的短项,我相信中国人有这样的肚量,越来越会向国外先进文化学习的。也许在某些事情上、某些具体问题上处理不好,但我相信那是局部的,暂时的。我还有一个最基本的想法,无论什么文化到中国来,一定要根据中国实际的情况,因为中国的情况,国土面积大,人口这么多,历史这么长,许多传统的东西可以说是根深蒂固,或者不经意之间就会显示出来。有些东西看似好像被批判了,被否定了,过了这么多年,但许多思想、思维方式,对自己文化的看法,历史表现前后会不一样,但一定有内在的东西会起支配作用的,关键的时候会出来说话的。外来文化进来我们都是欢迎的,大家互相学习帮助。

梁燕城:回到城市建设来谈,未来北京在设计上如何增加精神文明方面的空间?

张妙弟:在中国当前的实际情况下,追求物质财富、商业效果很厉害,相对而言,在提升精神品质方面还有许多可以讨论的空间。近年来北京出现了一些有争议性的建筑物，从城市规划来说，我个人的看法是，可能要进一步完善建设规划的理论，传统不能排斥现代化，现代化不能破坏传统。这两者要结合好，从空间布局和内容匹配上，必须采取一定的措施。重大的地标性建筑，还是要尽量采取中国元素。

梁燕城： 中国现在已经成为一个非常大的现代化国家，现代化本身就是西方化，西方文化带动了现代化，所以我们在五四运动后就走向了西方的现代化。但我们在走西方的现代化过程中，必须保留我们本土文化价值，基于中国文化和国情，吸收某一些西方的文化价值。我觉得西方的文化有几个价值是可以吸收的，第一是人人在上帝面前平等，然后产生在法律面前平等，每个个人有尊严，都是很好的精神文化，中国也当吸收之去建立公平正义的文化。还有，就是吸收西方历史传统中的广场文化，广场文化基本上就是公共空间，使人人可以对话，中国城市也都吸纳了广场文化，问题是如何建立更好的对话精神，来化解矛盾，建立和谐。在城市设计上，西方城市总有些宁静的反思空间，如大教堂等，成为精神文化的泉源，中国城市也当建立心灵静思空间，借鉴欧洲大教堂，在几个风景重点及中心广场上建钟楼高塔，旁有高宽建筑，内部高深而庄严，两旁有彩窗设计，配合大油画及雕像，主题是中西历史上有崇高人格的道德圣哲及其事迹、重要文学、哲学、宗教及科学家及其事迹等，这都是我们目前应吸收的西方文化价值，同时又在吸收中保留我们自己的文化价值。

我想如今可以利用不同地标，来建立人文北京古今交融的灵魂，以天安门与故宫代表数千年历史，以圆明园代表近代的挣扎，以党校中的耶稣会士墓代表中西文明的交汇，以北大清华代表现代文化的吸收，以鸟巢与奥运村代表后现代的北京，以天安门广场代表后后现代的多元和谐，建立城市中的公众互动对话空间，使古今中外交融，成为中西文明融汇的未来指向。

人文北京也有一全球使命，就是对全球的示范作用，当今须培养一批有文化、有反省、有理想、有仁爱与公义的市民，继承北京自古特有的精神文化，开创超越后现代的中国新精神。又把在边陲的庞大贫困民工的居住、医疗和教育环境改善，建造关爱弱势群体空间，则将会是社会主义和资本主义结合的最完美城市。

（与梁燕城对话，原载于［加拿大］《文化中国》，2011年9月）

运河古今——北京通惠河

我们发现，有一条河的故事，一直伴随北京城的发展，在历史的阴晴明暗中，为这里的城与人，讲述着一个绿色的传奇。

1153年，金贞元元年，完颜亮正式迁都，改燕京为中都。从此，经蓟燕都邑小国、中原军事重镇到北中国都城的发展，北京开始作为中国封建王朝统治的中心。至今，北京城建都史延续已有800多年。

"左环沧海，右拥太行，北枕居庸，东入于海，龙飞凤舞，绵亘千里，独开南面，以朝万国"，1774年成书的《日下旧闻考》如此描绘了北京独特的地理形势。

这是一种命定的连接，也是上苍深情的眷顾，"双龙交汇"成为北京城特有的文化形象：一龙是万里长城，一龙是京杭大运河。北京，是这两项伟大工程唯一的交汇点。

在我国，大运河的开掘，始于春秋时期，从隋代开始全线贯通。

隋唐之际，政治军事的重心仍在北方，而粮食的供应，已开始依靠东南，韩愈文"赋出天下而江南居十九"。此时，北方对南方的经济的倚仗日益加重，商业与交通的发达，使扬州、杭州等城市空前繁荣，"辇越而衣，漕吴而食"，而这样一来，江南的漕粮北运，就成为重大的立国之基。这个时期的运河称隋唐大运河，以洛阳为中心。

元朝统一中国后，统治中心移至北京。先后开凿了济州渠和会通河，将隋唐大运河"裁弯取直"，这不仅大大缩短了江南漕粮北运的距离，而且将大运河的基本格局由以关中、关东为本位改变为以今北京地区为本位，从此，大运河成为支持北京政治、经济、文化地位的交通命脉。

北京既是京杭大运河的终点站，又是出发地，而通惠河是京杭大运河的"龙头"，正是大运河到"龙头"通惠河的漕运，给北京送来了丰足的漕粮，送来了大量建筑材料，送来了各种生产、生活物资，还送来了人才和各地的文化，它们一起化作京都大地丰沃的土壤，绚烂着北京。

所以，侯仁之院士说："通惠河是向大都城内输送血液的大动脉。大运河也是几朝几代北京驾驭全国的重要通道。"饮水思源，在这个意义上，我们就不难理解，老北京人爱说"漂来的北京城"。

在北京城的历史变迁中，"通惠河"名称古今所指的范围很不相同。古通惠河在元朝开通，"上自昌平县白浮村引神山泉，西折南转，过双塔、榆河、一亩、玉泉诸水，至西水门入都城，南汇为积水潭，东南出文明门，东至通州高丽庄入白河（今北运河），总长一百六十四里一百四步"。从积水潭往上为引水段，以下为通航段。其中白浮泉至瓮山泊（今昆明湖）这一段又称白浮瓮山河。

那时，大都漕运曾经呈现了这样一个令人振奋的场面：从江南来的粮船，可以直接抵达北京城内的积水潭。今日平静的积水潭，那时水面被进京船只挤满，"舳舻蔽水"，盛况空前。元世祖忽必烈就是见这条河带来如此似锦繁华，于是赐名"通惠河"。

到了明代，因白浮瓮山河断流，加上城中通惠河御河一段已圈入皇城之中，因而漕船已不能进城抵达积水潭。

到明正统三年（1438），东便门外大通桥建成，这之后，通惠河又名大通河，从大通桥北岸开了一条支河，漕船通过五闸两坝可到达朝阳门和东直门。

嘉靖六年（1527），巡仓御史吴仲重修通惠河。河口自张家湾向北移至通州城北入白河。

这是通州城东的北运河，明代通惠河改造以后，开始成为大运河北京段主要航道中的一段。

在清代，康、雍、乾三朝是通惠河最兴盛的时期。在大通桥、大通桥北、朝阳门桥、东直门桥等地各置一闸，这样一来，入东直门、朝阳门一带粮仓的漕粮，就可用驳船自大通桥沿东护城河直接浮运进城。一直至清道光年间，护城河还水势充盈，驳船满载而行，舟船争渡，很是壮丽。

19世纪开始的西方工业革命，对近代中国的历史进程产生了深层的影响，直接导致1901年即光绪二十七年，大运河全河停运。从这时开始，征粮改为征白银，因此，通惠河运输京师漕粮的历史任务最终结束。

随历史风烟回转变迁，古通惠河已有变化。今天的通惠河只是古通惠河的一部分，它西起东便门附近的暗河出口处，东至通州城北，入北运河。今天，通惠河仍是北京重要防洪排涝水系，也是新北京中心商务区和通州新城的亮丽风景。

河水缓缓流过,夕阳中碎金闪烁的河面,默默讲述着这条河的灿烂与喧响、欢笑与忧伤,以及它的辉煌与寂寥。

通惠河,和一个伟大的名字——郭守敬紧紧相连。郭守敬天才的创造与超人的勤奋使通惠河的设计、勘测、施工和管理充满了令人惊叹的"含金量"。

长期以来,北京是一个缺少地表水的城市。郭守敬对于通惠河第一位也是最杰出的贡献,在于他前无古人地解决了通惠河的水源问题。

他先对西山水资源及地形进行了详细勘察,让白浮瓮山河巧妙绕过沙河、清河的河谷低地,最大限度吸纳沿途的泉水和伏流。为使引水量充足,他利用白浮泉到瓮山泊之间的地势落差,形成平缓自流,又用12处"笆口",避免了山洪暴发时,引水渠与沿途多条山溪交叉而造成的洪涝灾害。

当年全长50余里的引渠,其路径与现代的京密引水渠十分接近,并使瓮山泊自然地成为通惠河的调节水库。

为充分利用通惠河水源,郭守敬还创造了"节水行舟"的技术:在河道沿途每10里设一处闸,每处分上、下两闸,相距约1里。从上游今昌平至通州白河口,共建船闸11处,24座:依次是广源闸2座、西城闸2座、朝宗闸2座、澄清闸3座、文明闸2座、惠和闸2座、庆丰闸2座、平津闸3座、普济闸2座、通流闸2座、广利闸2座。

通惠河的闸均为双闸或三闸串联,在行船时相互启闭,这样一来,就可以突破局限,保持较高的水位以利船只通过。

郭守敬还提出了新的治水理念,重视对水资源进行多目标的综合开发利用。他把水作为美化城市的重要资源,提出整修护城河,"令舟楫得环城往来",将水利建设作为城市发展、建设宜居环境的重要组成部分。因此,漕运同时,白浮泉引水入城和通惠河开挖还兼顾了城市生活用水、河湖补水以及雨季排水等多个方面。

今天,虽然通惠河停止漕运已经百年以上,但它留在北京市内的多处段落,仍然在今日北京城中发挥着重要作用。

这座绿荫满布的小山前面,是一方水面的宁静与从容,一双同样从容而智慧的眼睛,目光依然注视着他心爱的北京城。至今,郭守敬和以他命名的"郭守敬山"、"郭守敬星"一起,照耀着北京城和通惠河,照耀着人类文明的进程。

从历史沉淀中，我们开始北京运河文化的寻踪之旅。

这里是通惠河上游水源的源头白浮泉遗址。这一湾幽静的水面，这一排石雕的龙口，无言地向我们诉说着先人卓越的智慧。

都龙王庙，院内现有明清修庙记事碑五通和其他文物。

瓮山泊的名字叠印在今日昆明湖的碧波之上，在长河的浪花里，诉说着水给北京带来的滋润与灵秀。

广源闸，人称"京杭运河第一闸"，驳岸两边于今尚存元代镇水兽四只。

高梁桥，始建于元代，因跨古高梁河得名。

通惠河开通之后，吸引了"川陕豪商，吴楚大贾，飞帆一苇，径抵辇下"。

当日积水潭作为运河的终点，人声鼎沸，百货云集，北岸以及今日的烟袋斜街、钟鼓楼地区自那时起成为马似游龙、车如流水、酒船如画楼的繁华商业中心，商业的发达同时带来了文化的繁荣，沿岸古刹林立，水上吟诗赋唱。

银锭桥，创建于明代，清乾隆初年重修。"银锭观山"被誉为北京夕阳里最美的风景。

万宁桥，是出什刹海东南流经的第一桥。因是漕运船只必经之道而成为积水潭咽喉要津，也是明清北京城的重要坐标点。

御河自后门桥至东不压桥的一段，从民国至20世纪50年代已经变成了暗河，现恢复了河道，四周环境清新而景色秀美，成为北京历史文化名城保护的成功范例。

北京的朝阳门，当年被称为"粮食门"，因开凿大运河的初衷是为了漕粮运送。当年大街两侧设有旧太仓、新太仓、海运仓、禄米仓、南新仓、北新仓等粮仓。

朝阳区通惠河南岸的皇木厂，是明永乐年间营造北京皇城时存放贵重木材的地方。南方金丝楠木中最大的一棵木料被皇帝封为"神木"，成为北京城的镇物之一——东方甲乙木。

庆丰闸，又称二闸。自通惠河通航以来，因这里两岸风景的秀美而有"北方秦淮河"之称，今保留有元代虎皮石河墙及闸门槽。

高碑店闸，是京杭大运河北京段现存最完整的一座石闸，今日北京，已给这闸这水以现代化的照耀。

八里桥，距通州八里，因中孔桥洞的建造高度便于漕船的通行，有"八里长桥不落桅"之说，桥墩上至今留有当年船篙戳出的石窝。

通州是漕运最重要的中转站，乾隆年间绘制的《潞河督运图卷》生动记录了漕运的盛况。

在清康乾时期，每年有上万艘漕船抵达通州。通州一名本身意为"通漕天下"和"漕运通济"，城东门称为"通运"，西门称为"朝天"，点明了与漕运最直接的关系。通州粮仓有大运西仓、大运南仓、大运东仓、大运中仓，可以说，通州因运河而兴起，因运河而发达。

燃灯佛舍利塔有1400多年历史，全塔挂有2248枚铃铛。当年南来北往的漕船，视矗立于运河岸边的古塔为"定海神针"。

张家湾为通州的运河古镇，明代修筑，这里的萧太后桥、现存2公里的大运河故道、古通惠河段、广利桥、广利闸遗址、皇木厂遗址、虹桥、琉球国人墓地等运河文物，记叙着当年的创造与喧嚣。

通惠河漕运的历史已经终结了，那些船工们曾鲜活的生命早已化灰化烟，但是，他们的劳动留存了下来，大运河伴随滋养着北京城，通惠河的文化，辐射与浸染着北京城。

两岸风传河柳，一怀水绿天青。2008年北京奥运会就在这里，向全世界展示着巨龙舞动的力量。

"人文北京，科技北京，绿色北京"是北京建设世界城市的发展路径与根本保证。它更以一种文化价值目标的设定，从而成为深刻的激励与召唤。

这是一条古老而新生的河流，带着历史的沉淀走向今天的期待。

这是一段古老而坚实的城墙，正以它的风骨证明一个庄严承诺。

我们的北京，是一座古老而蕴藏无尽青春的城市，在一个伟大民族走向复兴之路的历史时刻，带着它特有的城市品格，正以今日的传奇，铸就明天的辉煌。

（电视教学片《运河古今——北京通惠河》解说词，2012年）

北京中轴线性质的四个定位

当前在北京，城市文化建设得到空前重视。其中，中轴线的保护和申遗已经排上议事日程，并正以前所未有的高度和力度实际推进，形成一个社会热点。政府、学界、媒体和市民纷纷行动起来，共襄盛举。笔者前已有文《刍议北京城中轴线研究十要点》，今再谈一些看法，以交流学习提高，也希望有更多的人关心、研究、宣传北京城及其中轴线，因为它不仅是北京的、中国的，也是世界的。

一、在空间布局上，中轴线是北京城的基准之轴

打开北京城市地图，人们会发现，北京城有一条南北延伸、贯穿整个旧城的轴线，人们称它为北京城的脊梁。对这根脊梁，著名建筑学家梁思成先生这样描述道："北京在部署上最出色的是它的南北中轴线，由南至北长达七公里余。在它的中心立着一座座纪念性的大建筑物。由外城正南的永定门直穿进城，一线引直，通过整个紫禁城到它北面的钟楼鼓楼，在景山巅上看得最为清楚。世界上没有第二个城市有这样大的气魄，能够这样从容地掌握这样的一种空间概念。更没有第二个国家有这样以巍峨尊贵的纯色黄琉璃瓦顶、朱漆描金的木构建筑物、毫不含糊的连属组合起来的宫殿与宫廷。环绕它的北京街型区域的分配也是有条不紊的城市的奇异孤例。"

北京中轴线，从南面的永定门算起，北至钟鼓楼，全长 7.8 公里。它由南北分布的近 20 座雄伟的建筑（建筑群）所组成。这近 20 座建筑（建筑群）依次是（这里采用清代的名称）：

中心：紫禁城；

往南：端门、太庙、社稷坛、天安门、千步廊、大清门、正阳门、五牌楼、天桥、天坛、先农坛、永定门；

往北：北上门、景山、地安门、万宁桥、钟鼓楼。

在这些建筑（建筑群）之间或附近，还有一些外围建筑（建筑群）或过渡空间。

在形态上，北京中轴线具有以下几个特点。

一是从城市空间布局上，既是整个北京旧城的脊梁，又是北京旧城城市规划的起始线和基准线，整个城市依它而展开。

二是这根中轴线是南北方向的，源于地处北半球的地理特点和面南而王的传统思想。至于与子午线之间存在一个向东北方向偏离2度的夹角，其原因，学术界尚未有统一的认识。

三是依托这根中轴线，其两翼的对称十分突出。这种对称不仅仅在于建筑布局，连这些建筑的名称都是对称的。如外城的左安门与右安门、东便门与西便门、内城的崇文门与宣武门、东直门与西直门、大清门里千步廊的文东武西、宫庭广场上的长安左门与长安右门、皇城中的左祖与右社、紫禁城中的东华门与西华门、文华殿与武英殿、东六宫与西六宫、御花园中的万春亭与千秋亭等。外城的天坛与先农坛也是对称的，只是体量有大小罢了。实际上，整个北京城（这里指旧城）的城市肌理是以中轴线为基准均衡布局的，表现在城墙、城门、街道、里坊甚至主要坛庙等各个方面。

四是在这根中轴线的南北方向上，主要建筑（建筑群）由于规制和具体功能的不同，造成了体量、形态上的差异，加上过渡单元的存在，形成高低、远近、轻重、浓淡的起伏，一如梁思成先生的描述，它像诗，像乐，又像画，以至形成无穷的魅力。

二、在文化内涵上，北京中轴线是中国传统文化的凝聚之轴

自金贞元元年（1153），完颜亮正式迁都，改燕京为中都，北京开始作为中国封建王朝统治的中心，到2012年，北京城已经具有859年的建都历史。长期的建都史及作为中国封建时代最后几个朝代的都城，北京城的文化内涵是中国都城文化的集大成者，其中轴线更是中国传统文化的凝聚之轴。由于中国传统文化的博大精深，要想对该问题做全面概括，难度相当大。笔者在此试列一二。

"天人合一。"这里的天不是自然之天，而是有意志的天，即天命之天。所谓天人合一，就是人跟天命之天合一。君主是天之子，他代表天的意志统

治人间,"上天之子,代天君临万民"。这是古代自秦汉以来占统治地位的哲学思想,董仲舒的"天人感应"说是其集大成者。这种"天人合一"的思想统领了古代北京城中轴线的规划建设。明永乐初年紫禁城前三殿名为"奉天"、"华盖"、"谨身",嘉靖年间改名为"皇极"、"中极"、"建极",清代改称"太和"、"中和"、"保和",其核心思想就是君权神授,"奉天承运"。

"象天设都。"古人认为,天界是一个以北极帝星为中心,以"四象、五宫、二十八宿"为主干,结构十分严密的社会体系。帝星所居的紫微垣位居中宫,而东宫苍龙、西宫白虎、南宫朱雀、北宫玄武并二十八宿,形成拱卫之势。对此,古人在都市建设中进行了不遗余力的模仿,如以宫城象征紫微,大城建筑象征二十八宿,乃至全天星斗等。这就是"王者制宫阙殿阁取法焉"。明清北京城,就是其登峰造极的成果。

阴阳学说。"阴阳者,天地之道也";"分阴阳,两仪立焉";"阴阳谐和,而生水、火、木、金、土。五气顺布,四时行焉"。阴阳学说对古代北京城中轴线规划建设的影响几乎无处不在。如宫城分为外朝和内廷两部分,外朝为阳,三朝五门,多为奇数;内廷为阴,两宫六寝,多为偶数。外朝之殿均采用"九开间,五进深";重檐歇山顶,九条脊,甚至连檐角小兽亦为"九数";门扇是四九的倍数,门钉是九九的倍数等。又如外朝三大殿坐落在"土"字形的汉白玉台基之上,是依据土在五行居于中,表示这里是天下的中央,同时土也代表江山社稷,期盼安定永固。再如文渊阁作为紫禁城内的书库,忌火,用黑色琉璃瓦绿剪边屋面,黑色属水,内含以水压火之意等。

礼制。《礼记》曰"道德仁义,非礼不成。教训正俗,非礼不备。分争辩议,非礼不决。君臣、上下、父子、兄弟,非礼不定"。礼教自诞生之日起,就渗透进了社会生活的各个领域。在周代,表现在建筑的等级制度上,有些建筑只有"天子"才能拥有,如明堂、辟雍;有的是从建筑的尺寸和数量上做出规定,如"公之城方九里,伯之城方七里,子男之城方五里"等;还有从建筑形式、色彩和工艺上加以限制,如天子宫殿为"四阿顶",卿大夫以下宫室为两坡顶等。这种建筑等级制度历朝历代都有细则,明清两朝尤为苛刻。清代门钉只允许用在皇宫、坛庙和皇室成员府第,且规定了严格的行数、枚数的系列标准。对三种不同手法彩绘、七种屋顶形式、六种四合院大门的适用等级都做出了规定。

《考工记·匠人》之"营国制度"。该制度记述的是周王朝建都邑的制度，也有人理解成一种都城规划建设的理想追求。其核心是"匠人营国，方九里，旁三门。国中九经九纬，经涂九轨。左祖右社，面朝后市，市朝一夫"。该制度规定了王城的形制、规模和城门的数量，提出了王城干道网络规划，确立了"左祖右社，面朝后市"的主要格局，而将王城的其他部分，按各自的功能和规划要求，分别部署在主体的周围。这个规格模式，在我国封建社会的进程中，得到不断的革新和发展。我们今日所见的明清北京城（其中包括元大都遗留至今的街道格局），在继承传统的基础上，因地、因时制宜，形成了独特的风格，体现出更加丰富的文化内涵。

可以认为，除了上述五个方面的文化内涵，北京城中轴线还包含了极为丰富的其他文化内容，涵盖文化、艺术和科学等多个领域。举一个明代的例子，从大明门到万岁山距离2500米，从大明门到皇极殿庭院中心的距离是1545米，二者的比值正好是黄金分割率的0.618，是巧合还是匠心独运？值得研究。

三、在城市功能上，北京中轴线是体现首都第一功能的政治之轴

每个城市都具有属于自己的城市性质和城市功能。作为一个国家的首都，其首位的城市性质则一定是该国家的政治中心，其首位的城市功能则一定是政治功能。

北京中轴线是一根政治之轴。它可以从其各组成部分分别承担的政治职能来说明，也可以从其整体的政治功能来证明。如前文所述，北京城中轴线的中心起始点是紫禁城，具体说是紫禁城中的前朝三大殿：太和殿、中和殿、保和殿。这三座大殿，在功能上是一个统一的整体，同时被称为"金銮宝殿"。太和殿主要用于举行大朝会，如新皇帝"登基"、向全国颁布政令和诏书、皇帝生日和新年元旦在此接受朝臣的祝贺，以及冬至节去天坛郊祭之前先在这里举行仪式等。中和殿的主要用途是去太和殿举行大典前做准备的地方。保和殿也是皇帝举行重大活动的场所，并与太和殿先后作为殿试的地方。殿试属于最高级的科举考试，国家大典之一种。总之，该三大殿是举行国家大典的场所，是统治者发号施令、决策统治的地方，是国家政治的象征。前朝三大殿的政治性质不仅仅体现在功能上，也在其建筑形式和文化内涵上得到了最充分的体现。例如，三大殿共用一个统一的台基，前后排列，自成一

组。台基为汉白玉须弥座，平面呈"土"字形，表示天下土地皆属皇帝。根据五行学说，土居中央，皇帝的大殿就在中央，皇帝就是天下的中心。

居住在紫禁城中明清两朝的皇帝，其首要的需要是替天发布命令，统治全国。任继愈先生曾经说过："无论中外，古代封建社会都是政教合一，神权支配王权。中国封建社会独具特色，皇权神权高度合一，皇权也是神权，神权也是皇权。皇帝诏令一开头必为'奉天承运，皇帝诏曰……'故宫三大殿有行政作用，更具有神殿作用。"据此，北京紫禁城前三殿的政治功能也就不足为怪了。

至于中轴线上的各个城门，午门、神武门作为紫禁城的正门和北门，天安门、地安门作为皇城的正门和北门，大清门作为宫庭广场的正门，正阳门作为内城的正门，永定门作为外城的正门，都是根据政治的需要而精心设置的。

以午门为例。根据故宫专家单士元先生的研究，整个午门城台如一个"U"字形，左右建两翼式城墙，当中即阙的空间就是午门外广场。古时宫门前竖两观以标表宫门。登其上可观人臣将朝至此，则思其所阙。所谓天阙，就是皇宫大门之意。午门城阙是唐宋以来皇宫正门形式的延续，两翼合抱，出自防御的需要，而从设计上看，是为了突出皇宫的尊严。事实上，午门确实显得尤为庄严和高大，显出比其他城门更为高贵和尊严的气势。

午门，还兼有朝堂的作用，所以也称作午朝门。明清两朝，每年冬至，皇帝要在午门向全国颁发新历书，叫作"授时"。午门前有两座石亭，一边放日晷，一边放嘉量。前者代表时间，后者代表计量，都是人类从事生产和生活不可缺少的。将此两种"标准"设置在午门，显然是代表皇权，向全国做出规定，其政治含义不言而喻。

午门前，还是明清两朝举行"献俘"仪式的场所。俘虏从正阳门经大清门、千步廊、天安门、端门至午门，沿路建筑凛然，禁军森严，极尽威慑之功能。皇帝在午门城楼设"御座"，亲临审视并亲自发落，以示"天威"。明代还在午门前举行一种特殊的刑罚——廷杖，专为冒犯皇帝的臣子而设。以上种种，从建筑的规划设计，到每项典礼和活动的安排，只是围绕政治这个核心：天下之尊，号令天下。

北京城中轴线上的众多建筑，具体功能各有不同，如太庙用以祭祀皇家祖先，社稷坛用以祭祀社稷，天坛用以祭天，先农坛用以祭祀先农诸神及举行藉田典礼，钟鼓楼用以报时，景山用作御园等，但其核心价值无一不在显示皇家的尊严与权威，无一不是"君权神授"的宣示，无一不在执行政治的功能。即使是作为游憩之所的景山也还具有另一个政治身份——镇压前朝（元朝）的"镇山"。

还有一个重要角度，可以用来分析说明北京城中轴线是一根政治之轴，即历史上一系列重大政治事件发生在这根轴线上。如元顺帝从地安门逃离北京城，元帝国灭亡；崇祯帝吊死在煤山（景山），明朝灭亡；李自成接管北京一个半月后又退出北京城；英法联军、八国联军对北京城中轴线建筑的破坏；袁世凯称帝；溥仪离开紫禁城等。

综上所述，在明清封建社会制度下，从三大殿到紫禁城，到整个中轴线，众多建筑（建筑群）各自的文化功能归纳起来，是六句话二十四个字：法天宗祖、天下之尊、号令行政、御敌守土、享受荣华、笼络百姓。这恰恰就是封建社会统治理论的纲常所在。每一个单元的功能是独立的，串起来却是统一、完整而至高无上的。其核心是政治，所以北京城中轴线是"政治之轴"。从学理上讲，"系统具有多层次、多功能的结构，每一层次均成为构筑其上层次的单元，同时也能有助于系统的某一功能的实现"。要说明一点，作为首都，当时的北京城的"政治之点"在中轴线之外还有，比如地坛、日坛、月坛，比如历代帝王庙等，对这些点的内容，可以在讨论北京城的历史文化中进行，而不能放在中轴线中来讨论。我们要明确，在几何形态上中轴线必须是连续的，是完整不间断的。

四、在时间进程中，北京中轴线是历久弥新的历史辩证之轴

历史是长河，文化在流变。随着时代的推进，北京中轴线也在发生着变化。这种变化有形态上的，也有文化内涵及功能上的。要强调指出的是，从总体上说这种形态上的变化是局部的，内涵以及功能上的变化是传承发展的。而这正是北京中轴线历久弥新、能长期保持旺盛生命力的原因所在。现择变化中的主要点罗列于下。要说明的是，这里罗列的主要是20世纪前半叶中国社会制度大变革前后的变化，而同属中国封建社会历史阶段的清朝和明朝之

间也有变化，但其变化的程度明显属于轻微，本文不作为重点列入。

第一，紫禁城，明清时期作为君权神授、统治全国的中心和象征，辛亥革命后失去其显赫的政治功能，转化为保存和展示中国传统文化重要组成部分的皇家文化的故宫博物院，以后又纳入《世界文化遗产名录》，供人参观，给人启示。显然，这个变化是顺应历史发展趋势的，是继承发展的。

第二，20世纪天安门广场经历了一场大改造。改造前，天安门前为南北长540米的"T"字形空间，南起中华门（明代大明门、清代大清门），北至天安门，天安门南东、西两侧为长安左门、长安右门，广场内御道两侧，排列有完全对称的东西向廊房各110间，称"千步廊"，又东西折建北向廊房各34间，北为天街，即今长安街。当时千步廊是明清两代中央政权的办公用房，各部衙署按文东武西布局。这个天安门广场的核心是御道以及南端的大明门（大清门），是皇帝、宗室冬至祭天、孟春祈谷、先农坛亲耕之必经之路。显然，在当时，这个天安门广场是北京城中轴线的一个组成单元，它以当时的红墙为界，含南端的大明门（大清门），不含北缘的天安门（天安门计入"天安门里单元"）。还需要提及的一点是，明清时期的这个"天安门广场单元"与"正阳门单元"之间还有一个过渡性单元，以棋盘街地名，可以称其为"棋盘街单元"，是一个广、深各数百步的小广场。

现在我们看到的天安门广场是20世纪大改造之后形成的，这个改造始于中华民国成立后，而改造的高潮在50年代。其中主要的变化是：拆除了原中华门、长安左门、长安右门、千步廊以及外围的红墙；大大扩大了广场；建造了人民大会堂、国家博物馆、人民英雄纪念碑、毛主席纪念堂等大型公共建筑；修缮天安门及增建了观礼台等配套设施；打通东、西长安街成为通衢大道等。改造之后，天安门广场成为国家政治中心的象征、广大人民群众集会的场所和全国人民向往的地方。它的面貌与封建时代的那个"T"字形广场已经不可同日而语，它所代表的社会制度已经翻天覆地，但它仍然是北京城中轴线不可或缺的组成部分，仍然占据着无可替代的"政治之轴"的地位。经过这个改造、传承和发展之后，对现在的天安门广场这个单元还要进一步明确三点：一是天安门城楼由原来属于"天安门里单元"转而属于现在的"天安门广场单元"，自辛亥革命开始，至1949年在天安门城楼上宣布中华人民共和国成立，这个转折得以完成。二是现在的"天安门广场单元"，东边包括国家博物馆,西边包括人民大会堂,中间包括人民英雄纪念碑和毛主席纪念堂。三是明清时期的"棋盘街单元"已经融入现在的"天安门广场单元"。

自辛亥革命开始,至1949年之后,为适应新的时代的需求,北京中轴线上一部分单元的功能有了改变,如原太庙由皇帝宗庙、祭祀祖先之地转变为劳动人民文化宫,原天坛由皇家的祭天之坛转变为市民的公园,原先农坛里开辟了大型体育场等。这种改变确实带来了一些问题,不利于历史文化名城的保护。好在这些单元,其古建筑的精华作为文物的国保单位,多数得到了较好的保护。笔者认为,劳动人民文化宫,没有必要恢复其原来的功能。天坛,是否有必要恢复其皇家祭天的活动可以讨论,但有一条可以肯定,即使是恢复,也要让现代的民众能够从中得到优秀传统文化的熏陶,得到人必须与"天"和谐相处的启示,亦即必须在现代意识的观照下考虑对传统文化的继承和发展,而不是形式上的"复古"。

第三,由于思想认识上的局限性,北京中轴线上的少数建筑也有被拆毁的,这不得不说是历史性的遗憾,如永定门、地安门、北上门以及先农坛里的"一亩三分地"等。好在人们已经开始反思。永定门城楼已于前些年复建,笔者建议继续将其瓮城和箭楼复建起来(包括护城河恢复原格局)。也建议将地安门、北上门以及先农坛里的"一亩三分地"复建起来。现在的经济条件和技术条件已经足以保障复建如旧。

如果说,明清北京中轴线的中心和象征是三大殿,或者扩大一点说是紫禁城,那么在当代,这个中心和象征已经转移到了包括天安门在内的天安门广场。

在部分单元的形态、文化和功能发生了局部改变的情况下,北京城中轴线性质的三个定位并没有发生根本的改变,其作为"基准之轴"、"文化之轴"、"政治之轴"的地位和作用得到了保护、传承和发展。现在的北京城中轴线,既给今天的世人提供了中国封建时代的"三个之轴"基本完整的范本,同时给出了顺应时代变化保护、传承和发展的成功案例(当然同时也有失误的教训)。既变又不变,所以我们可以将其作为其性质的第四个定位:历史辩证之轴。所以它理应是全人类的永久财富。也可以用六句话二十四个字来概括当代的北京城中轴线:历史名城、完整中轴、人民时代、政治中心、保护传承、人类享用。

从以上对北京城中轴线的分析，可以得到以下三点启示。

首先，一个活态的城市，要求其一成不变，是不应该也不可能的。变是不可避免的，关键是变中要有不变，核心在于保护、传承、发展不可偏废。

其次，历史和文化是造就一个城市特点和气质的主要因素，也是城市发展的原动力之一。尊重历史、传承文化、保护遗产，是每一个城市的重要职责。

最后，由于时代的不同，历史上形成的部分文化就其表层的内容而言，对于当代社会可能是不适用的。这种情况下，重要的是发掘其合理的内核，在现代观念的观照下，加以传承发展，而不是简单的"复古"。

（原载于《北京规划建设》2012年第2期）

北京城中轴线近现代变迁的基本类型

关于北京城中轴线，笔者前已有文《刍议北京城中轴线研究十要点》、《北京城中轴线性质的四个定位》。今天本文专就北京城中轴线近现代变迁的基本类型谈一些情况和看法。希望更多的人关心、研究、宣传北京城及其中轴线，因为它不仅是北京的、中国的，也是世界的。

首先需要明确两点：第一点，中国学界对中国近代史和现代史标志性年代的认定分别是公元1840年和公元1949年。而本文论述的主要时间段，从北京城中轴线的实际情况出发，集中在1911年清朝灭亡到1949年中华人民共和国成立到现在这个时间段。第二点，北京城中轴线组成的基本单位是单元，比如紫禁城是一个单元，景山是一个单元，天坛是一个单元等。讲变迁的基本类型，也是以单元为基础的。

一、第一个基本类型：紫禁城—故宫[①]

明永乐十九年（1421）正月初一，永乐皇帝朱棣身着龙袍，端坐在奉天殿的宝座上，接受百官朝贺。这一天，既是新年的第一天，更是北京明皇宫——紫禁城落成启用的重要日子。从这一天起，北京经过短暂中断再次正式成为中国的首都，北京紫禁城正式登上历史文化的大舞台。历明清两朝，先后有明朝14位皇帝、清朝10位皇帝共24位皇帝和一位慈禧"女皇"在紫禁城居住并号令全国。

明紫禁城占地72万平方米，南北长961米，东西宽753米，用高达10米的城墙围绕，城墙外还有宽52米的护城河，可谓金城汤池。

明紫禁城以午门为正门，端门为前门，玄武门为北门，东华门为东门，

[①] 本部分史料主要依据北京市地方志编纂委员会：《北京志·故宫志》，北京：北京出版社，2005年。

西华门为西门，四隅各有一座角楼。宫殿分外朝与内廷两大部分。外朝部分以外三大殿为主，最初称奉天殿、华盖殿、谨身殿，明中叶改为皇极殿、中极殿和建极殿，清代改为太和殿、中和殿、保和殿至今。

作为紫禁城的中心，三大殿前后排列在一个共同的"土"字形台基上。它们是皇帝坐朝的殿堂，也就是老百姓所说的金銮殿。奉天殿的名称是指皇帝奉天之命实施统治，皇帝自称"天子"，因此也就有了每道"圣旨"的开头必然是"奉天承运，皇帝诏曰"。明代中叶嘉靖朝重建时改名皇极殿，意指皇运无极，永远统治。清代改名太和殿，其意是万年和顺，国运永祚。

然后，历史前进的车轮终于将封建王朝碾入了尘埃，辛亥革命推翻了清朝的统治。作为北京城中轴线基点和出发点的明清紫禁城，其原有的性质随之发生了巨大变化。其核心文化"君权神授"、"九五之尊"，核心功能"奉天承运"、"定夺施政"，以及社会形象"城中之城，神秘可畏"均不再存在。只是在种种因素的交互作用下，其过程有些漫长，我们可以将它分成三个阶段。

第一阶段是前朝部分清廷交出后，开办了我国第一个以宫廷为主体的博物馆——古物陈列所；第二阶段是溥仪被逐出内廷后，建立了第二座以宫廷为主体的博物馆——故宫博物院；第三阶段是上述二者合并为紫禁城外朝与内廷相统一的大故宫博物院。

1913年，北洋政府内务总长朱启钤呈文大总统袁世凯，提出将沈阳故宫、热河行宫两处所藏文物集中到北京故宫，筹办古物陈列所。获准后，各项准备工作紧张进行。1914年2月4日，古物陈列所成立。同年10月10日民国国庆日，古物陈列所宣告正式开幕。

1930年10月21日，故宫博物院院长、国民党中央执行委员会政治会议委员易培基，向国民政府行政院提出提案，请求将古物陈列所保管权移交（1925年成立的）故宫博物院。在提案上签名的第一人是蒋中正。10月25日，行政院批复："为完整故宫保管计……令行内政部将故宫外廷保管权转移于故宫博物院……"1931年，"九一八"事变后，华北时局日趋严重，移交工作搁浅。

古物陈列所在其存在的年月里，始终以宣扬文化为己任。即便在后期非常困难的情况下，仍坚持展陈，服务大众，并做了印行《西清续鉴乙编》、接管释藏经版、接收福开森古物、创办附设国画研究馆等一系列工作。

上述古物陈列所之所以自成立之日起，其管理空间只限于故宫的外朝部分，是由于清朝政权被推翻后，清帝逊位却仍居于内廷，享受着民国政府给予的优待条件。溥仪每年仍有400万元的开支费用，仍以皇帝的名义颁发"上谕"，内务府、宗人府等一套宫廷皇族事务机构和官员，照旧奉职不变。对此人民极为不满，民国政府参政院一些官员也不断提出批评。1924年10月，冯玉祥发动北京政变，任命鹿钟麟为京畿卫戍总司令。11月5日，溥仪一行终于被逐出故宫。

1924年12月，成立了以易培基为主任的国立图书馆、博物馆筹备会，着手"故宫博物院"的建院筹备。1925年10月10日，故宫博物院举行了隆重的开院典礼，从临时执政段祺瑞起，到北京市及其临近省份军、警、政、法、学、商、新闻各界人士，都在被邀之列。开会地点选在乾清宫前。很多市民也赶来参会，会场气氛十分热烈。为庆祝开幕，故宫博物院特地将开幕当天及第二天票价从一元减为五角。参观范围也从中路（御花园、后三宫等处）、西路（西六宫等）扩大到养心殿、寿安宫、文渊阁、乐寿堂等处，增辟了古物、图书、文献陈列室多处，任人参观。这些内容都是群众难以见到的，很受欢迎，两天内参观人数多达5万人。随着时局的变化，故宫博物院的管理体制也几经变化。古建维修、物品点查、三路开放以及古物馆的分类编目、图书馆的分类书库建设、文献馆的文书档案整理等各项工作陆续推进。其中《故宫周刊》的创办影响很大，读者甚众，一共出了510期。

1930年，易培基拟就了《完整故宫保管办法》。故宫博物院理事以蒋中正领衔呈送国民政府，得到了行政院的批准，决定将当时的中华门以北，直至景山，以及大高玄殿、太庙、皇史宬、堂子一并归入故宫博物院。如前所述，这个决定因抗战时局原因未能实施。其间大事，计有一部分古物南迁上海、建立南京分院、古物三路迁蜀、参加"伦敦中国艺术国际展览会"和莫斯科"中国艺术国际展览会"以及多次国内展览等。1942年6月30日，故宫博物院被日伪强占。

抗战胜利后，1945年10月23日，国民政府接收故宫博物院。1948年3月1日，古物陈列所正式并入故宫博物院。其前后还经历了迁蜀文物返还南京、部分古物精华运台等。其中运台文物三批2972箱，约占1933年南迁文物19557箱的1/6，多为精华，成为今日台北故宫博物院的主要藏品。留在南京的绝大部分文物，从1951年起陆续运回北京故宫博物院。

1949年新中国成立之后，原故宫博物院管理范围中的景山、太庙、南京分院、文献馆（现中国第一历史档案馆）等先后脱离故宫博物院，但故宫主体始终在统一管理之中。其工作包括文物清查整理，文物征集，陈列展览，古建筑保护，测绘制档，馆藏文物保护与修复，环境治理，成立故宫研究室，兴办期刊《故宫博物院院刊》、《紫禁城》，成立紫禁城出版社，举行大型学术活动以及信息化管理等。

1987年故宫列入《世界遗产名录》。世界遗产委员会的评价是："紫禁城是中国五个多世纪以来的最高权力中心，它以园林景观和容纳了家具及工艺品的9000个房间的庞大建筑群，成为明清时代中国文明无价的历史见证。"这一段评价不仅准确点明了紫禁城作为明清政治中心的基本属性，而且恰当评价了今日故宫突出的历史文化价值。

如今的故宫博物院，以其巍峨壮丽的宫阙殿宇、忠实真切的宫廷史迹原状陈列和恢宏豪富的百万珍藏，成为一座声誉日隆的世界级博物馆。

概括明清紫禁城与今故宫之间的变化，有以下特点：

(1) 建筑形态、空间格局上变化轻微，有少量小规模的局部变化，如中正殿毁于人为火灾、第一历史档案馆的增建等。

(2) 文化的核心理念由以封建统治者为中心转变为以广大民众为中心。

(3) 首位功能由施政中心转变为文化重地，一座供人参观与思考的世界文化遗产。

(4) 社会形象由"森严可畏"的皇家禁地转变为"可亲可探"的开放课堂。

考虑到这一个类型的变化主要在于内涵，可以将其称之为"嬗变"。

二、第二个基本类型：天安门广场

20世纪，天安门广场经历了一场大改造。这场改造规模大，历时长，意义深远，影响巨大。改造前的天安门广场，是明清皇城向南凸出的一个"T"字形宫廷广场，它北起天安门（明为承天门），南至中华门（明为大明门，清为大清门），南北长540米。天安门南现长安街的位置上，东、西两侧分别为长安左门、东三座门和长安右门、西三座门。广场内的中心线上是专供皇帝使用的御道，也是我们重点讨论的中轴线的一段。御道两侧，有东西向连檐通脊的办公用房各110间，折而向北，又各34间，总共288间廊房，称千步廊。整个广场外围以红墙。该广场之中，现长安街所在这一段，称为天街。两侧红墙外面，按"文东武西"对称部署着中央政府的主要衙署。"文东"如吏部、户部、礼部、兵部、工部和翰林院等；"武西"如中军、左军、右军、前军、后军各自的都督府和锦衣卫等。显然，天安门广场的这个布局更加突出了空间的序列和层次，大大增强了皇城的雄伟气势和皇帝的至高无上。这个宫廷广场的核心是御道及其号称"皇城第一门"的中华门（大明门、大清门）。原因是这个御道是皇帝冬至祭天、孟春祈谷、先农坛亲耕的必经之路。

现在我们看到的天安门广场是20世纪大改造之后形成的。这个改造始于民国，高潮是20世纪50年代。

辛亥革命后，天安门广场的封闭状态首先被打破，贯通了东、西两城的交通，往来东、西两城之间人们不必再像过去那样绕道棋盘街或地安门；千步廊被废除（1913）；东三座门和西三座门相继拆掉；大清门改为中华门；广场以南正阳门的瓮城也被拆除（1915），并在东、西两侧城墙上开辟了出入口，便利了从外城进入天安门广场的交通。由于这些变化提供的空间条件，辛亥革命之后，北京一些重要的群众集会多发生在天安门广场，广场在功能上已经发生了重要的变化。

1949年10月1日中华人民共和国成立，宣布之地正是天安门城楼。天安门广场面对着新的时代要求，进一步改造势在必行。

这次改造主要包括：拆除了原中华门、长安左门、长安右门以及广场的红墙；拆除原"文东武西"的大片衙署，大大扩大了广场；建造了人民大会堂、国家博物馆、人民英雄纪念碑、毛主席纪念堂等大型公共建筑；修缮天安门及增建了观礼台等配套设施；打通东、西长安街成为通衢大道等。

改造以后新的天安门广场，充分显示了新时代的政治内容：广场上可以同时供数十万群众集会，大会堂可容纳上万名人民代表讨论和决定国家大事。仅是人民大会堂一座建筑的面积，就超过了明清故宫的全部建筑面积。每天有多少来自全国各地的民众来到天安门广场观看升国旗仪式。人民英雄纪念碑已经成为全中国人民心中永远的丰碑。郭沫若的诗句"天安门外大广场，坦坦荡荡像汪洋。巨厦煌煌周八面，丰碑岳岳建中央"，准确描绘出了新天安门广场的宏伟气象。

天安门广场的变化，可以概括为：

（1）建筑外貌、空间格局发生巨大变化，原来那个纵长、深远而大道尽头平阔开展，为的是显示皇家绝对权威的"T"字形广场不见了，代之以"汪洋"般宽阔、视线通达、可供数十万民众集会的"世界第一城市广场"。周边大型公共建筑的近现代风格与北、南两端的天安门、正阳门城楼的传统风格交相辉映。原中华门与正阳门之间的棋盘街等小规模空间单元均融入了天安门广场。一统、和谐、宏伟是今日天安门广场的外貌和空间特征。

（2）在文化的核心理念上，与明清紫禁城到今日故宫之间的变化一样，由以封建统治者为中心转变为以人民大众为中心，只是在程度上和表现形式上比前者更加明显，更加剧烈，更加集中。这个转变起于辛亥革命之后民众的政治集会多在天安门广场举行，而1949年新中国成立之后尤其是新的天安门广场竣工以后，这个情况变得更为固定和规范，它既是民众的心中向往和约定俗成，也成了政府工作安排的一种必然选择。

（3）在功能上，过去主要集中在御道和大明门（大清门）上，是为皇帝所代表的国家典礼服务；现在主要集中在整个广场，包括天安门、人民大会堂等大型公共建筑在内。它既为国家典礼服务，也为议政、施政服务，还为民众大型集会服务，更为民众提供文化食粮服务。

（4）天安门的地位发生了重要的改变。在明清时期天安门作为中轴线上众多门楼之一，其地位没像现在这么显赫，它是皇帝"金凤颁诏"的地方。[①]皇帝颁诏时，礼部官员在天安门（明承天门）上宣读诏书，然后用木制金漆的"金凤"衔住，从城楼上徐徐降下，落在礼官跪接的云盘中，送到礼部誊录印刷，再行发布。所以说，它主要是一个礼仪场所。那时候的天安门城楼，与紫禁城的关系更为密切，故在划分中轴线单元时，将其划分在"天安门里单元"。而现在的天安门，已经与广场相融为一体，不可分割，不可设想没有天安门的天安门广场。事实上，天安门城楼的图案之所以能进入新中国的国徽，是因为作为天安门广场的象征，而不是作为皇城的正门。

（5）结合紫禁城性质、功能的变化，天安门广场取代了原先由紫禁城所承担的政治中心地位。也就是说，改造以后的天安门广场，已经成为国家政治中心的象征、广大人民群众集会的场所和全国人民向往的地方。而昔日至高无上的政治中心紫禁城在政治上已经退居到次要的地位。从城市规划平面布局的角

[①] 北京市地方志编纂委员会：《北京志·故宫志》，北京：北京出版社，2005年，第12页。

度看，用侯仁之先生的话来说，扩建后的天安门广场"已经成为平面布局的中心，占据了全城中最重要的地位。对比之下，紫禁城这个在旧日突出于全城中轴线上的古建筑群，则已经退居到广场'后院'的次要地位"①。

（6）在理清以上重大变化的同时，我们必须强调的一点是：改造后的天安门广场仍然是北京城中轴线不可或缺的重要组成部分，占据着无可替代的"政治之轴"的中心地位。它与封建时代那个"T"字形广场已经不可同日而语，它所代表的社会制度已经翻天覆地。考虑到这一个类型的外貌与内涵都有重大改变，可以将其称为"剧变"。

三、第三个基本类型：以天坛为例②

天坛位于永定门内的东侧，原是明清两代皇帝祭祀皇天上帝的场所，始建于明永乐十八年（1420），以后经不断改扩建，至清乾隆年间最终建成。占地273万平方米。

由于封建社会统治者赋予祭天以特有的含义，纳入礼制的范畴，使之成为国家政治生活的一项重要活动，因而被历朝历代的君主奉行不辍。清朝末年，国力衰微，天坛的神圣地位开始动摇。1900年8月开始，八国联军盘踞天坛达一年之久，天坛的建筑、园林及礼仪陈设遭到严重破坏。辛亥革命推翻清朝统治则是从根本上结束了天坛延续490余年的祭天功能，其后唯一的例外是袁世凯称帝期间曾到天坛举行过一次祭天典礼。这可以看作是旧制度灭亡之际的一次"回光返照"。顺应社会变化，天坛于1918年辟为公园，面向公众开放。这是功能上的转换。

另一方面，则是空间上的"蚕食"。1913年，天坛外坛划为林艺试验场，以后又建传染病院、防疫处、电台于神乐署。这种蚕食一直持续至20世纪70年代末，天坛东南、南、西南外坛被肢解出天坛公园之外。位于天坛外坛西南隅，明清时期专门为国家大祀、中祀饲养祭祀用牲及祭祀牺牲之神的天坛牺牲所被夷为平地。天坛原有的"回"字形平面布局演变成今日天坛公园的倒"凸"字形平面构成。

---

① 侯仁之：《历史地理学的理论与实践》，上海：上海人民出版社，1979年，第248页。
② 本部分史料主要依据北京市地方志编纂委员会：《北京志·天坛志》，北京：北京出版社，2006年。

从保护中轴线的角度看，天坛公园做了大量的工作。1957年天坛被列入北京市第一批古建文物保护单位，1961年被国务院列入第一批全国重点文物保护单位。这些年来，清理非景观建筑、迁出驻园单位、修缮古建筑、改善生态环境等各方面都有长足进步。天坛公园现有面积为205万平方米，保存有祈谷坛、圜丘坛、斋宫、神乐署四组古建筑群，有古建筑92座60余间，是中国也是世界上现存规模最大、形制最完备的古代祭天建筑群。

1998年天坛被列入《世界遗产名录》。遗产委员会这样评价天坛：天坛是建筑和景观设计之杰作，朴素而鲜明地体现出对世界伟大文明之一的发展产生过影响的一种极其重要的宇宙观。许多世纪以来，天坛所独具的象征性布局和设计，对远东地区的建筑和规划产生了深刻影响。两千多年来，中国一直处于封建王朝统治之下，而天坛的设计和布局正是这些封建王朝合法性之象征。

目前，天坛外坛被"蚕食"部分的复归已经出现了曙光。

在近现代的变迁中，可以与天坛归为同一类的中轴线上的单元还有先农坛、太庙、社稷坛、景山、钟鼓楼等。这一类型变化的特点可以概括为：

（1）功能大转型。多数转变为公园、文化宫、博物馆等。

（2）不同程度被"蚕食"。"蚕食"单位有医院、研究院所、体育场、学校、单位家属区等。"蚕食"最甚者是"鲸吞"，如大高玄殿（不久前，该问题已经解决）。

（3）除个别情况（如大高玄殿）外，多数单元中的古建文物得到了较好的保护。

（4）作为新的功能的承担者，在保护"古"与建设"新"两部分关系上，多数情况是做得比较成功的，两者是和谐的。也有不成功的，如现中山公园中现代化、大体量的音乐厅逼近社稷坛的情况，需要总结。

考虑到这一个类型的变化以"蚕食"为特征，可以将其称之为"蚕食"。

四、第四个基本类型：以天桥为例[①]

天桥曾是南中轴线上一座标志性的建筑，而现在只是一个地名。它当时

---

① 本部分史料主要依据刘文丰：《消失的北京中轴线建筑》，《北京规划建设》2012年第2期；董良：《中轴线上的文化演艺区——北京天桥的历史变迁》，《北京规划建设》2012年第2期。

北京城中轴线近现代变迁的基本类型

的位置在今天的前门大街、天桥南大街、天坛路及永安路四条街道的交会点上。原来，在先农坛和天坛的北墙外，有一条自西向东的水沟名龙须沟，在中轴线上跨河而建一桥，就是天桥。此桥是为皇帝去天坛、先农坛祭祀所建，所以得名天桥。当时老百姓只能走两侧边桥南北往来。北京民间还有一个说法，说中轴线是龙脉，正阳门是龙头，天桥是龙鼻，天桥下的水沟是龙须。

据文献记载："桥为单孔石拱桥，桥长约8米，宽约5米，拱弧甚陡，桥基呈八字形，东西孔券顶刻有螭状吸水兽。"由于桥身很高，站在桥南，看不见正阳门，站在桥北，看不见永定门。

这样一座具有浓烈历史文化含义和特点的石桥在历史的步伐中消失了。清光绪三十二年（1906），翻修正阳门至永定门路面的工程中，降低了桥拱，桥面也变成了平桥。民国十八年（1929），为铺电车轨道而将桥面拆平，当时留下了两侧的石栏杆。民国二十三年（1934），为拓展道路拆除了栏杆，基址全部被埋入地下，天桥最终消失。

据记载，天桥南端东、西两侧，"旧各一亭，内有方石幢一"。现已查明，其中一个现在今红庙街78号院内，是市级文物保护单位——正阳桥疏渠记碑。另一个是与燕墩形制相同乾隆御笔《皇都篇》、《帝都篇》石幢，2005年年初在先农坛北坛门附近被发现，现立于首都博物馆东北侧广场上的即是。

目前，复建天桥已被提上议事日程。北京西城天桥演艺区建设指挥部提出的文化印记、原址建造、就近建造、文化印记结合就近建造4种方案正在市规划委网站上公示征求意见。①

在近现代的变迁中，与天桥被拆毁一样，可以归为一类的还有永定门、正阳桥牌坊、正阳桥、正阳门瓮城、北上门、地安门等。其中永定门城楼、正阳桥牌坊已经复建。地安门的复建问题不久前提出，后以多数人意见从交通因素考虑不予复建而只做文化印记。

这一类型变化的特点可以概括如下：

（1）建筑消失，文物流散（媒体最新报道，原正阳门瓮城内关侯庙碑在丰台发现。该碑为明万历辛卯年所立，焦竑撰文，董其昌书丹，十分珍贵）。②

---

① 《"天桥"建在哪儿，4方案征民意》，《北京晨报》2012年6月1日A08版。
② 《新发现15处文物，正阳门关侯庙碑现身》，《北京晨报》2012年6月1日A21版。

（2）因载体消失，原本承载的文化与功能随之消失，留下的只是地名和人们的记忆。

（3）中轴线上这一类单元消失的直接原因，几乎全部是交通因素。

（4）对这一类单元，在强调"人文北京"建设的今天，人们时时提出复建的想法。

这一类变化，可以称为"消亡"。

以上所述是北京城中轴线在近现代变迁中的四个基本类型，在它们之间实际上还存在着过渡和交叉的情况。

五、结论

将北京城中轴线作为一个整体分析它的近现代变迁，可以得到以下初步的观点：

（1）这些变迁的核心是功能变化。按前文表述顺序，突出表现在第一类、第二类，还有第三类主体部分的功能转型上。

（2）推动这种功能变化的根本动力是社会制度的变更。

（3）这种功能变化顺应了新时代的要求，是一种历史的进步。

（4）在这种功能变化过程中，就总体情况说，文物古迹得到了比较好的保护，多进入保护行列，有的已经进入世界文化遗产名单。

（5）总体上说，在处理"老"与"新"、"保护"与"发展"的关系上是比较成功的。经过功能转化之后形成了新的局面，景观上是和谐的，文化上是传承的，整体功能上突出体现首都第一功能政治之轴的地位依然是显著而巩固的。

（6）第三类中的"蚕食"、"鲸吞"，以及第四类，还有零星分布于面上的局部问题，值得加深认识和反省。尽管确有当时诸如改善交通、解决民生等种种原因，究其实质是对北京城市性质认识的严重不足。既破坏了传统的历史文化，又不代表新时代的新文化。在经济水平已经大为提高的今天，应该加快解决问题（如腾退）的步伐。

从以上对北京城中轴线的分析，可以得到关于城市发展理论建设方面的启示。

（1）一个活态的城市，要求其一成不变，是不应该也不可能的。说发展是硬道理，也就是说变是必然的。关键是在一个城市中，保护、传承、发展是三面旗帜，三者不可偏废，也不可相互代替。保护主要强调不变；传承是不变中有变，变中有不变；发展主要强调变。在城市工作中，三者各有各的重点对象，难点在于交叉领域。就城市历史过程而言，最高层面的关键词是传承。

（2）历史和文化是造就一个城市特点和气质的主要因素，也是城市发展的原动力之一。尊重历史、传承文化、保护遗产，是每一个城市的重要职责。

（3）由于时代的不同，历史上形成的部分文化就其表层的内容而言，对于当代社会可能是不适用的。这种情况下，重要的是发掘其合理的内核，在现代观念的观照下，加以传承发展，而不是简单的"复古"。

（4）就北京城中轴线的保护和"申遗"而言，主张将其范围限制在明清北京城范围之内；就筹划北京城的发展而言，主张将中轴线南延北伸。

参考文献

[1] 北京市地方志编纂委员会. 北京志·故宫志 [M]. 北京：北京出版社，2005.

[2] 北京市地方志编纂委员会. 北京志·天坛志 [M]. 北京：北京出版社，2006.

[3] 刘文丰. 消失的北京中轴线建筑 [J]. 北京规划建设，2012（2）.

[4] 董良. 中轴线上的文化演艺区——北京天桥的历史变迁 [J]. 北京规划建设，2012（2）.

[5] 侯仁之. 历史地理学的理论与实践 [M]. 上海：上海人民出版社，1979.

（原载于《北京学研究2012——北京文化与北京学研究》，同心出版社，2012年10月）

热血千秋　旷古奇才
——记于谦与北京保卫战

今天所讲内容的核心事件是北京保卫战，它是发生在明代、事关明朝政权存亡、在北京城发展史上惊心动魄而影响深远的一个历史事件。事件中涉及的主要人物有于谦、也先、王振和明英宗、明代宗等。

一、北京保卫战发生的历史背景

讲历史背景，第一个重点是看明朝政权北部边疆的形势。总的来说，自明朝开国以后，它与北邻蒙古之间的关系可以概括成一句话，这句话是"打仗无数次，谈判无数次，打完再谈，谈完再打"。其间蒙古本身也在不断变化，原来的元朝变成北元，再变成蒙古本部（也就是后来的鞑靼）、瓦剌和兀良哈三卫三个部分。这三个部分之间以及它们与明朝政权之间的关系极其复杂。其中，瓦剌，又称作西蒙古，占据蒙古西部。瓦剌在马哈木统领的时期，在明朝攻击鞑靼的军事行动中，得到了不少好处，逐渐强盛起来。当时，蒙古草原上最强大的骑兵部队已经不再是蒙古本部，而是瓦剌。当马哈木于永乐十二年（1414）败于朱棣亲征之后，一方面开始向明朝朝贡称臣，另一方面他将所有的精力用于对人才的培养，尤其是对子孙的培养，并且取得了明显的成效。马哈木的儿子叫脱欢，20年后杀掉了鞑靼首领阿鲁台，统一了蒙古。马哈木的孙子叫额森，这个人还有一个更广为人知的名字——也先。这个也先干出了比他父亲更加惊天动地的事情，成为我们今天这个讲座的核心事件中的主角之一。

第二个重点，我们看看明朝内部。大家知道，明朝的开国皇帝朱元璋以及迁都北京的明成祖朱棣都是强势的皇帝，他们将权力紧紧抓在自己手里。可是再往下，到了明仁宗、明宣宗时代，情况就开始变化。一是文官们通过同乡、同门、同事的关系结成了一个巨大的实力团体——文官集团，集中表现为内阁的权力越来越大，出现了所谓"票拟"。票拟，也称条旨，是指由大臣草拟出对各种奏章的处理意见，并将这些意见附于奏章之上，供皇帝御览。而皇帝为了掌握对奏章的最终处置权，所有经过票拟的奏章只有经过皇帝的批示，才可以实施。由于皇帝用于批示的是红笔，所以这一个工作程序被称为"批红"。到了明宣宗时，皇帝的权力被正式分为"票拟"和"批红"两大部分。其中，"票拟"的权力一直为内阁大学士所占有，而"批红"的权力慢慢由皇帝之手转移到另一群人的手中。这些人就是太监。太监势力的崛起，就是我们要说的明朝政权的第二个变化。实际上，在明朝，太监是宦官系列中的高级职位。在它之下，有典簿、长随、奉御、监丞、少监等一大堆不同的级别。一个宦官要想升到太监是十分不容易的事。随着宦官势力的逐渐壮大，机构分工越发明确，二十四个衙门，包括十二监、四局、八司，不但处理宫中事务，还要处理部分政务。各衙门的统领宦官被称作太监。这二十四个衙门中，权力最大的是司礼监和御马监。前者专门掌管内外奏章，相当于皇帝的私人秘书；后者专门管理御用兵符。这一文一武，成为明朝最显赫的两大太监部门。咱们再回到司礼监。到了明宣宗时代，皇帝有时会让司礼监代理自己行使批红的权力。这个为皇帝代笔的人有一个专门的称呼——司礼监秉笔太监。于是，朝中唯一可以压制内阁票拟权的批红权就逐渐落在了秉笔太监的手中。在秉笔太监之上，还有一个司礼监掌印太监，这个太监的大权就是皇帝的印章。顺便说一句，也是大家有所了解的，明朝的政治权力机构除了内阁和宦官两大体系之外，还有一个实力集团——东厂，它也是由宦官主持，是一个势力强大、无孔不入的特务机构。由于它的衙署位于东安门，被命名为东厂。具体地址就是王府井大街北部，现在还有一个地名叫东厂胡同。从以上对明朝政权格局粗线条的勾勒，可以看出，票拟权和批红权的斗争，实际上是文官集团和皇帝及其代理人太监之间的斗争。而皇帝的抉择往往是让太监去制衡大臣。

　　说到这儿，今天所讲事件主角中的两个就要出场了，这两个人物，一个是大太监王振，一个是明宣宗的继承者明英宗朱祁镇。王振，出生年月日不详，山西蔚州人（今河北省张家口市蔚县），幼年读书，任当地教官，后自愿"净身入宫中训女官辈"。由于在一堆文盲和低学历者中鹤立鸡群，王振在宫中逐渐有了名声，被大家称为王先生，并受到了当时在位的明宣宗的关注，被当作人才派去侍奉太子读书，而这位太子就是朱祁镇。在朝夕相处之中，朱祁镇和王振之间产生了深厚的感情。出于对王振的感情和信任，朱祁镇一直管王振叫"先生"，并十分地依赖，加上前述明朝政治权力的格局，以致王振具有了影响一个王朝兴衰荣辱的条件。

具体说，在朱祁镇9岁登基之后，随着张太皇太后的去世（这位张太皇太后曾经严厉警告王振不准干预国事）和几位顾命大臣的去世和年老，王振终于独掌了国家的军政大权，成为明朝开国以来最有权势的太监。甚至于王振命人移走了50年前开国皇帝立在宫门口的铁碑，该铁碑铸着朱元璋的手迹八个大字"内臣不得干预政事"，竟然也没人敢说一句话。

以上就是北京保卫战这个历史事件发生的背景。

二、北京保卫战史实梗概

北京保卫战，之前有一个前奏——土木之变，之后有一个延续——夺门之变，所以这一段历史实际上主要由三个事件组成。它们发生的年代分别是：土木之变，正统十四年（1449）七月至八月；北京保卫战，正统十四年（1449）八月至十月；夺门之变，景泰八年（1457）正月，前后跨着九个年头。咱们按先后顺序分述如下。

先说土木之变。正统四年（1439），瓦剌首领脱欢的儿子也先从他父亲手中接过了权力。短短几年之内，他向西攻击哈密，向东攻击兀良哈，在恢复大元天下的想法下，再一次将矛头指向了明朝。也先利用了与明朝贸易中的一些摩擦，终于于正统十四年（1449）七月发动了对明朝的全面战争。当时，蒙古骑兵分兵四路，分别由辽东、宣府、大同、甘肃发动了进攻。大同这一路由也先亲自统领。当时也先的骑兵已经很强大，大同守将连连失利，右参将吴浩兵败被杀。

当前方告急文书不断传到京师之后，大臣们十分紧张，立即召开紧急会议，商量对策。大太监王振却非常兴奋，因为他觉得，青史留名的机会来了。他想到，皇帝是自己的学生，一直听自己的话，只要把朱祁镇鼓动起来，自己梦想多年横刀立马、率兵出征的愿望就可以实现了。事情果然如此，在王振的怂恿下，明英宗朱祁镇十分草率地下达了亲征的命令，召集大军20万（史书中另一说是50万），只用了五天的准备时间就匆匆出发了。这一年明英宗23岁。面对百官联合上奏反对皇帝亲征的浪潮，王振一意孤行，充分利用自己掌控司礼监的职权，将反对意见悉数驳回。这些大臣中为首的有吏部尚书王直、兵部尚书邝埜、兵部侍郎于谦等人。朱祁镇亲征出发之前，将国家大权交给了自己的弟弟朱祁钰。当时，这兄弟二人的关系相当好，朱祁钰是一个品性温和的人，朱祁镇放心地将国家大权交给了他。按照规定，皇帝出征，兵部主要领导必须陪同，经过商议，邝埜陪同出征，于谦留在京城代理兵部事宜。以后的事实证明，正是这一个决定挽救了大明帝国的命运。

正统十四年（1449）七月十七日，大军出征，一大批堪称国家栋梁的文官武将都在出征队伍之中，其中包括英国公张辅，成国公朱勇，内阁成员曹鼐、张益，兵部尚书邝埜等。就在大军出发的同一天，几百里外的大同正进行着一场大战。战争的具体地点在阳和，结果是总督宋瑛被阵斩，四万明军全军覆灭。随军太监郭敬和主将之一石亨落荒而逃，得以保全性命。对这一切，王振并不知情，依然沉浸在看见敌人只要一拥而上就必然胜利的梦想之中。20万大军沿居庸关、怀来，向大同挺进，于八月一日抵达大同。从阳和前线逃回来的郭敬向王振描述了战败时的惨状，王振一改之前的必胜信心和豪言壮语，下令班师。问题出在班师路线的抉择上。

当时从大同回北京的路线有两条。一条是按来的原路经居庸关回京，另一条是走蔚县经紫荆关回京。王振的家在蔚县，当时属大同府管辖。一开始为了衣锦还乡炫耀身份与地位，王振决定走蔚县班师。实际上，只要沿着这条路行进，是完全可以平安撤回北京的。八月三日，大军开始按这条路线撤退，但仅行进了50里，就接到命令，转向退回大同，改由沿来路奔居庸关回京。理由是"秋收在即，大军路过蔚县，必会践踏庄稼"。后果是，王振装模作样似乎挽救了蔚县的庄稼，却代之以牺牲了20万条人命。极其疲惫的明军，后勤保障严重不足，加上天降大雨，士气极其低落。八月十日，明军到达宣府。一直尾随而来的也先终于看清了这支明军的真实情况，向这个庞然大物发动了第一次攻击。结果是也先的两万骑兵埋伏于鹞儿岭，将朱勇率领的五万明军全部歼灭。朱勇虽然全军覆没，却为大军争取到了三天时间。

八月十日，明军从宣府出发，用三天时间赶到了土木。土木离军事重镇怀来县城只有25里，只要进入怀来城中，就获得了安全。问题是大太监王振不同意，理由是"我还有1000多辆车没有运到，大军暂不入城，就在这里等待"。那么当时的这个土木是个什么情况呢？一句话，缺少防御工事加缺水。也先在解决了朱勇的队伍之后，也赶到了土木，并于八月十四日夜间，再次发动了攻击。明军败退。但由于明军人数众多，也先也不敢过于深入。明军在土木一带结成紧密队形，挖掘壕沟，准备作战。也先估计无法击破固守的明军，施用了"和谈"阴谋。面对也先派来和谈使者和蒙古军队的撤退，熟知兵法的兵部尚书邝埜提出：切不要上当，必须固守待援。而王振的决定却是"大军立刻越出壕沟，马上转移"。以后的事实是，明军出发仅3里，已经消失的也先骑兵迅速再现，"铁骑揉阵而入"，明军终于迎来了最终的结局——崩溃。乱军之中，前面提到过的明朝的文武精英加上驸马井源、户部尚书王佐、侍郎丁铉、王永和等共计50余人全部被杀。护卫将军樊忠在拼杀之中找到了十恶不赦的罪魁祸首王振，高呼"吾为天下诛此贼！"用手中铁锤砸烂了他的脑袋。而明英宗朱祁镇被瓦剌军俘获，成了敌人手中的人质。这就是明史中有名的"土木之变"。从北京保卫战这个主体看，它是北京保卫战的前奏，也是北京保卫战的前提。于谦，就是在这个情境下，被推到了这一个时期的历史舞台的中心。

一天之后（八月十六日），消息传到了京师。20万大军毁于一旦，最为精锐的三大营全军覆灭，无数文官武将战死，皇上生死不明。京师上下如同天塌一样。很快，也先释放了一个叫梁贵的俘虏，让他立马到北京去报信：明英宗还活着，是也先的人质。也先这样做的目的，一为要钱，二为将明英宗作为战阵中的人盾。

再看北京城这时候的军力和人心。由于王振一心想靠人数吓倒也先，出征时已将京师三大营加上附近明军的精锐悉数带走。留在京师的兵力不足10万，全部是老弱残兵。在人心一片惶恐之中，投降和逃跑的言论开始出现，其中一个代表人物是侍讲学士徐珵（后来改名徐有贞，是"夺门之变"中的主要策划者）。

正统十四年（1449）八月十八日，由代理皇帝执政的朱祁钰主持，商议如何处理眼前的局势。这个会议极为重要，实际上将决定大明王朝的命运。惊恐而毫无主见的朱祁钰迫切等待着大臣们的意见。在大臣们一阵痛哭之后，徐珵第一个发言："我夜观天象，对照历数，发现如今天命已去，只有南迁才可以避过此难。"面对如此言论，人们哗然而心态各异。就在此关键时刻，一声怒吼稳住了乱局："建议南迁之人，该杀。"发出这一声怒吼的人是于谦。

于谦接着厉声陈述："京师，是天下的根本，如果就此迁都，大势必然不可挽回！难道诸位忘了宋朝南渡的事情了吗？"于谦这里讲的宋南渡事是指距

热血千秋　旷古奇才

当时300多年之前宋徽宗、宋钦宗被金兵掳走、北宋灭亡这一段历史。于谦的这一番怒吼，加上一批大臣的支持，主战派终于占据了上风。朱祁钰坚定了抵抗的决心，并将防守北京的重任交给了于谦。这个时候于谦是代理兵部尚书。要知道，在这之前，尽管于谦已经在军事部门主要领导兵部侍郎的岗位之上，却从未指挥过军队，这一次是真正的书生上阵。这里我顺便解释一下，我采用的这次讲座主标题的两个要点，其中"热血千秋"，取自于北京于谦祠奎光楼上的题匾，是后人对于谦高风亮节以及历史功绩的评价，而"旷古奇才"是我对于谦处事能力堪称奇才的一个说法。咱们继续看历史事实。

面对当时京师这个烂摊子，于谦首先抓的工作是稳定军心、民心。从各地紧急调动的兵力有备操军、备倭军、运粮军和宁阳侯陈懋所部的浙军，尽管这些部队大多是预备役和后勤部队，但在于谦的严令（按时赶到京师布防，如有违抗，军令必斩！）之下于九月初终于赶到，京师的兵力达到22万。另一个大问题是粮食。通州有当时京师地区最大的粮仓，"仓米数百万"。鉴于也先的部队就在紫荆关外，随时可能入关，为保证通州之粮不落入敌手，不少大臣主张将通州粮仓烧掉。于谦力排众议，提出了一个常人想不到的办法："所有受召军队进京时由通州入京，士卒各自取粮运送至京。"此举实可谓一举几得，守卫北京城必需的粮食得以解决。军心、民心逐渐稳定下来。

之后，于谦又及时铲除了朝中王振的余党，又与众大臣拥立朱祁钰为皇帝。当朱祁钰真心不想担当这个重担的时候，还是于谦的话"臣等诚忧国家，非为私计"，说服了朱祁钰。正统十四年（1449）九月六日，朱祁钰正式即大明皇帝位，定年号为景泰，第二年为景泰元年。而朱祁镇的身份改为太上皇。在于谦的主持下，到了九月下旬，京师的防卫基本完善，来自各地的部队经过训练，素质装备均有很大提高。军队布防、设施修整、后勤保障日趋完善，力量的对比已经发生变化。北京保卫战即将正式开始。

在于谦紧张备战的这一些日子，也先利用朱祁镇这张牌，忙着两件事。一是索要赎金，二是企图利用朱祁镇去骗开城门。第一件事，开始有点效果，后来就不灵了。第二件事，多次到宣府和大同，都碰了壁。也先终于再次发怒，仅用两天时间攻破了紫荆关。正统十四年（1449）十月十一日，也先率领的主力部队兵临北京城下。当时也先的心情可以说意得志满，"京师必破，大元必兴，只在明日"。正统十四年十月八日，已经就任兵部尚书的于谦下达了命令："大军全部开出九门之外，列阵迎敌。"接下去的命令分别是："锦衣卫巡查城内，但凡查到有盔甲不出城作战者，格杀勿论！""九门为京城门户，现分派诸将守护，如有丢失者，立斩！""凡守城将士，必英勇杀敌，战端一开，即为死战之时！""临阵，将不顾军先退者，立斩！""临阵，军不顾将先退者，后队斩前队！""敢违军令者，格杀勿论！"于谦下达的最后一道命令是："大军开战之日，众将率军出城之后，立即关闭九门，有敢擅自放入城者立斩！"于谦分派安定门等八个城门的守护将军之后，最后宣布的是"德胜门，于谦！"因为德胜门正对着也先的主营。于谦动员会的最后一段话是："数十万大军毁于一旦，上皇被俘，敌军兵临城下，国家到了如此境地，难道还有什么顾虑吗？若此战失败，大明必蹈前宋之覆辙，诸位有何面目去见天下之人！""拼死一战，只在此时！"

十月十一日，北京保卫战开始。受时间限制，不能描述其经过。首先是也先试探性进攻西直门，然后是假意谈判，接下来是也先决定攻打德胜门。此刻的于谦一改平日的文官打扮，身穿武将的铠甲，跃马出城，立于大军之前。在他身后，德胜门缓缓关闭。此时的全军将士，真可谓抱定了死战的决心，正是没有打算活着回去，这才有了必胜的信心。

也先派出一万大军，由他弟弟孛罗指挥，向德胜门杀去，而在前往德胜门的必经之路上，于谦预先埋伏了重新组织的神机营（神机营主力已在土木之变中全军覆灭）。神机营的有力武器是火铳，一时间，以民居为据点，万枪齐发，而孛罗的骑兵在民居之间施展不开，孛罗很快被乱枪打死，一万大军几乎被全歼。

接下来是，也先失去了耐心，命令骑兵对京城九门同时发动攻击，而他自己抉择了安定门。意想不到的是，在安定门外，也先碰上的竟是老相识石亨。这个石亨我们在前面提到过，就是那个在大同阳和之战中逃得性命，被罢了官，又被于谦提拔，用一个月的时间，加紧训练手下的骑兵，目前正在寻找机会洗刷自己的耻辱而准备与也先拼命的人。而根据于谦的分析，也先进攻的重点一是德胜门，二是安定门，于是于谦自己镇守德胜门，并安排神机营设伏，而分工石亨率领骑兵在安定门外迎敌。在安定门外，石亨与他的侄子石彪先将也先的部队围合其内，然后发动了最为猛烈的进攻，将其击溃。之后，石亨又赶到西直门，解了西直门的危局。

再接下去，是在明军的追杀下，也先全线撤退，一直退到京师外围的土城。再接下来，也先还是又谈又打，谈想要点钱财，要个台阶下，而于谦就是不理他。打，面对于谦在京师的周密布署，没有一点突破。

五天之后，也先终于放弃了京师这个目标，将进攻方向转向了居庸关。只要占据了居庸关，等于扼住了京师的咽喉，进可攻，退可守。当时居庸关的守将名叫罗通。面对重兵压境，罗通的办法是让士兵不断往城墙上浇水，一夜之间，居庸关变成了一块巨大的冰砖，也先终于明白，攻下居庸关也已经不可能了，在痴痴地等待了七天之后，终于决定撤出关外（从紫荆关）。

于谦时刻关注着瓦剌军的动向。就在也先决定撤离北京的最后一个夜间，于谦发动了一场猛烈的炮战。几十门火炮齐发，也先营地一片火海，史书上称"发火炮击其营，死者万人"。

至此，北京保卫战结束，大明完胜。

北京保卫战创造了一个力挽狂澜的奇迹。可以设想，如果此战失败，中国历史将改写，北京城的历史也将改写。而其中最可贵的是，从行将崩溃到众志成城，从重兵压境到破敌千里，靠的是绝境之下的信念、为正义而战的担当和抗争，一句话，是人性的光辉，而于谦正是这人性光辉的代表。所以于谦是英雄。

下面，简单讲一下"夺门之变"。

先说也先，狼狈退出关外，由于内部的不和，瓦剌政权很快向明朝求和，也先一统天下的梦想就此永远破灭。

而朱祁镇，身处敌营之中，每日随军漂泊，性命堪忧。其间也先已经派人潜入朱祁镇的帐篷，要把他除掉，只是天降大雨，天雷竟然打死了也先的战马，才让也先撤销了这个计划。

再看朱祁钰，作为领导了京师保卫战的皇帝，众望所归。朱祁钰终于明白了皇权的魅力，一反开始时不愿意登基继位的态度，而对现在的地位和威严，感到了前所未有的满足和舒适。以至于吏部尚书王直提出要接太上皇回来的建议后，开始时置之不理，后来大发其火，训斥王直等大臣："屡以为言，何也？""当时见推，实出卿等。"一直到于谦说话："天位已定，宁复有它！"朱祁钰心里一块石头落了地，才勉强同意派使臣去谈判接朱祁镇的事。而当朱祁镇真的回来了时，朱祁钰只在东安门外和朱祁镇说了几句话，就将他这位哥哥安置在了南宫。说是安置，实是囚禁，这一囚就是七年。朱祁镇在南宫吃尽了苦头。

时间到了景泰八年（1457）正月。朱祁钰面对儿子朱见济（当时已立为太子）去世和"复储之议"的风波，急火攻心，一病不起。就在这个时候，有几个人出自个人的私利，阴谋策划了朱祁镇的复辟。复辟事件中最关键的地方是东华门，史称"夺门之变"。

简单说，这几个人中，一个是石亨。这时的石亨已经成了于谦的敌人。原因是北京保卫战后，石亨得到了最高的封赏，被册封为侯爵，而功劳最大的于谦却只得到了少保的虚名，石亨自行上书保举于谦的儿子于冕为官，却遭到了于谦的拒绝和批评。石亨还认为，解决了朱祁钰，于谦就没有了后台。另一个人是徐有贞，就是前面讲到过的主张南迁的徐珵。这个人当时受到于谦的痛斥，被众人唾弃，受到冷遇，现在终于让他等来了复仇的机会。正是这个徐有贞，提出了只有拥立朱祁镇才能废掉朱祁钰。事件的梗概是，正月十七日凌晨，石亨、徐有贞等人带领一千士兵向内城出发；用石亨掌握的钥匙，打开了长安门，进入内城；用木桩撞开了南宫的宫墙，救出了朱祁镇；到了东华门，守门人不予开门，因为在大内之中，既不能打，也不能撞，最后是朱祁镇大喊一声："我太上皇也，开门！"东华门于是敞开；众人拥着朱祁镇进入奉天殿，敲响了上朝的钟鼓；朱祁镇终于坐上了阔别已久的皇帝宝座。而此时的朱祁钰躺在自己的寝宫里，奄奄一息。"夺门之变"成功。

接下来的史实是，过了一个多月朱祁钰才死。当然，朱祁镇不会承认他的皇帝身份，也就进不了"十三陵"。朱祁镇复辟之后，将年号改为天顺。在登基的第二天，就册封了有功之臣，然后是重组内阁。同时，徐有贞下令逮捕了于谦、王文等人。面对朱祁镇在杀不杀于谦问题上的犹豫，徐有贞使出的最后手段是："不杀于谦，此举无名！"（这里的"此举"，是指夺门之变。）这是因为徐有贞等人给于谦安的罪名是"迎立外藩"。尽管对这个罪名最终查无实据（事实上于谦等人在"复储之议"中主张复立朱祁镇的儿子朱见深为太子），却由徐有贞一句话定案。这句话是"虽无显迹，意有之"。徐有贞这句话后来被浓缩为"意欲"两个字。历史上，"莫须有"杀掉了岳飞，"意欲"杀掉了于谦。

正月二十三日，于谦被押往崇文门外斩决。史载："死之日，阴霾四合，天下冤之"，"京郊妇孺，无不洒泣"。

三、人文地理学视野中的几个看点

（一）宣大地区的古堡现象

"宣大"（地区）是历史上的说法，"宣"是宣府（现在的宣化），"大"是大同。用现在的话来说，主要指河北省张家口市的坝下地区和山西省大同地区。在这块土地上，历史遗存至今的古城堡及其遗迹星罗棋布，张家口市号称今天尚能看到的地上的古城堡还有400多座，其中光是蔚县就有100多座。笔者多次深入蔚县、阳原县、怀安县、万全县、宣化区、怀来县等地，确实看到很多村围有堡墙，有的地方几乎达到无村不堡的地步。这是一个重要的文化地理现象。简单地说，它与当地历史时期的社会状况密切相关。在很长的历史阶段中，这个地区处于游牧文化和农耕文化不断的冲突和融合之中，它既是矛盾冲突的前线，经常受到战争的创伤，而战争之间的时期则是和平相处、发展经济和贸易，所以它又是当地百姓赖以生存之地。防御和保卫是城堡的主要功能，也是宣大地区多城堡的主要原因。

宣大地区的城堡依功能上的差异，可以分为很多不同的类型。上有都城城堡（如黄帝城、蚩尤寨、代王城、元中都），中有镇、卫、所等军事城堡（如宣化城、万全城、怀安城、左卫城、龙门所）、州县治所所在城堡（如蔚州城、涿鹿城、怀来城）和驿站城堡（如鸡鸣驿），下有更为普通的数量众多的村堡。

如果说，在漫长的历史时期中，具有一定行政功能一定级别以上的城镇筑城设堡，是一个在全国各地较为常见的现象，专门作为军事设施的城镇更是如此的话，作为农村基层单位的每一个村，专门修筑城堡，则是宣大地区所专属，或者说最为突出。从这一点来看，珠江三角洲的碉楼、西南羌寨的碉楼等主要是对单体建筑设防，唯有闽南及其周边地区的客家土楼可以与宣大土堡相提并论。可以说"南有土楼，北有土堡"。现在，土楼已经列入世界文化遗产，笔者认为宣大的土堡，迫切需要加大发掘、整理和保护的力度，力争列入遗产名录。

（二）"土木之变"还是"土木堡之变"？

看到这个标题，大家大概能猜到，以北京保卫战为主题的讲座，为什么要讲"土堡"？原因就在于它与"土木之变"密切相关。

首先要明确，笔者不赞成"土木堡之变"的说法。现在这个说法很流行。《明朝那些事儿》书中这么说，百家讲坛上南京师大的老师也这么说，杭州于谦祠展览上也这么说，北京智化寺（王振家庙）明史有关部分也这么说。而正确的说法是"土木之变"。理由一，当"土木之变"事件发生时，这个居民点就叫土木，而不叫土木堡。其地名的来源是，辽代皇帝出游途中，曾在此支张大幕，从此这里被称为"土幕"，后被讹传成"土木"。元代诗人陈孚有诗：

千里茫茫草色青，乱尘飞逐马蹄生；
不知何代开军府，犹有当年统幕名。

理由二，当时的土木有堡还是没有堡，说法不一，怀来县的资料说，土木堡是隆庆三年（1569）修筑，那已是120年以后的事情了。另一个说法是，土木地处要冲，明永乐初在此置堡。笔者倾向于"土木之变"时，这个地方堡子是有的，而地名上并不带"堡"字。关键是，明军人数20万，是不可能挤进这个堡子的，所以说多数明军驻扎在旷野之上，这种分析是可信的。而在"土木之变"中，土木的堡子被毁。理由三，历史上已经定名"土木之变"沿用至今，现代人随意改动是不妥的。

现在人们看到的土木堡是一个村，村名"土木堡"，其堡子是明景泰五年（1454）修筑，明隆庆三年（1569）包砖。堡城周长三百五十七丈，高三丈五尺，厚一丈。护城河深七尺，宽一丈八尺。城东、西、南开三门。明万历四十五年（1617），兵备胡思伸增筑城墙。今天的土木堡还存有南墙和西墙，其中南墙还比较完整。在村委会主持下，对门洞和部分城墙进行了修缮。

这里有一个值得关注的现象。现在看到的土木堡的堡子是"土木之变"以后五年重新修筑的，不仅如此，宣大地区的大量村堡也是这个时期前后修建的。从蔚县随便抓几个来看看。西古堡，明嘉靖年间修建；宋家庄，始建于明洪武初年；北方城，建于明万历四年（1576）；横涧堡，明洪武二年（1369）建堡；上苏庄，明嘉靖二十二年（1543）建起庄堡。什么原因，就是我们前面概括明朝北部边疆特点时所讲的，打了再谈、谈了再打所造成的。

再回到土木，现在的土木堡还有什么古迹？显忠祠。景泰初，明廷于土木建显忠祠，祭祀土木之变中殉国的大臣。1464年英宗驾崩，其子宪宗即位后，为于谦昭雪，命怀来县重修土木的显忠祠，并在祠中为于谦塑像。祠成之日，宪宗亲自撰写碑文，题写显忠祠匾。大门上方悬挂"大节凛然"匾额，两侧对联是"隆千秋事典，表一代忠良"。正殿两侧抱柱上的对联则是"故老尚余哀，兵溃不堪论往事；诸公应自慰，君存何必问微躯"。殿内正面供桌上，排列着英烈的牌位。

显忠祠内存有初建显忠祠碑、死难诸臣名刻碑、宪宗重修碑、宪宗御笔于谦碑、万历年间胡思伸重修碑、康熙五十六年口北道徐炯重建碑。另有两块诗碑值得关注。其中一首的诗句是：

> 万乘当年统六师，匆匆退保力难支。
> 徽钦覆局堪同恨，潘沈英名此并重。
> 身后犹经焦土劫，魂归应叹夺门时。
> 专祠翻为中官建，悔祸君心总未知。

从中可以看出后人对这一段历史的反思和感慨。显忠祠是很值得一看的历史古迹。

那么，土木堡在什么地方呢？在官厅水库往西去怀来县现在的县城沙城镇的途中，京张公路的南侧。就在京张公路的北侧，土木堡村建设了土木之变遗址地，以开发旅游。顺便说一句，"土木之变"历史中提到的怀来城在哪里呢？在官厅水库西岸留有一角，大部分已经淹没在官厅水库之中。要知道，土木到怀来城仅仅只有25里之遥。

(三) 京杭两地于谦祠，河北河南于家人

于谦（1398—1457），字廷益，号节庵，浙江钱塘（今杭州）人。年十五为秀才，23岁中举人，24岁中进士，官至兵部尚书。

于谦是英雄。在社稷危难、百姓万众即将生灵涂炭之际，力斥迁都谬论，拥立景泰登位，亲督军民，守卫北京，击败瓦剌军队，京师转危为安。于谦一生仰慕文天祥，曾撰赞词置于座右，终于以实际行动成就自己成为文天祥一样的英雄。"热血千秋"是对于谦作为英雄人物的适当评价。

于谦是奇才。宣德初年，于谦初为御史，很快显示出超人的才能。随明宣宗征讨山东乐安时，朱高煦投降，于谦领命痛斥朱高煦的罪行时，"正词崭崭，声色震厉"，竟然使得朱高煦伏地战栗。任官江西、河南、山西时，昭雪冤囚、兴修水利、疏解流民，每桩每件，均取得显著成效，在百姓中取得良好口碑，以至于当于谦遭受王振迫害下狱论死之时，山西、河南"吏民伏阙上书，请留谦者以千数，周、晋诸王亦言之"。在"土木之变"之后，在每一个政治、军事变化的旋涡中，临大事，决大议，毅然果断，绝地求生，救世于危难之中。其中还包括从大局着眼，劝景泰帝奉迎太上皇，《明史》也确言：上皇归，"谦力也"。于谦的大智大贤，万民颂传，千古不朽，堪称旷古奇才。

于谦是清官。"能吏寻常见，公廉第一难。"于谦为官公正廉洁，上不贿要，下不纳赂。每次入京议事，从不携带金银财宝贿赂当权者，甚至连土特产都不带。当别人问起时，于谦会举起两袖道："吾唯有清风而已。"他的一首《入京诗》是他心志的写照：

手帕蘑菇及线香，本资民用反为殃。
清风两袖朝天去，免得闾阎话短长。

于谦在京做官，"门第萧然，不容私谒"，常以"清风一枕南窗卧，闲阅床头几卷书"自慰。于谦忧国忘身，自奉俭约，所居宅第仅蔽风雨，帝赐宅西华门，于谦辞曰："国家多难，臣子安敢自安？"于谦死后家无余赀，"萧然仅书籍耳"。真是"不以一己之利为利，而使天下受其利；不以一己之害为害，而使天下释其害"。于谦以煤炭喻人生："但愿苍生俱饱暖，不辞辛苦出山林"；以孤云喻人生："大地苍生被甘泽，成功依旧入山林"。煤炭也好，孤云也罢，只是一个无私，不为自己，只为苍生。

宪宗登基，年号成化，为于谦平反昭雪。初谥忠愍，后谥忠肃。于谦位于崇文门内西裱褙胡同的故宅，于万历二十三年（1595）敕建为"忠节祠"。就是现在的北京于谦祠，北京市重点文物保护单位。祠坐北朝南，正院5间，正房为享堂，东院内有二层小楼，悬"热血千秋"木匾，两旁楹联为"帝念有功，群小谗谋冤太惨；公真不朽，故居歆祀地犹灵"。统治者的狡滑从这副对联中可见一斑。而北京人民永远铭记于谦的功德。当年于谦遇害后，京师广传一首民谣："京都老米贵，那里得餐饭（饭，指与于谦一同遇害的副总兵范广）。鹭鸶水上走，何处觅鱼睢（于谦）。"于谦祠内一棵老枣树，据传是于谦手植，老死多年后，居然于于谦诞辰600周年那一年复活并开花结果了。可以认为，不管这棵枣树的事实如何，于谦在北京人民心中是永存的。

杭州人民永远怀念于谦，将这个杰出的家乡子弟安葬在美丽的西子湖畔，墓地旁就是祠堂。于谦祠与相邻的岳庙，承载着两个时代的忠良，渗透着同一的中华民族精神，教育、启示着游人和青少年，成为生动的爱国主义教育基地。

至于于谦的后人，历史上主要的一种说法是，于谦留有一子一女，儿子叫于冕。于冕无后。实际上于谦的后裔问题史学界没有最后定论，因为另有一种说法是，于谦有两子一女，小儿子叫于广，当年于广去了哪里，后代情况怎样，在史学界是个谜。有意思的是，时隔500多年之后，随着太行山深处一个原本默默无闻的小村庄——于家被国家和河北省命名为"中国民俗文化村"和"于家石头民俗村"之后，不仅揭开了于家村古老而神秘的面纱，而且破译了于谦后裔这个历史之谜。现在河北省井陉县南峪、于家和河南省浚县于村就是于谦后人世代相传之地。现南峪村于姓家族仍保存有于谦家谱，三个村还遗留有不少相关佐证。其中南峪村是始发之地。这就是笔者采用"河北河南于家人"这个小标题的依据。

于氏族谱始祖于钱（谦）之下列有二子三孙，长子于世登，次子于崇登，分析是于冕和于广的别名或隐居时的名字。再往下列三子，长子于有道，次子于东道，三子于南道。成化年间（约1486），因生活所迫兄弟分家，于有道、于南道迁至离南峪村不远的今天于家村所在的地方。后来三弟于南道迁往河南浚县。至于于广落户南峪之原因，分析认为，当时南峪村归山西省管辖，村边不远处就是山西通往河南的大道。于谦就任山西、河南巡抚时经常在这条路上往来。蒙难后，其子来到这里避难，应在情理之中。

现在，南峪村中尚能见到与于谦有关的古迹和文物有"少保宅院"、"少保书院"以及于谦家谱。前二者是已有500多年历史的古院落，估计是于谦平反后由朝廷所建。后者是一份布制的谱案。原占地50多亩、松柏参天、古亭巨碑的于谦墓地，在前后三次修建石太铁路、扩建石阳复线和扩建南峪车站的工程中全部被占。刻有"少保于谦"四个大字的巨大墓碑在"文化大革命"中不知所终。好在于家后人生息繁衍的三个村庄，在于谦高风亮节的影响下，自立自强，人才辈出。

（四）朱祁钰的归宿之地

明朝历经16位皇帝，其中15位依帝制建造了陵寝。大家都知道的是位于北京昌平区天寿山的明十三陵，那么还有两个呢？一个是南京的明孝陵，埋葬的是明朝的开国皇帝朱元璋。另一个是位于北京小西山金山的景泰陵，埋葬的是景帝朱祁钰。

"夺门之变"之后不久，朱祁钰病死。英宗不承认其皇帝身份，废掉位于天寿山在建的陵寝，将他以亲王礼葬于金山之阳。英宗朱祁镇死后，宪宗朱见深即位，确认朱祁钰有"戡难保邦，尊安宗就"之功，追认为"景皇帝"，并对原郕王陵进行了改扩。但实际上，景泰陵地势偏侧，规制狭小，始终未达帝陵规制。现存黄琉璃瓦重檐歇山碑亭，亭北有黄琉璃瓦硬山顶棱恩门三楹，再后的宝顶只剩遗址，现在是干休所的门球场所在。景泰陵2001年公布为全国重点文物保护单位。

四、几点思考

第一，任何朝代，爱国爱民都是中华文化核心价值观首要的组成部分。岳飞、文天祥、于谦这些英雄的精神永远是中华子孙的宝贵财富和力量源泉。在今天多民族大家庭中，依然是这样。

第二，看今天北京于谦祠被高楼大厦所围合，大厦的阴影下，小院中几乎得不到一丝阳光。房屋修缮了，陈设、展览全无，也就谈不上发挥教育作用，对比近在咫尺灯红酒绿的情景，使人产生无限惆怅。英雄向谁借点光？谁给英雄闪个道？

第三，北京已经确立了建设世界城市的宏伟目标，这给建设"人文北京，科技北京，绿色北京"提出了更高的标准。面对汹涌澎湃的现代化、城市化大潮，传统与现代、保护与发展的冲突愈加凸显。如果说，前些年我们一缺经济实力，二缺工作经验，交些"学费"在所难免的话，到了今天，我们已经没有任何理由，让我们的中华文化、中华精神再受蚕食，再趋式微。"北京特点"应该是北京城市发展的原则和方针，应该成为一面旗帜。

（原载于《熟悉·陌生·北京城》，学苑出版社，2013年6月）

关于文化传承与终身学习研究涉及的基本概念与实例

本文是在日中韩三个国家之间进行比较研究的一个科研项目的组成部分。该项研究由日本京都大学渡边洋子女士牵头，得到了日本学术振兴会的支持，它的题目是"【传承·技艺】文化中关于传承与终身学习的现代课题的日中韩比较研究"。显然，这里最基本的关键词是传承文化、技艺文化、文化传承和终身学习。一方面，由于地理和历史的原因，这三个国家的文化具有很多相同或相近的特征；另一方面，由于文化在人类发展过程中从未停止过它的演变，也由于文化是有民族性、国家性和地方性的，这三个国家的文化之间又必然存在很多的差异。表现在该项研究上，三个国家的学界对上述最基本的关键词的理解是不尽一致的。于是，在交流和比较研究三个国家的具体情况之前，对研究会涉及的一些基本概念进行梳理是完全必要的。本文会结合中国的实例介绍笔者的见解。

一、几个实例

（一）淮阳伏羲崇拜[①]

淮阳是河南省周口地区的一个县城，现在知道它的人不算多。而在历史上，它是一个了不起的地方，用中国著名文化学者舒乙先生的话说，淮阳在中国历史上，是"爷爷的爷爷"。这是因为淮阳有伏羲墓，即太昊陵。根据传说，中国历史上开天辟地那个阶段有"三皇五帝"，而伏羲就是"三皇五帝"中的头一名，距今大概有6500年。伏羲埋在淮阳，从汉朝起，就开始有了在淮阳祭祀伏羲的记载，已有2000多年。

现在要说的是，时至今日，老百姓对老祖宗伏羲的崇拜，可用"狂热"

[①] 舒乙：《淮阳不可忘》，《人民政协报》2009年12月14日。

来描述。这里农历每个月的初一、十五是祭祀伏羲的日子，每次来的人会挤满整个偌大的广场。每次祭祀，烧下来的香灰要装几卡车。有人估算，这样一天参加活动的人数有2万多人。在农历二月二至三月三这一个月里，则每天多达4万人。

这里要强调指出的是，这种活动完全是自发的。人们来自河南、安徽、山东、河北、湖北等省的农村。他们把伏羲当成神，来这里求平安，求子孙，求福，虔诚地排着大队，等候在伏羲墓前叩头烧香，许愿还愿。

舒乙先生在分析淮阳伏羲崇拜时感慨到：这就叫代代相传吧，这就叫历史吧，这就叫传统吧。看似一股无形的力量，却看得见，摸得着，非常有分量，有巨大的内聚力，有非凡的震撼性，了不得。

伏羲陵园在"文革"中破坏严重，东院西院全部被毁，只剩中路。目前整体都在快速恢复之中，陵前的那个大广场已经建成。

伏羲崇拜的长盛不衰，还有一个原因，就是人类自身的繁衍法则。在太昊陵一座大殿东北角的石基上有一个乒乓球大小的圆孔，是女阴的象征。据说，妇女摸它可以生小孩。逢祭日，这儿是最拥挤的。太昊陵前，还有卖泥泥狗的，是淮阳的特产，用胶泥捏成小狗，古拙可爱，大部分有性的暗示。可以看出，在中国广大农村老百姓头脑中，生孩子依然是头等大事。这就是远古的性崇拜在今天表现出来的遗传基因。

（二）蔚县上苏庄村"拜灯山"①

蔚县属于河北省张家口市，地处太行山的北端，河北、山西交界处，古称蔚州，历史源远流长，文化遗产十分丰富。其中上苏庄村的拜灯山是民俗社火活动的一个种类，自明朝嘉靖年间产生起，经历了曲折发展的历程，现在是国家第二批非物质文化遗产。

拜灯山的基本内容包括点灯山、拜灯山、耍社火、唱大戏四个部分，每年的农历正月十四、十五、十六在上苏庄村举行。上苏庄村是一个古堡，450多年前的堡墙、堡门和堡内民居大部分保存完好。古堡本身就是一种民俗文化现象，处处透露出村庄先人们为躲避战乱之苦、保家卫国的精神和智慧。

拜灯山活动的核心内容是敬祀火神。明嘉靖二十二年（1541）建造村堡

---

① 侯秀丽：《原生态是民俗的生命，民众是民俗的灵魂——2009元宵节蔚县民俗活动考察记》，《古村落》2010年第2期。

时,一方面为使该村更加兴旺发达,取火生土之意,在堡子南端建起供奉火神的灯山楼。另一方面,又怕火神过旺,生出事端,便取以水克火之意,在堡子北端建起供奉刘备、关羽、张飞的三义庙,因为传说中刘备是克火的水星。这样一来,相生相克,水火平衡。于是从那时候起,拜灯山敬火神、摆香案供"三义",就成为全村最为重要的民俗仪式,代代相传。堡子南端的灯山楼,高达三丈,龛内没有神像,只有一个巨大的梯式木架。木架上密密排着的一条条横木是供拜灯山时放置灯碗用的。平时没有灯碗,只是一个大木架,但村民们仍视之为神灵。

拜灯山,作为延续了几百年的一项民俗,自有很多讲究和规矩。如灯山楼木架上的灯碗一定要摆出漂亮图案,其中的灯火字画一定是有吉祥话语的。诸如"天下太平"、"五谷丰登",以及反映当年生肖的"×年大吉"等。祝福的话语带给人们的自然是暖暖的春意。而扮演"灯官"(老百姓说是"县太爷")的男童一定是父母双全的。堡中的过街纸灯平年挂12路,闰年挂13路,寓意月月平安、风调雨顺。家家户户门前也高悬自制的彩灯,有的还是走马灯,整个村堡在村后陡峭山脊衬映下真是如梦似幻。

灯山楼里的数百盏灯碗点燃后,灯火字画映入人们的眼帘。在众人的欢呼声中,民间艺人将一道巨大的纱幕拉上,里边木梯被遮住,唯有灯光由内透出,朦胧闪烁,美妙至极。这时候,在灯官率领下,一声"拜灯喽",全村民众连同外面赶来的游客一脸郑重与虔诚,祭拜火神。然后是村民的自由拜祭,有的父母会将孩子高举攀缘竖在十字街口的灯杆以取长高、高升之意。一些已婚未孕的小媳妇们会在灯山楼前上香拜祭之后,进入灯山楼内取六只灯碗,请回家中,供于灶王爷神位前,以求添儿增女,继承香火。接下去是耍丑,即粉墨浓妆的各种"人物"或舞蹈,或嬉戏,表演者和观众共同沉浸在欢乐喜庆之中,表演者中包括神话时代的北方之神玄武和玄武的妻子。再接下去,鞭炮鸣,鼓乐起,大戏开场,较多是演出晋剧的传统剧目(蔚县是晋剧流行区之一)。

(三) 朱仙镇木版年画

朱仙镇,位于河南省开封市西南22公里处,由于地处河南对外联系的水陆要冲,曾经是中国历史上的四大名镇之一。

木版年画兴起于北宋时期的东京开封,其背景是纸张的普遍应用和毕昇发明了活字印刷术。当时发达的城市工商业使新兴的市民阶层相应扩大,绘画开始从宫廷走向市民，诞生了由画工和刻版工人共同创造的纸画——木版年画。文献史料可以说明当时东京的木版年画已成蔚然壮观的普及规模，著名的《清明上河图》中就绘有"王家纸马"店。靖康二年（1127），金兵攻破东京，年画艺人迁移至朱仙镇。木版年画在此地生根发芽，并以其新的产地传名于世。经历了明清的鼎盛期（全镇年画店300余家，年产年画300余万张）、清末至民国的衰落期（年画作坊仅剩23家，年画行会消失）和1949年以后的曲折发展期（包括成立合作社，"文革"中受冲击以及改革开放后重新焕发生机），目前，朱仙镇木版年画已经列入国家《第一批非物质文化遗产（民间美术类）名录》。

朱仙镇木版年画制作工艺的程序包括绘稿、刻版、印刷和晾画几大部分，工艺烦琐，极讲究质量。其题材从最初单一的驱鬼除邪到祝福纳祥，再到表现历史故事和反映社会生活，十分丰富。其中驱邪类的代表是门神年画，往往成双成对，且为固定搭档。左立神荼，右立郁垒；左门白脸秦琼，右门黑脸尉迟恭（字敬德）。有专家认为，秦琼敬德脸谱式门神就是朱仙镇创造的。朱仙镇还创作了《燃灯道人、赵公明》"武财神"型门神年画和《刘海戏金蟾》"财神型"文门神年画。纳吉类的代表作有《天地全神》、《三星门神》等。由于历史上岳飞抗金著名的朱仙镇之役就发生在这里，所以多有岳飞的题材，也是朱仙镇木版年画的特色之一。朱仙镇木版年画线条粗犷，构图饱满，形象夸张，色彩鲜艳，具有鲜明的中原地方特色。中国民间文艺家协会主席冯骥才先生认为，中国年画是中国民间艺术的龙头，而河南朱仙镇，则是中国年画历史的源地。

（四）昆曲《1699·桃花扇》[1][2]

昆曲，原名"昆山腔"或简称"昆腔"，清代以来被称为"昆曲"，现在也被称为"昆剧"。昆曲是中国传统戏曲中最古老的剧种之一，也是戏曲艺术中的珍品，被称为百花园中的一朵"兰花"。昆曲的起源可以追溯至元代，距今已有600多年的历史。它产生于江苏昆山一带，与起源于浙江的海盐腔、

---

[1] 陈勤建：《寻找我们民族的精神家园——当代中国的非物质文化遗产保护》，《非物质文化遗产学论文集》，学苑出版社，2006.10。

[2] 刘康达：《尊故融新话传承——兼议昆曲〈1699·桃花扇〉的成功经验》，《非物质文化遗产纵横谈——北京市非物质文化遗产保护工作高级研讨班论文集》，民族出版社，2007.7。

余姚腔和起源于江西的弋阳腔，同属南戏系统，并称"明代四大声腔"。昆山腔开始只是流行于民间的清曲、小唱。其流布区域，开始也仅限于苏州一带，到了万历年间，便扩展到长江以南、钱塘江以北各地，后来又逐渐流传更广，万历末年流入北京。

由于昆曲在中国的17、18世纪曾经掀起过长达200年全国范围、不分阶层的社会性痴迷，更由于它曾经在中国剧坛一枝独秀300余年，并滋养和培育出100多个新生的地方性剧种，使它当之无愧地成为百戏之祖。著名戏曲理论家、作家余秋雨先生称赞"昆曲是中国传统戏剧学的最高范型"。

在昆曲最盛行的年代，每年中秋夜，苏州城内外，万人空巷，人们赶往虎丘斗曲，热闹无比，成为当时当地民众生活的一大景观。到了清末民初，昆曲艺术曾经濒临灭绝。1949年以后，因《十五贯》的演出掀起一段短暂的热潮后，昆曲艺术又陷入一个低谷，全国只剩下"六个半"昆剧院团，以至于有人称其为"博物馆艺术"、"老人艺术"。改革开放给昆曲带来了新的转机，2001年，中国昆曲被联合国教科文组织列入首批"人类口头和非物质遗产"保护名录。近些年来，在社会各界的大力推动下，昆曲艺术成果不断，人才辈出。其中，2006年江苏省演艺集团公司推出《1699·桃花扇》，成为一个轰动性事件，为昆曲艺术的保护和创新积累了宝贵的经验。

剧名中的"1699"，是原作者清代孔尚任完成剧本的年代，这样做鲜明地打出了"尊故"的旗帜。这个思想，还体现在剧本、音乐、行当、舞台呈现等方方面面，努力全景式展示那个时代的生活方式和情感状态。比如剧本，原本《桃花扇》四十四出，需演出9天，今天这样演根本不可能。在保证主体精神和氛围的前提下，对原作只删节，不新编，不擅改，把演出浓缩在三小时之内。通过一系列惊心动魄的大场面，基本恢复了300年前的架构。除了"尊故"，不乏创新。舞台上清一色的年轻演员，清一色的手工刺绣服装，最先进的灯光、音响、舞台装置。青春、华丽和现代科技不但没有遮蔽昆曲的古韵，反而让古老的艺术返老还童，大放光彩。

需要特别指出，《1699·桃花扇》的导演是中国国家话剧院优秀青年导演田沁鑫，文学顾问是台湾文学大师余光中，舞台方面的戏剧顾问是韩国"国师"级导演孙桭策，日本著名作曲家长岗成贡担任音乐创作，长期旅美的萧丽河负责舞美和灯光。其中的文化意义，一方面是每个人都为"做昆曲"而来，被全人类的文化遗产昆曲所融合；另一方面，昆曲得到了多方、多国艺术营养的滋润而更加朝气蓬勃。

二、几个基本概念

(一) 传承文化

根据本研究课题的设计,"传承文化"这个概念是文化中的一个类型,其文字表述是一个定语结构的词组。这与中国学界以及广大民众的理解有质的不同。在中国,讲传承文化,是讲对文化进行传承,是一个动宾结构的词组。

根据与日本同行的讨论,以及日本同行所援引京都、冲绳和新瀉的实例,笔者理解到,课题设计中的"传承文化",具有以下几个要点:一是代代相传;二是群体传承;三是基于一种文化氛围;四是在相应群体中会增强凝聚力和认同感。

显然,同时具备以上要点的文化现象,可以在联合国教科文组织所界定的"非物质文化遗产"的范畴内找到。在《保护非物质文化遗产公约》所罗列的非物质文化遗产五个方面中,"传承文化"最接近第三方面"社会实践、仪式礼仪、节日庆典"中的"仪式礼仪、节日庆典"。当然,由于礼仪和节庆活动的综合性,这些文化现象或多或少也会涉及其他的四个方面,只是它的核心内容归属于仪式礼仪、节日庆典。

在中国,国务院办公厅于2005年下发的《关于加强我国非物质文化遗产保护工作的意见》明确:"非物质文化遗产是各族人民世代相承、与群众生活密切相关的各种传统文化表现形式和文化空间。"这里主要指的是民俗文化。

中国著名文化学者段宝林先生对民俗的定义是:民俗是人们生活中的风俗习惯,是民众创造和传承的生活文化,包括物质民俗文化、精神民俗文化和社团民俗文化三大方面。物质民俗文化如衣、食、住、行、农、林、牧、渔、工、商、技等;精神民俗文化如民间信仰、巫术、宗教、禁忌、风水、民间文艺、娱乐等;社团民俗文化如家族、社区、婚丧嫁娶、生老病死、交往礼仪、法律军事习俗等。段宝林先生还认为,节日民俗具有综合性,包含上述三个方面的丰富内容。

目前尚在编写之中的《中华民俗大典》,是作为国家大型文化工程来组织的。其主体内容要求按节日民俗、物质民俗、社团民俗、礼仪民俗、信仰民俗、民间科技与卫生民俗、民间游戏与文艺民俗七个类型编排。可以认为，作为本篇论文主要研究内容之一的"传承文化"的特点，主要与上述"节日民俗"和"信仰民俗"相符合。

根据以上梳理，本文前述四个实例中，前两个可以作为传承文化的案例。用中国学界的术语来表述，它们是节日民俗和信仰民俗，其中淮阳案例还具有明显的庙会民俗的特点。

（二）技艺文化

从字面和含义上讲，"技艺文化"相比于"传承文化"，都要明确得多。"技"的核心意思是技能和本领，常用词是技术、技法、技能、技巧等。"艺"的核心意思一是技能、技术，二是特指艺术。根据《现代汉语词典》，"艺术"主要是指"用形象来反映现实但比现实有典型性的社会意识形态，包括文学、绘画、雕塑、建筑、音乐、舞蹈、戏剧、电影、曲艺等"。"技艺文化"则通常可以理解为在技术和艺术领域的文化。

在联合国教科文组织所界定的非物质文化遗产的五个方面中，第一个方面"口头传统和表现形式"、第二个方面"表演艺术"和第五个方面"传统手工艺"是我们所说的"技艺文化"的主要领域。而第三个方面"社会实践、仪式礼仪、节日庆典"和第四个方面"有关自然界和宇宙的知识和实践"中的一些活动，也有可能属于"技艺文化"。前者如饮食文化中的餐饮制作技法、服饰文化中的工艺手法、重大礼仪或节日庆典中的司仪规程等。后者如民间信仰中诸如风水、巫术、占卜等场景中的仪规以及道具的制作等。

在中国学界，在讨论"技艺文化"问题时，更多使用的术语是"民间文化"。笔者认为，在中国，"民间文化"与"民俗文化"的实质是一致的，只是强调的角度略有不同。前者相对于文人文化、上层文化、高雅文化以及有些人采用的精英文化，突出民间是这种文化的创造者和使用者。而后者突出的是这种文化内容本身及其流行成"俗"的特点。

在民间文化的概念体系中，首先分出民间物质文化、民间精神文化和民间组织制度文化三个大类。其中的民间精神文化中包含有民间文艺以及民间信仰、巫术、宗教、禁忌、风水、娱乐等。而民间文艺则包括了民间文学（语言艺术）、民间音乐（听觉艺术、时间艺术）、民间舞蹈（视觉艺术、时空艺术、表演艺术）、民间美术（造型艺术、空间艺术、视觉艺术）、民间戏剧、曲艺（综合艺术、时空艺术）五个类型。显然，民间文艺的这五个类型是"技艺文化"最主要分布的领域。除此之外,"技艺文化"还可能分布到上述民间精神文化中的其他领域,也还可能分布到民间物质文化和民间组织制度文化的某些领域。不管怎样,抓住了民间文艺的五个类型,就把握住了"技艺文化"的主体。

根据以上梳理,本文前述四个实例中,后两个可以作为技艺文化的案例。用中国学界的术语来表述,它们分别是民间文艺中的民间美术类和民间戏剧、曲艺类。还需要指出一点,有人将中国的昆曲归为高雅文化。非物质文化遗产保护的主体确是民间文化,但并不排斥高雅文化,同时民间文化与高雅文化之间并不存在一条严格到不可逾越的界限。拿昆曲的实际情况说,昆曲来自于民间,兴盛于民间,今日的保护、复兴也离不开民间。尤其是下面要重点讨论的传承问题,更是离不开民间这根主线。昆曲的传承问题具有典型性,所以笔者选择了它。

(三)(文化)传承

在中文中,"传"的核心意思是"由一方交给另一方;由上代交给下代",常用词有传授、传播、传代、传承等。"承"的核心意思有几个,其中有承担、继续和接受,常用词有承传等。笔者认为,在讨论"传承"一词的情景下,"传"指的是上一代,"承"指的是下一代,双方通过传授和习得的方法,共同将某一种思想、行为、方法、技巧继续下去。在《现代汉语词典》中,对"传承"一词的解释就是"传授和继承";而对"承传"的解释是"继承并使流传下去"。笔者还认为,在组词结构以及深刻反映社会生活上,"传承"如同"教学"一词一样精彩。

在中国,"传承"一词,在民俗学中最早得到运用和最经常运用。并且学界普遍认为,传承是民俗文化的基本特征。实际上,不仅仅是民俗文化,凡是传统的文化以及与传统文化相关的多种学科(如人类学、民族学、社会学、历史学、考古学、文化学等)都在使用"传承"这一个重要概念。

具体到"文化传承",学者赵世林在他的著作《云南少数民族文化传承论纲》中定义为:"文化传承是指文化在民族共同体内的社会成员中作接力棒似的纵向交接的过程。这个过程因受生存环境和文化背景的制约而具有强制性和模式化要求,最终形成文化的传承机制,使民族文化在历史的发展中具有稳定性、完整性、延续性等特征。也就是说,文化传承是文化具有民族性的基本机制,也是文化维系民族共同体的内在动因。社会成员正是通过习得和传承共同的民族文化而结成为一个稳定的人们共同体。"这个定义恰当阐明了"文化传承"的本质、特性以及意义。只要将其中关于民族的提法泛化为国家、地区、民族、族群、家族等不同的范围就可以在更多的场合使用了。因为符合以上不同范围的"文化圈"是客观存在的,而任何一个"文化圈"的文化都需要讨论传承问题。

(四) 终身学习

在中国的《现代汉语词典》中,对"终身教育"的解释是"一个人整个一生接受的教育。包括学龄前教育、学龄期各类学校教育、大学毕业后继续教育以及各种类型的成人教育等"。与"终身教育"的概念相比较,"终身学习"概念的覆盖面还要更宽泛一些,除了在上述各类专门教育机构的教育类型中进行学习之外,还包括随时随地的、氛围熏陶的、日积月累的、潜移默化的、非正规的各种各样的学习。举中国三个典型的说法:"活到老,学到老","三人行,必有我师","师傅领进门,修行在个人"。强调的是,人一辈子要学习,不论采取什么形式。

在讨论文化传承这个命题时,笔者认为"终身学习"这个概念就应该是最宽泛的,既包括各类专门的教育类型之中的学习,也包括它们之外的没有形式拘束的各种学习。当然,对于各类终身学习的专门教育机构,明确自己的重点教育任务也是必然和需要的。

三、对理论和实践的几点认识

(一)【传承·技艺】文化的基本性质

这里所说的基本特性,可以罗列很多,笔者择其要,将其归纳为"三生性",即"生命性"、"生活性"、"生态性"。

生命性。是指每一个传承文化和技艺文化,有灵魂,有形态,有发生发展。这个灵魂,"就是创生并传承它的那个民族(社群)在自身长期奋斗和创造中凝聚成的特有的民族精神和民族心理,集中体现为共同信仰和遵循的核心价值观"[①]。这个形态,就是传承主体在特定时空下的能动活动形态。这

---

① 贺学君:《关于非物质文化遗产保护的几点理论思考》,《非物质文化遗产学论文集》,学苑出版社,2006.10。

个发生发展，就是只要传承主体存在，它与自然、社会的互动就不会停止，传承文化、技艺文化就会不断生发、变异和创新，也就是说，命中注定它永远处于不停息的变化之中。在传承文化、技艺文化的生命延续中，内在的机制就是传承。

生活性。每一个传承文化、技艺文化，都来自于生活，融化于生活。对于传承者来说，它们不是来自于外界的"他者"，而是自己生活的一个个组成部分。两者之间，是如此熟悉、自然、习惯和适应。深深的情纽结，已将它们密不可分。

生态性。是指每一项传承文化、技艺文化，都发生于特定的环境，传承于特定的环境，变化于特定的环境。一句话，与所处的环境休戚相关，就如同自然界中每一种生物与环境的关系一样。而传承文化、技艺文化的环境，其最重要的特质是民间性。是民间环境催生和发展了具有明显民间性质和面貌的传承文化、技艺文化。正是基于这一点，国内外很多学者将包含传承文化、记忆文化在内的非物质文化遗产称为"民间知识"、"民间智慧"。

（二）【传承·技艺】文化的传承途径和类型

在中国，这个问题包含在非物质文化遗产的讨论之中。

吕屏等学者综述了中国学者对非物质文化遗产传承途径的研究。其中提及的途径有典籍的保存与流传、节日活动、宗教信仰活动、家庭教育、宗族制度等，也有专家认为象征符号是最基本的运载工具和传递手段。有专家指出，文化传承并不是一个单一的过程，由整体性出发进行研究是必要的。如赵世林将民族文化传承的社会机制归纳为六个方面：以家庭为中心的亲亲强制、以村寨为单位的社会监督、特殊状态（如战争）下的高强传承、族际交往中强化的自我意识、意味着义务延续的祖先崇拜以及宗教意识。[①]

中国非物质文化遗产专家委员会专家刘锡诚将中国的非物质文化遗产的传承方式分为四个类型：群体传承、家庭（或家族）传承、社会传承、神授传承。[②]

群体传承，其核心意思等同于现在人们常说的"群体记忆"、"民间记

[①] 赵世林：《云南少数民族文化传承论纲》，云南民族出版社，2011.11。
[②] 刘锡诚：《传承与传承人》，《非物质文化遗产纵横谈——北京市非物质文化遗产保护工作高级研讨班论文集》，民族出版社，2007.7。

忆",是指同一文化圈中的众多成员共同参与、传承同一个非物质文化遗产项目的活动,它的基础是成员们具有共同的文化心理和信仰,反过来,这种共同参与又增强了这种共同的文化心理和信仰。群体传承常见于流行于民间的风俗礼仪(比如祭祖)、岁时节令(比如春节)和大型民俗活动(比如庙会)。

本文前述四个实例中的前两个,显然属于群体传承。实际上,本研究课题中讨论的传承文化的特征之一就是群体传承。

家庭(或家族)传承,指在有血缘关系的人中进行传承,一般不传外人,有的甚至传男不传女,这种传承主要发生在技艺性比较强的行业中,如一些手工艺以及中医等。这种传承类型反映出中国历史上长期以家庭(家族)为单位的社会构成特点。由于其传承链的保守性和封闭性,其承载的文化非常容易由于传承人的原因而中断、消亡。

社会传承,包括师傅带徒弟和未经拜师而自学成才两种情况。后者常被人们称为"无师自通",而笔者更强调尽管不拜师,仍然是有学习对象的,故用"自学成才"更贴切。两者的共同点是均有赖于熟练的传承人才能得以传承。

本文前述四个实例中朱仙镇午画的传承,既有家庭(或家族)传承,也有社会传承。而昆曲的传承,除了长期依靠社会传承(指师傅带徒弟)和家庭(或家族)传承(往往同时具有师傅带徒弟的性质和形式)外,在目前,还增加了学校专业培养这样一种传承方式。这是在中国一部分戏剧、曲艺中存在的情况。

神授传承,在中国的史诗传承学说中,占有一定地位,如藏族史诗《格萨尔》的说唱大师中,就有很多人声称自己的说唱艺术来自于托梦或神授。而学界意见分歧,尚无有力证据证明其"是"或"否"。这个类型与本项研究基本无关。

(三)对中国【传承·技艺】文化传承的几点讨论

第一,在当今中国,【传承·技艺】文化传承的首要任务是思想上的再认识。

毋庸讳言,在"文革"中达到登峰造极的"左倾"思潮和对传统文化的忽视,其影响是严重的。除前文所述四个实例中每个都有具体表现外,各种类型的事例很多。音乐大师瞎子阿炳的二胡艺术只留下了《二泉映月》等6

首曲子，其他 200 多首曲子轶失，成为无法弥补的人类损失；已有 560 年传承史的北京智化寺京音乐的明代乐器在"文革"中被付之一炬；山西作为中国的地方戏剧大省，不少剧种已经失传；梁祝传说在宁波梁祝庙、墓所在地的高桥镇，目前几乎没有年轻人能够完整地传说，这一则广为流传的著名口传文学作品面临濒危的局面；很多传承文化，日渐淡出人们的生活，很多技艺文化后继无人。这是事物的一个方面。事物的另一个方面，中国社会经过总结和反思，已经重新认识文化在社会发展中的重要地位。文化遗产日的设置，一系列文件和法规、规划的制定，国家和各级地方非物质文化遗产名录的整理，一系列保护、发展措施的推行以及多项重大文化工程的出台，加上学界研究的推动，中国在传统文化领域，已经出现了一个令人鼓舞的新的局面。

现在的问题是，在国际、国内新的形势下，又出现了新的问题。概括地说，一个是西方文化作为强势文化随着经济全球化的潮流，对中国影响越来越大；另一个是国内快速发展的现代化和城市化进程对传承文化、技艺文化的冲击也越来越大。这两股力量共同作用的结果，以中国农村为例，引发农村生产、生活方式的巨大变化，造成大量年轻人进城或者进企业而脱离传统农业生产，电视、网络等媒体的普及以及文化娱乐形式的多样化，都造成了对传统文化、技艺文化生存空间的挤压。本质的原因则在于社会的发展引发传承文化、技艺文化所依托的生态环境发生严重变化，而导致人们思想观念的转变，这个影响就好像水和鱼的关系一样。在这个新问题上，我们一定要进行思想上的再认识。

第二，这个思想上的再认识由两个要点组成，一是要坚持文化多样性，二是要增强传承文化、技艺文化对变化了的社会环境的适应性。也可以说，前者是目标，后者是手段。

这里重点谈增强适应性问题。因为在中国，近些年在坚持文化多样性、保护文化遗产方面，人们谈论比较多，而在增强适应性方面，相对谈得比较少。

谈论适应性的理论基础，应该是必须承认所讨论的文化现象是有生命的，是活态的，是会变化的。从这一点出发，对某个文化现象进行保护的实质性目标在于维护和加强其生命，即增强其保存生命和可持续发展的能力（称"动态保护"），而不仅仅是对其进行固化的、静止的某一时态的保护（称

"静态保护")。

笔者认为，环境的变化是无可逆转的，身处其中的文化，唯有增强对环境的适应性才能立足和延续，而适应性的核心是创新。完全可以说，创新是传承文化、技艺文化传承必须遵循的原则。这里有很多成功创新的实例。前述昆曲案例就由于多方面的创新，使古老的剧种具有了新的时代气息而获得了观众的认可，有专家将其总结为"尊故融新"[①]。

前述上苏庄村拜灯山案例中，其中演大戏除上演传统的晋剧外，也经常上演更受年轻人喜爱的流行歌舞。在中国，即使像春节这样的最重要的传统节日，人们的习俗也随着时代的变迁而增加了新的因素，中央电视台的"春晚"已经成为人们的另一餐"年夜饭"。以后笔者将专门讨论的中国众多依托传统文化的"文化节"中，传统与现代的结合更是其主要的特点和亮点。各种技艺文化的传承中，从用料、题材、手法到功能，凡是创新适应新的需求的，则生存发展，否则衰落甚至消亡。

讲增强适应性问题，还有两点要提及。一是要防止文化自身基因谱系的破坏；二是"静态保护"也是重要的，尤其是对某个文化现象已经无法增强其对环境的适应性的情况下，静态保护就成了唯一的保护手段。

第三，教育要在【传承·技艺】文化的传承中发挥重要作用。在该领域，教育可以发挥的第一个作用是提高全社会尤其是年轻人对保护这些文化遗产重要性的认识，加强社会舆论导向。第二个作用是通过多种途径（如学校学生的社团活动、社区的文化活动、老年大学以及利用旅游活动等），以灵活多样的形式传授技艺文化的内容。第三个作用是通过专业教育培养人才。第四个作用是通过调查与研究，发掘本地传承文化、技艺文化的内容并服务于地方。这些内容笔者以后将另文专门讨论。

（与张帆合作，原载于《日中韩比较研究：传统文化的历史认识与终身学习》，[日]明石书店，2013年11月）

[①] 刘康达：《尊故融新话传承——兼议昆曲〈1699·桃花扇〉的成功经验》，《非物质文化遗产纵横谈——北京市非物质文化遗产保护工作高级研讨班论文集》，民族出版社，2007.7。

京城脊梁　人天共成

北京，一座具有3000年建城史和近千年建都史的历史文化名城，一座世人瞩目的国际大都市，社会主义中国的首都，确实有太多的话题可以说，也有太多的理由吸引人们关注它的历史和发展。那么，从何处着手呢？

中轴线！因为中轴线凝聚了北京这座城市文化历史发展的精髓。

它不仅仅是北京城的脊梁，更是一条关乎北京人文历史、道德教化、风俗民情，乃至社会发展的命脉。把住了中轴线，就把住了北京文化的生命之根。

依据"前朝后市"的规划思想以及明清北京城先有内城后有外城的发展轨迹，北京城中轴线，起自于封建时代最集中象征皇权的金銮宝殿——三大殿，首先形成紫禁城内长约1公里的中轴线，然后向北延伸到钟鼓楼，向南延伸至永定门，形成贯通北京全城的中轴线，全长7.8公里。从发生学角度考量，北京城中轴线可以划分为三个段落，即作为发生地所在的中段，以及由此延伸的北段和南段。

就其形态而言，最终形成的中轴线就像是一曲气势磅礴、波澜起伏的乐章：有序曲，有高潮，还有尾声。

南段是该乐章的"序曲"。以永定门、天桥、天坛、先农坛、正阳门大街为主要内容。

中段是该乐章的"高潮"。它由九个部分组成，即正阳门、棋盘街、宫廷广场、天安门与端门、太庙、社稷坛、紫禁城、景山、地安门。毫无疑义，紫禁城是其中的最高潮。

北段是该乐章的"尾声"，以地安门外大街及钟鼓楼为主要内容。

在我国，作为国都所在城市中轴线形成发展的文化，可谓源远流长。

距今约5000年的辽宁建平县牛河梁红山文化晚期的"积石冢"群遗址，其中轴突出、三重圆环、三重方坛的形制，与后来的天坛建筑布局有着惊人的相似之处。

京城脊梁　人天共成

考古发现的河南偃师4000多年前商都亳城，已经形成内有宫城、外有郭城、中轴线由宫城正门向南延伸到郭城南门的形制。

从公元3世纪的曹魏邺城、魏都洛阳，到以后的隋唐长安城、北宋后期的东京汴梁、南宋时期的临安，以及北京历史上的金中都、元大都，明清北京城的中轴线，不仅是一脉相承，而且是日臻完善的。所以说，北京城中轴线是5000余年历史文化的积淀。而明清中轴线又是继承了元大都南半城的中轴线发展而来的。因此，我们也可以说北京城中轴线"肇始于元，形成于明"。

我国自夏代营建都邑，经过商代的发展，到了西周初年，已经形成了一个基本的都城规划制度。这就是《周礼·考工记》中提出的"营国制度"：匠人营国，方九里，旁三门。国中九经九纬，经涂九轨。左祖右社，面朝后市，市朝一夫。这便是在"井田制"的基础上发展而来的"营国制度"。

元大都是我国历史上最接近于《周礼·考工记》"营国制度"规划建设的都城。直接"脱胎"于元大都的明清北京城又是中国封建时代多个古都中的最后一个，是中国古代都城的最后结晶。既然其城市规划与建设均是巅峰之作，其中轴线自然也达到了前所未有的最高水平。

中轴线是北京城的脊梁。梁思成先生这样描述这根轴线："北京在部署上最出色的是它的南北中轴线，由南至北长达七公里余。在它的中心立着一座座纪念性的大建筑物。由外城正南的永定门直穿进城，一线引直，通过整个紫禁城到它北面的钟楼鼓楼，在景山巅上看得最为清楚。世界上没有第二个城市有这样大的气魄，能够这样从容地掌握这样的一种空间概念。更没有第二个国家有这样以巍峨尊贵的纯色黄琉璃瓦顶、朱漆描金的木构建筑物、毫不含糊的连属组合起来的宫殿与宫廷。环绕它的北京街型区域的分配也是有条不紊的城市的奇异孤例。"

在形态上，北京城中轴线具有以下四个特点。

一是从城市空间布局上，它是统领整个北京城建筑布局的脊梁，是北京城市规划的基准线和起始线，整个城市依它而展开。

二是这条中轴线是南北方向的，源于地处北半球的地理区位和面南而王的传统思想。

三是相对这条中轴线，其两翼的对称十分突出。这种对称不仅仅在于建筑本身，连这些建筑的名称都是对称的。如外城的左安门和右安门、东便门和西便门、天坛和先农坛两组对称的建筑群；内城的崇文门和宣武门、东直门和西直门；宫廷广场外面衙署的文东武西、宫廷广场上的长安左门和长安右门；皇城中的左祖和右社；紫禁城中的东华门和西华门、文华殿和武英殿、东六宫和西六宫、御花园中的万春亭和千秋亭等。实际上，整个北京城的城市肌理是以中轴线为基准均衡布局的。

四是在这条中轴线的南北方向上，主要建筑（建筑群）由于其功能的不同，形成了规制、体量乃至形态等的差异，加上过渡单元的存在，形成高低、远近、轻重的起伏。它既像诗篇，像乐章，又像一幅魅力无穷的画卷。

在文化内涵上，北京城中轴线是中国传统文化的凝聚之轴。《吕氏春秋·慎势》说："择天下之中而立国，择国之中而立宫。"城市规划建设中的"中"，既指中心，也指中轴。明清北京城由宫城、皇城、内城、外城四城相套回合而成，宫城是皇帝理政和居住的地方，全城的中心，即所谓的"天下之中"。

为了进一步突出这个"皇权至上"、"唯我独尊"主题，全城必然要形成对"中心"的拱卫之势，即以宫城为核心向南、北两个方向延伸，形成坐北朝南、层层拱卫的格局。这就是中轴线。通过中轴线的延伸以及两侧的对称，全城不仅构成了一个有机的整体，产生了和谐的韵律，并且形成了基于丰富文化内涵的凝聚力。有趣的是，以宫城的轮廓为"口"，以中轴线为"｜"，所构成的恰恰就是一个"中"字。

就核心文化理念而言，与中轴线相关的，除了一个"中"，还有一个"正"，即"面南而王"的文化观念。这与北辰崇拜的文化理念和地处北半球中纬地带、季风气候特点十分明显的地理特点密切相关。侯仁之先生说："中轴线的方向，遵照'面南而王'传统规制，必须是自北向南的。"

这里所说"中"与"正"的思想观念，与中国传统文化的子午线观念是一脉相承的，它不仅成就了北京城中轴线本身，还成就了整个北京城的格局，包括最具地标意义的城墙与城门体系、道路网格体系，以及最具象征意义的天、地、日、月四坛体系和风、雨、云、雷四庙体系等。天、地、日、月四坛的正门均面向中轴线，按"天南地北，日东月西"布局；风、雨、云、雷四座庙宇对称布局于中轴线东、西两侧，而且互相呼应。

除了"中"与"正"作为北京城中轴线文化的核心理念之外，博大精深的中国传统文化在中轴线上多有体现，试看下列诸例。

京城脊梁　人天共成

"天人合一。""天人合一"有天、地、人融为一体的思想。上为天，中为人，下为地，视为"三才"，这是"天人合一"思想之精华。这里的"天"主要是指有意志的"天"，即天命之"天"。所谓"天人合一"，就是人与天命的天人合一。君主是天之子，他代表天的意志统治人间，"上天之子，代天君临万民"。这是古代自秦汉以来占统治地位的哲学思想。董仲舒的"天人感应"就是其集大成者。这种"天人合一"的思想统领了古代北京城中轴线的规划建设。明永乐初年紫禁城前三殿名为"奉天"、"华盖"、"谨身"，嘉靖年间改名为"皇极"、"中极"、"建极"，清代又改称"太和"、"中和"、"保和"，其核心思想就是"君权神授，奉天承运"。

"象天设都。"古人认为，天界是一个以北极帝星为中心，以"四象、五宫、二十八宿"为主干，结构十分严密的社会体系。帝星所居的紫微垣位居中宫，而东宫苍龙、西宫白虎、南宫朱雀、北宫玄武并二十八宿，形成拱卫之势。对此，古人在都市建设中进行了不遗余力的模仿。如以宫城象征紫微垣，大城建筑象征二十八宿，乃至全天星斗等。这就是"王者制宫阙殿阁取法焉"。明清北京城，就是其登峰造极的成果。

阴阳学说。"阴阳者，天地之道也"；"分阴阳，两仪立焉"；"阴阳谐和，而生水、火、木、金、土。五气顺布，四时行焉"。阴阳学说对古代北京城中轴线规划建设的影响几乎无处不在。如宫城分为前朝和后廷两部分：前朝为阳，所以三朝五门，多为奇数；后廷为阴，所以两宫六寝，多为偶数。前朝之殿多采用"九开间，五进深"，象征皇帝乃"九五之尊"；重檐庑殿顶或重檐歇山顶，九条脊，甚至连檐角小兽亦为"九数"（太和殿的檐角兽增至10个是特例）；门扇是四九的倍数，门钉是九九的倍数等。不仅如此，前朝三大殿坐落在"土"字形的汉白玉台基之上，是依据土在五行居于中，表示这里是天下的中央，同时土也代表江山社稷，期盼安定永固。

礼制。《礼记》说，"道德仁义，非礼不成。教训正俗，非礼不备。分争辩议，非礼不决。君臣、上下、父子、兄弟，非礼不定"。礼制自其诞生之日起，就渗透进了社会生活的各个领域。表现在建筑的等级制度上，有些建筑只有"天子"才能拥有，如明堂、辟雍；有的是从建筑的尺寸和数量上做出规定，如"公之城方九里，伯之城方七里，子男之城方五里"等；还有从建筑形式、色彩和工艺上加以限制，如天子宫殿为"四阿顶"，卿大夫以下宫室为两坡顶等。这种建筑等级制度历朝历代都有细则，明清两朝尤为苛刻。

清代门钉只允许用在皇宫、坛庙和皇室成员府第，且规定了严格的行数、枚数的系列标准。对三种不同手法彩绘、七种屋顶形式、六种四合院大门的适用等级都做出了严格的规定，不得僭越。

《周礼·考工记》之"营国制度"。该制度记述的是周王朝建都邑的制度，也有人理解成一种都城规划建设的理想追求。该制度规定了王城的形制、规模和城门的数量，提出了王城干道网络规划，确立了"左祖右社，面朝后市"的主要格局，而将王城的其他部分，按各自的功能和规划要求，分别部署在主体的周围。这个模式，在我国封建社会的进程中得到不断的革新和发展。我们今日所见的明清北京城（其中包括元大都遗留至今的街道格局），在继承传统的基础上，因地、因时制宜，形成了独特的风格，体现出更加丰富的文化内涵。

通过以上对北京城中轴线文化内涵的分析，可以认为，正是基于当时人们对"天"以及"天人"关系的认识，才有了北京城中轴线。也正是北京城作为中国封建时代最后一个都城，其城市规划建设达到了前所未有的巅峰状况。所以说北京城中轴线是"人天共成"。

在城市功能上，中轴线是充分体现首都首位功能的政治之轴，这可以从各个局部分别承担的政治职能来说明，也可以从整体的政治功能来证明。例如，紫禁城三大殿是举行国家大典的场所，是统治者发号施令、决策统治的地方，当然成为了国家政治的象征。北京城中轴线上的其他众多建筑，具体功能虽各有不同，如太庙用以祭祀皇家祖先，社稷坛用以祭祀社稷，天坛用以祭天，先农坛用以祭祀先农诸神并举行藉田典礼，钟鼓楼用以报时，景山用作御园，等等，但其核心价值也无一不在显示皇家的尊严与权威，无一不是君权神授的宣示，无一不在执行政治的功能。即使是作为游憩之所的景山也还具有另一个政治身份——它是压胜前朝（元朝）的"镇山"和拱卫紫禁城的靠山，被称为"万岁山"。

北京城中轴线是由空间上若干个有不同的南北长度和东西宽度构成的空间单元共同组成的。而从文化内涵以及功能上看，每一个单元又是一个相对独立和统一的整体。这些单元相互连接而不间断。具有上述特征的若干单元连接而成的北京城中轴线，在空间形态上总体呈现为宽度不一的多个矩形的纵向连缀。

我们以明代中轴线的构成为例，它包括下列16个单元：永定门（包括城楼、箭楼、瓮城、护城河相应段落及其桥梁）；天坛；山川坛；天桥；正阳门大街；正阳门（包括城楼、箭楼、瓮城、护城河相应段落、正阳桥及五牌楼）；棋盘街；大明门、长安左门、长安右门围合而成的宫廷广场（不含承天门）；承天门、端门、御道以及六科值房；太庙；社稷坛；紫禁城（含东苑、西苑）；北上门、景山；地安门（含雁翅楼）；地安门外大街；钟楼、鼓楼等。这些单元有构成中轴线的主体单元，也有外延辅助单元，其中，正阳门大街、地安门外大街等单元的宽度定在包含临街一排房和与大街对接的胡同口。

　　以辛亥革命推翻清朝统治为界限的前后时期，北京城中轴线发生了种种变化。空间形态上变化相对较小，多数单元作为文物保护单位得以保全，总体格局得以维持，顺应时代从封建王朝到人民当家做主社会的变迁，其文化内涵和使用功能则发生了巨大的变化，由为帝王及其统治服务改变为为人民服务，博物馆、公园、广场等公共场所和文化场所成为其主要的存在形式。显然，这是一种进步，可以以天安门广场为例。

　　改造前的天安门广场，是明清皇城向南凸出的一个"T"字形宫廷广场。改造以后的天安门广场，充分显示了新时代人民当家做主的政治内容：广场上可以同时供数十万群众集会，大会堂可容纳上万名人民代表讨论和决定国家大事。每天有多少来自全国各地的民众来到天安门广场观看升国旗仪式。人民英雄纪念碑已经成为全中国人民心中永远的丰碑。郭沫若的诗句"天安门外大广场，坦坦荡荡像汪洋。巨厦煌煌周八面，丰碑岳岳建中央"，准确描绘出了新天安门广场的宏伟气象。

　　纵观天安门广场的变化，可以概括为以下六个方面：

　　第一，建筑外貌、空间格局的巨大变化。原来那个狭长、深远，而大道尽头平阔开展，为的是显示皇家绝对权威的"T"字形广场不见了，代之以宽阔、视线通达、可供数十万民众集会的"世界第一城市广场"。原中华门与正阳门之间的棋盘街等周边小规模空间单元均融入了天安门广场。一统、和谐、宏伟是今日天安门广场的外貌和空间特征。

　　第二，文化的核心理念上的巨大变化。这个转变起于辛亥革命之后民众的政治集会多在天安门广场举行，而1949年新中国成立之后尤其是新的天安门广场竣工以后，这个情况变得更为固定和规范。它既是民众的心中向往和约定俗成，也成了政府工作安排的一种必然选择。

第三，在广场功能上的巨大变化。过去主要集中在御道和大明门（大清门）上，是为皇帝所代表的国家典礼服务；现在主要集中在整个广场，包括天安门、人民大会堂、国家博物馆等大型公共建筑在内。它既为国家典礼服务，也为议政、施政服务，还为民众大型集会服务，更为民众提供文化食粮服务。

第四，天安门地位的巨大变化。明清时期的天安门只是朝廷"金凤颁诏"的地方，主要是一个礼仪场所。那时候的天安门城楼，与紫禁城的关系更为密切，所以将其划分在"天安门、端门单元"。而现在的天安门，已经与广场相融成一体，不可分割。事实上，天安门城楼的图案之所以能进入新中国的国徽，是因为作为天安门广场的中心和象征，而不是作为明清皇城的象征。

第五，改造以后的天安门广场，已经成为国家政治中心的象征、广大人民群众集会的场所和全国人民向往的地方。甚至可以说，天安门广场东侧国家博物馆乃国家历史之展现，西侧人民大会堂乃人民社稷之所在，是新时代新形式的"左祖右社"，天安门广场当之无愧成为中心。扩建后的天安门广场"已经成为平面布局的中心，占据了全城中最重要的地位。对比之下，紫禁城这个在旧日突出于全城中轴线上的古建筑群，则已经退居到广场'后院'的次要地位"。

第六，改造后的天安门广场是北京城中轴线最为重要的组成部分，占据着无可替代的"政治之轴"中心地位。它与封建时代那个"T"字形广场已经不可同日而语，它所代表的社会制度已经发生了翻天覆地的变化。

著名的历史地理学家侯仁之先生认为，紫禁城是北京城市发展历程上的"第一个里程碑"，代表的是封建王朝统治时期北京城市建设的核心，也是中国传统建筑艺术的一大杰作。到今天它依然屹立在全城空间结构的中心，已不仅仅是中国人民的艺术财富，而且已被列为"世界文化遗产"，享誉全球。天安门广场的改造，是新中国建立之后，在北京城的空间结构上，突出地标志着一个新时代——人民当家做主时代的来临。它赋予具有悠久传统的全城中轴线以崭新的意义，显示出在城市建设上"古为今用，推陈出新"的时代特征，在文化传承上有着承前启后的特殊含义。我们把它看作北京城市发展历程上的"第二个里程碑"。由于亚运会的召开和后来国家奥林匹克体育中心的兴建，显示出北京走向国际性大城市的时代已经到来，这就是北京城市发展历程上的"第三个里程碑"。

我们把北京城中轴线的上述变化，绘制成两张不同时期的北京城中轴线单元组成图。一张是明清时期的，一张是辛亥革命之后的。

随着历史前进的脚步，北京城中轴线不断完善、丰富，既包括其空间形态，也包括其文化内涵和功能作用。它已经形成一个独立存在的物质和非物质的完整体系，已经成为"关于北京人文历史、道德教化、风俗民情乃至社会发展的一条命脉"，已经成为理解和体验整个北京城历史文化的纲领所在。这也就是我们保护这个堪称"北京的灵魂、中国的象征、世界的唯一"的北京城中轴线以及申请加入世界文化遗产名录的根本原因。

根据以上所述，可以认为北京城中轴线的保护和申遗具备了充足的依据。而实际上还有一个重要问题需要回答，这就是为什么要将北海包含于中轴线申遗范围之中？依据是什么？简而言之，元代在建设大都的过程中，元大内的中轴线以及由此延伸开来的元大都城的中轴线都来自于同一个原点。这个原点依傍于金代白莲潭。当时的白莲潭包括现在的北海、中海、"什刹三海"及其向西延伸被后人称作"太平湖"的水面，面积比现在大很多。这个白莲潭呈向东弯凸的半圆形，长近10里，宽约里许。而上述原点就选在其圆弧顶点现在的万宁桥。通过万宁桥这个点，做一南北方向的子午线。这条子午线就是一直留存至今的北京城中轴线的起始。当时的规划者刘秉忠又将白莲潭分为南、北两部分，南边一半就是现在的北海和中海，作为内苑必需的太液池，湖中安排蓬莱、瀛洲、方丈三山，形成了"一池三山"的胜景。北边一半称积水潭，供城内居民用水，后来发展成为京杭大运河漕运的终点码头。白莲潭—万宁桥原点—元大内中轴线—元大都中轴线—明清北京城中轴线，这就是我们今天讨论的中轴线的成长轨迹。显然，元代统治者之所以选择这片湖泊作为整个城市中心的依托，是蒙古族作为游牧民族"逐水草而居"的习俗使然。从中华文化形成历史的角度来看这个问题，则是文化多元、融合一统特质的有力证据。所以，尽管这片湖泊不在中轴线的本体之内，人们仍然要择其代表北海纳入中轴线申遗的范围之中。

北京城中轴线是我国古代都城规划的杰作，是不断传承和发展的城市文脉，是中华文明与现代城市文化对接的纽带和桥梁，是人类文化遗产的重要内容。北京城中轴线在研究古代建都史和建筑史、展示北京优秀历史文化、促进北京城市可持续发展、丰富"世界文化遗产"等方面,具有无可替代的重要价值。

做好北京城中轴线的保护和申遗工作,有利于推进北京历史文化名城的整体保护,有利于提升北京城市的竞争力和国际影响力,有利于推进首都城市的长远发展。

(原载于《北京中轴线》第一篇(总论),北京出版社,2013年12月)

近代北京交通发展中的城市变化及评论

根据中国历史学界对时代划分的共识,本文中"近代"的时间上限是1840年,下限是1949年。本文所涉及的"北京城市"与"城市变化"主要以"明清北京城"为范围,也就是现在所说的"北京旧城"即二环路所包围的这一块城区。个别事件由于关联性,会超出上述时间和空间范围。由于"交通发展"这个词汇下所包含的内容过于庞杂,本文只选择了最有时代性和最主要的交通方式和地段。它们是铁路交通建设、道路建设和有轨电车的发展。

一、铁路交通建设

(一)北京铁路建设的前奏

铁路——蒸汽和钢铁复合而成的工业革命的成果,在中国将主要城市连接起来,是在19世纪80年代。1876年,英商修建了自上海至吴淞的淞沪铁路,这是中国土地上出现的第一条商用铁路线。紧接着又有了唐山至胥各庄的唐胥铁路,后又延至大沽和天津。而中国第一个接触铁路技术的城市不是上海、唐山和天津,而是北京。

早在同治三年(1864),英国商人杜兰特(Durante)在北京外城宣武门附近修建了一条长约1里的展览性铁路,由于"见者诧骇,谣诼纷起",很快就被清政府勒令拆除了。

当唐胥铁路延伸到天津之后,光绪十四年(1888),广东商人陈承德呈请修建天津至通州的铁路。当时清廷中洋务运动的主要人物李鸿章将此上奏,并取得了醇亲王奕譞的支持,而慈禧太后看到反对的人太多,而不予批准。在这个背景下,在清廷的西苑内竟然修起了一段铁路——西苑小铁路,又称紫光阁铁路,似乎让人摸不着头脑。

根据清廷档案记载,铁路在紫光阁以东,南起慈禧居住的仪鸾殿附近的瀛秀门外，向北穿越中南海北福华门、北海阳泽门，沿北海西岸经极乐世界、阐福寺，向东至镜清斋（现静心斋）为止，全长2300多米，于光绪十五年（1889）通车。为了不影响车马通行，在通过几个门口和路口时，其铁轨采取了活安的办法。

这条铁路主要用于慈禧太后、光绪皇帝和后妃、王公大臣乘火车到北海游览、用餐、休息。为了不让机车的鸣笛和轰隆之声打扰破坏皇城的气脉，不用机车牵引而由太监挽拽。一首清宫词"宫奴左右引皇幡，轨道平铺瀛秀园。日午御餐传北海，飚轮直过福华门"，即是那种场景的真实写照。[1]

从表面看这件事，反映了慈禧等统治者的享乐奢侈，而更重要的是与当时的社会变革密切相关。原来是李鸿章为了让太后和皇帝亲眼见到铁路和火车是怎么回事，指使天津海关道周馥向法国订购了铁轨和小火车，其中包括给慈禧专用的一辆上等极好车，而以法商的名义"殷情报效，不敢计资"送给了清廷，实际上是向慈禧太后做了一个大广告。果然，从此慈禧太后便转向支持修铁路了。

紫光阁铁路至今已踪迹全无了，但它在中国铁路史上留下了特殊的一笔。20世纪70年代末重修紫光阁时，还从地下挖出过当时的铁轨，为曾经的西苑小铁路增加了物证。

（二）京奉铁路与正阳门东站

京奉铁路是由前述唐胥铁路向两头逐段展筑而成的，光绪三十三年（1907）6月1日全线通车，由北京至沈阳，全长843.12公里。它是北京通往东北的第一条铁路，也是在北京建成的第一条正式运行的铁路。由于京奉全线为逐段修建，加上时局变化造成北京等地名的变化，京奉铁路还曾经使用过"关内外铁路"、"平奉铁路"、"北宁铁路"等多个名称。[2]京奉铁路在修建过程中，有些重要事件与北京相关。

光绪二十一年（1895）12月6日，清政府批准李鸿章的奏请，决定筹拨官款修建津卢铁路（天津至卢沟桥），同时设立津卢铁路局，并委派胡燏棻为督办大臣。光绪二十二年（1896），津卢铁路展至北京丰台。次年，再由丰台展至右安门外马家堡。同年，还修筑了丰台至卢沟桥支线。

光绪二十七年（1901），英军出于军事运输和控制北京的目的，强行在城墙上凿开豁口，将津卢铁路由马家堡展筑至永定门内，再经东便门至正阳门东侧，并修建了正阳门东站。由于英军的司令部设在天坛，英军还将铁轨由马家堡展筑进了中国皇家的禁地——天坛，并修建了天坛火车站。光绪二十八年（1902）4月，马家堡至天坛的铁路被拆除。另外，英军还修建了由东便门至通县（今通州区）的铁路支线。京奉铁路在北京地区的主要车站有马家堡、正阳门东、东便门、永定门、丰台等。

马家堡站是光绪二十三年（1897）津卢铁路展筑至与马家堡时建成的车站，位于永定门南15里。它是由于当时清廷不准许火车进北京城而选择此地作为津卢铁路的终点站，是北京历史上最早的火车站之一。当时为方便北京城里人乘坐火车，英国人专门修建了一条由永定门到马家堡的有轨电车线路。这条线路是北京历史上第一条有轨电车线路。光绪二十六年（1900），马家堡火车站连同上述有轨电车线路毁于义和团运动。

正阳门东站，俗称前门站，全称京奉铁路正阳门东车站，也称过北京站、北平站、北平东站。该站的历史可追溯至光绪二十七年（1901）。于光绪三十二年（1906）正式建成并启用。车站平面呈矩形，地下两层，地上三层。整栋建筑面积约3500平方米，欧式风格，由中央候车大厅、辅助用房、钟楼等组成，是中国近代铁路车站建筑的早期代表作。从清末到新中国成立，一直是北京最大的火车站。1959年，由于新建成北京站，该站停止使用，改为北京铁路局的售票处和工人俱乐部，现在作为中国铁路博物馆。2001年公布为北京市级文物保护单位。

永定门站位于永外大街西侧护城河以南，是光绪二十七年（1901）津卢铁路由马家堡延伸至正阳门时修建的一个小站，后逐渐扩建为一个办理客货运业务的中间站，日本占领北平期间，成为当时北京城南的铁路客货运中心。近些年，在原永定门站的旧址上，建设了以动车组列车为主的现代化铁路枢纽北京南站，这是后话。

（三）京汉铁路与正阳门西站

京汉铁路是北京通往南方的第一条铁路。京汉铁路的历史可以追溯至清朝光绪六年（1880）。时任台湾总督的刘铭传向朝廷奏请修建4条铁路，其中就有一条由北京经河南至汉口的铁路。光绪十五年（1889）4月1日，两广总督张之洞奏请缓建津通铁路，改筑"自京城外卢沟桥起，经河南达湖北汉口镇"之铁路，并呈明修筑卢汉铁路的八大好处。清政府采纳了张之洞的建议，并将其调任湖广总督，与直隶总督李鸿章会同总理海军衙门一起筹建卢汉铁路。[2]

光绪二十三年（1897）1月，清政府在上海设立中国铁路总公司，委派盛宣怀为督办大臣。

卢汉铁路建设分南北两段进行，其中卢保段（卢沟桥至保定）于光绪二十三年（1897）4月动工，光绪二十五年（1899）1月完工。光绪二十六年（1900）八国联军侵占北京后，由英、法、比三国军队共同将卢保段展筑至北京西便门和正阳门，并设正阳门西站。

光绪三十二年（1906）4月1日，卢汉铁路全线告竣并改称"京汉铁路"。该线自北京正阳门西站至汉口玉带门站，全长1214.5公里。京汉铁路在北京地区的主要车站有正阳门西、西便门、卢沟桥、长辛店等站。

民国十七年（1928）6月，因国都迁至南京，北京改称北平，京汉铁路亦改称"平汉铁路"。日本占领北平期间，将正阳门西站至卢沟桥间铁路拆除，平汉铁路北平始发站改为丰台站。

正阳门西站，全称京汉铁路正阳门西车站。作为京汉铁路的端点站，"客货运输均甚兴旺，尤以客运业务最为繁忙"。1902年前后建成的站房，二层砖木结构，基本为北京传统民居式样，只在入口处设一洋式大门作为装饰。正阳门西站今已无存。

西便门站是光绪二十七年（1901）卢汉铁路自卢沟桥展筑至正阳门西站时兴建的一个小站，位于会城门路南端，莲花池东北侧。当前我国最大的客运火车站之一的北京西客站，即是在其旧址上扩建的，这是后话。

（四）环城铁路

环城铁路是民国年间北京城一条重要的交通干线，由于开始时它是作为京张铁路的支线延建的，故又称"环城支线"，由京张铁路局负责勘测和设计。铁路由京张铁路西直门站北咽喉反向接轨，在站房东侧设到发线，由南咽喉转向东，沿内城北墙、东墙外与护城河之间空地延伸，于东便门站西与京奉铁路转轨，沿途所经德胜门、安定门、东直门和朝阳门，均拆除瓮城让铁路通行，并设立车站及平交道口，全长12.6公里。[2][3]

环城铁路于1915年6月6日动工，同年12月24日竣工，1916年1月1日首发火车鸣笛开行。1971年8月，为配合地铁建设，环城铁路被拆除。

（五）几点评论

第一，除上述铁路外，北京近代的铁路建设还包括京张、京承铁路以及一系列支线，它们使得北京的远距离运输和通信开启了有史以来从未有过的机械化新阶段。尽管建成了环城铁路，就北京城市本身的交通方式而言，在进入当代以前，仍然以人力和畜力为主要动力。

第二，作为京奉、京汉两条主要铁路的端点，加上大量旅馆、商店和其他服务设施的集中，前门地区成为大多数乘客上下车的处所，很快成长为北京最繁忙的客运站。随之而来的是人口趋密、商业加速发展和交通拥堵状况加剧。

第三，西直门地区成为大型货运的集散中心，许多原来的空地建了货栈，引起了土地的升值和城市居民流动方式的改变。

第四，环城铁路的通车使得京奉、京汉、京张等跨省铁路在北京地方的连接实现了合理化，大大改善了它们"各自为政"的状况，明显提高了城区对外交通条件的均衡性。另一方面，环城铁路与原来的城墙、护城河一起，限制了城内外人口的流动，影响了郊区的发展。

第五，作为北京旧城城市风貌重要标志的城门和城墙，在近代的铁路建设中开始遭到有计划和成批量的损毁，尤其是环城铁路所经各城门瓮城的拆除是系统的、无一遗漏的。可以说，北京旧城城门、城墙地位的根本动摇即肇始于此。其中所包含的传统与现代、保护与发展的议题将被人们长期讨论下去。

涉及铁路建设中北京城门、城墙变化的事情还有一些，如1900年英国侵略军把铁路从马家堡修进天坛时，首开在北京城墙上扒豁口的记录。《庚子记事》中记有："昨出永定门见印度兵将城楼以西城墙拆通一段，铁路接轨进城……"以后京奉、京汉铁路分别进城至正阳门，也均有拆城墙的工程。又如水关门，位于正阳门与崇文门之间，由当时外国驻华使团强行开辟。时间是《辛丑条约》签订后，目的是便于自东交民巷直接到达正阳门车站上下火车，也便于从大沽港和天津调兵守卫使馆区。

二、道路建设

（一）一些皇家禁地的打通

此举措的首要之地是天安门前的"T"字形宫廷广场。天安门是皇城的正南门，其南面就是由中华门（明大明门，清大清门）、长安左门、长安右门及其红色宫墙围合而成的宫廷广场。在明清两朝，广场以御道为中轴，以

288间中央衙署的办公用房——千步廊以及广场空间为内容，形成一个皇家禁地。它必然也成为北京东、西城之间交通的障碍。辛亥革命之后，首先将原先关闭的长安左门、长安右门打开，市民得以东西通行。后于1912年将石门槛拆除，1913年1月1日长安街（当时的长安街以长安左门、长安右门为界）正式通车。1913年，为延展长安街，又将长安左门东延线上的"东三座门"和长安右门西延线上的"西三座门"改建为可以通车的券门。1914年拆除了千步廊。由正阳门，棋盘街，东、西交民巷至天安门间全部开放。东、西三座门于1951年拆除。长安左、右门于1952年拆除，中华门以及千步廊东、西红墙于1958年拆除，1977年在中华门旧址上建毛主席纪念堂，这些都是后话。

民国二年（1913），北洋政府在皇城内开通两条南北干道，即紫禁城东、西两边的南池子和南长街。1917年于该两街的皇城南垣豁口处建红墙黄琉璃瓦三孔券门各一座。[4]

皇城北垣，于1913年打通厂桥豁口，1916年拆通北箭亭豁口，1922年北海辟为公园后于北垣偏西辟北海后门。

皇城东垣，于1913年拆通翠花胡同西口对面皇城墙之豁口。

皇城西垣，于1913年拆通西安门南侧豁口，1917年又打开枣林街豁口。

上述翠花胡同附近与西安门附近皇城豁口的打通，一条连接东城和西城的东西干道由此形成。

在以后数十年间，皇城的城垣多数段落被拆除。遗存至今的只有南池子南口、南长街南口、中南海南墙、北海后门两侧、府右街灵境胡同东口至府右街南口等少数段落。

相类似的情况还有北上门、地安门、天桥等的拆除，均与当时改善交通的社会需求有关。

（二）内城新辟城门

除了前述铁路建设中扒开内、外城城墙开辟豁口外，近代北京与交通相关的新辟城门有三处，均集中在内城城墙上。

和平门。民国十四年（1925），驻防北京的国民军冯玉祥部在正阳门和宣武门之间，开凿了一座双洞城门，初名兴华门，1927年始称和平门。此门将南、北新华街贯通，并直达长安街，然后经府右街向北至德胜门。这样，北京城里多了一条贯穿南北的道路。

建国门与复兴门。日本侵略军占领北平期间，日伪当局在长安街东、西延长线与城墙相交处，分别开凿启明门与长安门，以方便城区与新开辟的东郊工业区和西郊新市区之间的交通。1945年抗日战争胜利后，人们将它们改称为建国门和复兴门。

（三）长安街的贯通

现在的长安街，被誉为"神州第一街"。它从天安门广场东至通州区运河广场，西至石景山区首钢东门，全长46公里，而有"百里长街"之称。历史上的不同阶段，长安街的东西两端有不一样的所指。曾经作为东、西长安街的端点的地方有长安左门和长安右门、东三座门和西三座门、东长安牌楼（今王府井南口）和西长安牌楼（今府右街南口）、东单和西单，以及复兴门和建国门。

长安街成为东西交通大动脉，其贯通经历了近代至当代的三大阶段。第一阶段是前述辛亥革命后，天安门前的"T"字形广场对民众开放，东单至西单之间逐步通行。第二阶段是日伪时期，延长东单与启明门、西单与长安门之间段落，但当时这延长的两段并没有马路，只有胡同连接。直至新中国成立后，将东单以东的观音胡同和西单以西的报子胡同加宽改建为大马路，形成了建国门至复兴门的交通干线。第三阶段则是20世纪六七十年代之后，随着北京城市现代化建设和立交桥大批涌现，长安街不断向东西延伸，形成今天的规模和气派。

（四）改造正阳门瓮城

正阳门是明清两朝北京内城的正门，坐落于中轴线上，北为棋盘街接中华门（明大明门，清大清门），南接前门大街商业区，实为沟通内外城和东西城的交通咽喉。京奉、京汉铁路进入城内，正阳门两侧分别建起东车站和西车站，正阳门地区又进一步成为北京对外交通的主要门户，并成为当时北京的综合商业中心和金融中心。巨大的交通量终于引发1915年对正阳门瓮城的改造工程。时任内务总长兼京都市政公所督办朱启钤在向大总统袁世凯提出的《修改京师前三门城垣工程呈》中说："京师为首善之区，中外人士观瞻所萃……正阳、崇文、宣武三门地方，闤闠繁密，毂击肩摩，益以正阳城外京奉、京汉两干路贯达于斯，愈形逼窄，循是不变，于市政交通动多窒碍，殊不足以扩规模而崇体制。"[3]

工程正式启动时，朱启钤手持袁世凯以大总统名义颁发的特制银镐，刨下了第一块城砖。银镐红木手柄镶嵌的银箍上錾有字样："内务总长朱启钤奉大总统命令修改正阳门，爰于1915年6月16日用此器拆去旧城第一砖，俾交通永便。"工程历时半年，于当年年底完成。

工程主要包括：拆除瓮城，成为一片广场；正阳门两侧添筑南北向新墙两堵；正阳门两侧城墙上各开门洞两座，作为内外城之交通，相应新筑马路、暗沟各两条；箭楼东西两面增筑悬空月台各一座，下面各设石阶通达；八国联军攻占北京期间被毁坏的正阳门城楼和箭楼随之修复。

（五）几点评论

第一，随人口增加、交通量加大和新的交通方式的出现，规划于旧时代的北京城市格局中一部分地点和段落对交通的阻碍作用日益凸显，针对于此的道路改造建设势在必行。

第二，中华民国初年，在人们的意识中将封建帝国的皇权转换成代表公众利益的民权这种愿望十分强烈，这是导致故宫改变为故宫博物院、祭坛和皇家园林改造成公园的动力，也是开放宫廷广场、改造正阳门瓮城、皇城打通豁口、开辟道路等举措的重要动力。

第三，西方的城市规划设计思想和建筑风格或多或少在上述工程中出现。前述正阳门东车站的风格是典型一例。正阳门箭楼经德国建筑师罗克格（Curt Rothkegel）改造设计，增加了西洋式的窗洞券套和端墙装饰，从而与东车站相呼应也是一例。前门附近建设了西方式的喷泉、种植了树木等举措同样也是一例。

第四，在近代中国社会体制大转型时期，凡涉及传统与现代主题的每一项重大工程，必然产生截然相反的不同意见。以正阳门瓮城改造工程为例，赞成的一方说："既保留了一个古代北京辉煌灿烂的建筑奇迹，又满足了首都近代化发展的需要。"而"那些有幸目睹前门原貌（即庞大的瓮城、两翼的侧门和别致的庭院）的人异口同声地悲叹这座古老建筑物的大部分已被拆毁，面目全非了"。这些持否定意见的人对朱启钤和罗克格进行了铺天盖地的批评。现在看，这种争论是无可避免的，并且还将争论下去。笔者的看法是历史是长河，发展是必然，保护历史精华，传承文化发展。

三、市内公共交通建设

（一）以有轨电车为例

清末以前，北京城中占据绝对统治地位的交通方式以人力和畜力为动力，大多数市民外出靠步行，只有少数富裕和有地位的人家拥有轿子或畜力拉的轿车。

西方交通工具进入北京的年代大致在19世纪末20世纪初。最先进入的是公共马车，然后是日本的人力车（又称东洋车）。当时，京城开设了80多家人力车出租行，拥有人力车近2万辆，车夫人数达5万多人，占城市总人口数的5%。

随着人口增加和商业发展，以及内城出现新的商业中心，人们开始产生对新的大众化交通方式的需求。民国二年（1913），北洋政府决定在北京开办公共电车事业。

经多年坎坷，北京电车股份有限公司直至民国十年（1921）才宣告成立。民国十三年（1924）12月17日在天安门前举行了北京有轨电车通车典礼。当年的《晨报》有这样的报道："典礼毕，有中外来宾数百人，分乘八辆花车，以天安门为起点，经东单、东四、北新桥、过后门（地安门）、太平仓（今平安里），经西四、西单到天安门，绕行一周。下午2时起，除八辆花车外，另加四辆普通车，共十二辆车绕行全线。车上乘客异常拥挤，沿途观者亦人山人海。"次日，前门至西直门第一条有轨电车线路正式运营，全长约9公里，往返行驶有轨电车10辆。[5]这是北京市第一条供城市居民乘用的公共交通线路，北京的城市公共交通事业由此起步（前述永定门与马家堡火车站之间的有轨电车线路由于存续时间太短，基本没有发挥作用）。

到民国十三至二十四年（1924—1935），北京城共开发了49公里长的电车轨道，配备有96辆电车，6条线路全部在城墙之内，初步形成了一个运输网络。至民国二十七年（1938），北京的有轨电车线路增加到7条，达到了1949年之前发展的顶峰。日伪时期，战事频繁，百业凋零，北京的有轨电车日趋衰落。至1949年北平解放，人民政府接管的电车公司在册车辆只有141辆，实际能行驶的只有49辆，运营线路5条，总长度35.6公里。1949年至1957年，是北京有轨电车恢复和发展的一个重要历史时期。从1958年开始，北京的有轨电车逐渐停驶。至1966年5月6日,在运行了42年之后,有轨电车退出了北京城的历史舞台。原有轨电车线路全部由无轨电车和公共汽车线路代替。退出的主要原因在于其轨道大部铺设在市中心的繁华街道上,严重影响了当时的"旧城改造",这是后话。

(二) 几点评论

第一,有轨电车建成通车,是北京城市发展的一种进步。它对市民交通条件的改善和生活方式的改变,对全市经济、文化的发展均产生了积极的影响。

第二,由于乘坐率低(当时北京的这个指标明显低于天津和上海,更大大低于西方大城市),[6]说明有轨电车自其在北京诞生至1949年20多年间,始终未能扭转北京市民交通以人力和畜力为主的基本格局(其他公共交通方式的影响更弱)。

第三,造成乘坐率低的原因,主要在于城市人口的相对不流动性,传统商业店铺密集分布,前店后厂,大量雇佣劳动力拥挤在大杂院等现象普遍存在,加上电车票昂贵所造成。

第四,与城市格局密切相关,造成有轨电车发展艰难的另一个原因是,传统的城市格局使北京在采用现代交通方式时比上海、天津有更多的困难。1949年之前,城墙、城门一直将有轨电车线路限制在城圈之内,一些路口的牌楼对于铺设轨道、架设电线、拓展街道更容易造成阻碍。加上文化观念上的分歧,以牌楼为焦点,曾经发生过激烈争论。电车公司曾请求政府批准拆除影响电车线路施工的牌楼,消息传出,激怒了公众。在报刊媒体一致谴责下,政府不仅拒绝了电车公司的申请,并责令立即修复已经遭到损坏的几个牌楼。该事件以"保留派"的胜利而告终,电车公司不得不另寻电车线路。至于在以后的时日中,很多牌楼被先后拆除,这是又一个话题。

第五,由于没有突破城墙的限制,1949年之前的北京有轨电车交通没有为郊区的发展和土地的升值做出贡献。实际上,在20世纪上半叶,它没有一条线路是为城墙之外的地区提供服务的。

以上第二、第三、第五方面,是由时代的局限性造成的,主要与城市的发展阶段有关。而第四方面的争议则是传统与现代化之间冲突的象征,更值得当今的人们给予重视和加强思考。

参考文献

[1] 赵蕙蓉. 中南海尘影 [M]. 北京：西苑出版社，1999.

[2] 颜吾佴等. 北京交通史 [M]. 北京：清华大学出版社，北京交通大学出版社，2008.

[3] 张复合. 北京近代建筑史 [M]. 北京：清华大学出版社，2004.

[4] 北京市地方志编纂委员会. 北京志·文物志 [M]. 北京：北京出版社，2006.

[5] 北京市地方志编纂委员会. 北京志·公共交通志 [M]. 北京：北京出版社，2002.

[6] 史正明. 走向近代化的北京城——城市建设与社会变革 [M]. 北京：北京大学出版社，1995.

（2013年在韩国首尔学研究所近代东亚首都城市变迁国际研讨会上报告）

对当前地域文化传承中几个问题的思考
——以北京为例

2011年10月，中国共产党十七届六中全会通过了《中共中央关于深化文化体制改革推动社会主义文化大发展大繁荣若干重大问题的决定》，其中特别提出要发掘城市文化资源，发展特色文化产业，建设特色文化城市，发挥首都全国文化中心示范作用。2012年11月，十八大提出"五位一体"的发展总体布局。将文化建设提升到和经济建设、政治建设、社会建设、生态文明建设同样的高度，做出了"扎实推进社会主义文化强国建设"的战略部署。十八大报告指出："全面建成小康社会，实现中华民族伟大复兴，必须推动社会主义文化大发展大繁荣，兴起社会主义文化建设新高潮，提高国家文化软实力，发挥文化引领风尚、教育人民、服务社会、推动发展的作用。"

近些年来，全国各地在中央精神的指引下，结合本地实际，采取有力措施，做了大量工作，取得了显著的成绩。这些工作和成绩的若干领域中，其中有一个领域是地域文化的传承。以北京为例，举办奥运会为背景的"人文奥运"工作以及以建设中国特色世界城市为目标的"人文北京"相关工作、旧城整体保护概念的提出和规划的制订、北京城中轴线保护和申遗目标的确定及各项举措的逐步实施等，均可视作上述领域的大手笔、大成绩，是北京物质和非物质文化遗产的保护、传承的重要内容，也是北京地域文化传承的重要内容。

但也有必要强调指出，在地域文化传承领域中，形势依然不容乐观，有的问题还很严重，必须引起全社会的关注，下大力气加以解决，还以北京为例。

一

2013年6月，媒体报道：记者从西城区历史文化名城保护重点工程公众交流会上获悉，西城区公布"北京中轴线核心保护区·什刹海地区"旧城保护示范项目的设计思路。什刹海文保区范围589.8公顷，其中15.56公顷将作为一期试点项目，范围东至地安门外大街，西至前海东沿，北至鼓楼西大街东段，南至平安大街，涵盖什刹海地安门外大街、烟袋斜街及白米斜街三个历史街区。按照设想，一期试点项目投入83亿元，预期建设周期4年。改造后，该地区将形成以"慢生活＋艺术性消费"为主体的特色性街区，引入和配置特色商业、艺术家工坊，以及文化互动旅游产业，重现北中轴明清时期的繁华景象。该"设计思路"一经面世，即引起了社会的广泛关注。尤其是其中"地铁八号线织补项目——空中胡同慢行观景区"即所谓"空中胡同"，以及"鼓西项目"中的"下沉式胡同"等想法，引发了人们的隐忧与焦虑。

忧虑一，上述思路是不是新形势下的一种新形式的"大拆大建"？如果说人们对前些年以"危改"为"旗帜"的民生建设类的"大拆大建"刚刚有了一点反思和认识，那么对目前这种以"古都风貌保护"为旗帜的文化建设类的"大拆大建"是否应该赶紧把它想明白呢？

忧虑二，按照我国的《历史文化名城保护规划规范》，地安门外大街两侧的店铺，基本上属于建筑五个类型中的"历史建筑"，与"文保单位"、"保护建筑"一样，不可以拆除，只可以修缮，而照"设计思路"建"空中胡同"，势必要将它们拆掉重建，这是将国家法规条例置于何地呢？

忧虑三，暂时放下是否属于"大拆大建"和是否违反法规条例不说，想一想，在地安门外大街两侧建设两层商铺，商铺之间采取连廊形式，把它们连接起来，这样的风貌与明清时代有什么相干？所谓恢复明清盛景，明清时代有这样的"空中胡同"吗？

看一看各地所谓复建的"明清古镇"、"明清一条街"，只要是"大拆大建"的，无一不是拆了真古董，盖了假古董。要知道，从总体上说，历史是渐进的，一条街、一个镇风貌的改变也是渐进的。一个历史文化街区的可贵之处就在于它长期的历史文化的积淀，在于它忠实地记录了长期以来与它相关的历史、文化、技术和人们的情感，而不在于其中一个历史时期仅仅的建筑符号和建筑风貌。把长期的渐变的多元的丰富生动的历史文化信息体系理解为相对短期的少变的单一的相对贫乏的简单载体，是不是一种简单化、符号化的思维方式呢？

全国各地太多这种思维方式指导下拆真造假建设"景区"的案例。北京前门大街的大规模改造也位列其中。改造前，前门大街的建筑基本是民国遗存，是历史真实，有丰富的历史记忆。改造之后，代之以仿古建筑，历史真实无存，历史记忆全失。针对重建后的前门大街"人气"不足的问题，管理者想了很多办法，目前又在采取再一轮的举措。相映之下，紧邻的大栅栏街断然抛弃了大拆大建的原思路，值得庆幸。

二

东城区北总布胡同 24 号院，20 世纪 30 年代梁思成与林徽因夫妇在此居住，而且是当时文化界人士经常聚会的场所。有学者认为，这里就是冰心小说《我们太太的客厅》的蓝本。2009 年，24 号院的宅门与西厢房被拆除，社会舆论一片哗然。虽经北京市规划委叫停以及市文物局和规划委责成建筑单位调整方案，在建设规划上确保 24 号院落得以保留，然而历经两年多保护与拆除两种意见的拉锯，最终于 2012 年 1 月以"维修性拆除"的名义拆除。与以往名人故居被拆除相比较，这次梁林故居被拆除引起的社会反响是空前的，关注面之广，意见之尖锐，舆论之强烈，持续时间之长均属前所未有。其教训也就更为深刻，其结果和其过程，更加发人深省。

对于历史上的工作失误应该补救而未能及时补救的莫过于曹雪芹故居"十七间半"。位于当时广渠门内大街 207 号的"十七间半"，于 2000 年广渠门内大街拓宽中被拆除。2003 年通过复建规划，由原 207 号院址北移 40 米，后却被告知这个地方是地铁 5 号线的出气口所在。再次修改的规划地点是再向东移 100 米。至 2006 年新规划通过后，不知什么原因，依然没有动工，却面临再一次修改规划。时至今日，曹雪芹故居拆除 13 年之久，决定复建而未得复建。

以上问题大致可以概括为在大规模、快速度的现代化城市建设中，作为城市地域文化宝贵遗产的名人故居、历史建筑没有受到足够的保护。前些年笔者亲自参与的北京名人故居保护与利用工作调研过程中，300 多处名人故居中的一部分至报告公布之日已经不复存在了。近两年，情况略有好转，如鲁迅在北京的故居之一、著名短篇小说《祝福》的创作地——西城区砖塔胡同 84 号，在社会和西城区政府的共同努力下，终于避免了被拆除的命运。"西城区政府决定暂时不拆除，并考虑按照原貌修复，查找历史档案，找到当年鲁迅居住的房子照片，将这里作为重要的历史信息承载地加以保护。"但就总体而言，北京不少名人故居和历史建筑的状况堪忧，或面临拆除，或空有其名未得很好保护，或环境问题严重，甚至屈从于旅游目的而随意处置。

此类问题，在全国各地时有出现，新闻媒体也多有报道。如最近报道的广州民国时期历史建筑金陵台和妙高台的部分建筑"一夜成废墟"；广西一镇政府拆毁400多年历史的八仙板桥；按照《济南商埠风貌区保护与复兴城市设计》方案，多座百年老建筑被拆除，而时隔无几，其中的济南老火车站、原英国领事馆等又要复建；等等。

三

近些年来，媒体陆续报道，北京的天坛、地坛、日坛、月坛、先农坛、先蚕坛等先后举办了与祭祀相关的大型活动。这些地方，在明清时代，是北京城国家祭祀的场所，而辛亥革命以后，随着2000余年封建帝制的终结，与构建和论证封建帝制合法性密切相关的国家祭祀制度也就被人们所抛弃。这些祭祀场所全部转身变成了民众的公园。在经历了上述巨变的公园中重新出现与祭祀相关的大型活动，自然引起了人们的关注，也有学者为之鼓而呼之，提出进一步"活化祭坛公园"的建议。

这些场所与活动的基本情况，借用研究者张勃整理的资料列举如下。

张勃所称的仪式（表演）活动分两类，一类是纯粹的仿古祭祀表演（天坛、地坛、先蚕坛所举行的属于此类），另一类是将仿古祭祀表演与真正的礼仪活动相结合（先农坛、日坛和月坛举行的属于此类），而笔者将它们统称为与祭祀相关的大型活动。最重要的理由是尚未出现"真正的祭祀礼仪"活动。

那么，什么是真正的祭祀礼仪活动？在不同时代，这个问题的答案肯定是不一样的。

可以认为，封建时代国家祭祀礼仪活动的内核有两个：一个是中国古人的世界观和人生观，其中"天人合一"的根本理念、"阴阳五行"的系统理论、有序和谐的伦理准则、谦恭感恩的道德精神等，为当时的全社会所接受，成为社会共同的思想基础。另一个是前面提到的在当时的社会认知中，祭祀天地、日月、社稷等活动是国家权力的象征，也是皇帝权力合法性的有力支撑。也正是这一点，当时的国家祭祀尽量要由皇家亲祭。

显然，今天所谓的"恢复明清国家祭祀仪式"，肯定是不合时宜的。因为上述两个"核心"中的第二个，已经被扔进历史的垃圾堆了。只有第一个文化核心才是我们要十分珍惜、爱护并加以传承的。而在对其的传承中，还必须加以当今时代的"关照"。即除了"古为今用"之外，还必须在"生态文明"精神的指引下，在"五位一体"的总体布局中，进行研究、保护与传承。

用这个标准来衡量目前所谓的"真正的祭祀礼仪"活动，差距是不言而喻的。尽管日坛公园的祭日活动中设计了由观众共同参与的"太阳礼"仪式、先农坛的祭先农活动中安排了集体朗诵《先农炎帝颂》环节，不失为一些有益的尝试，但就活动的整体而言，展示给社会的强烈印象是，以皇帝作为活动中心的整体框架模糊了活动的主旨；在发展旅游、吸引游客这个首要目标下，必然强化整场活动的表演性；缺乏对当今组织祭祀活动必要性与正当性的研究、宣传，也缺乏当今社会条件下如何组织祭祀活动的探讨。总之，北京原国家祭坛目前所举行的与祭祀有关的大型活动，主旨需要进一步理清，时代特色需要加强，活动形式需要创新，以皇帝为中心的藩篱需要突破。说到底，祭祀只是一种可以利用的行为方式，而不是必然和核心。

就祭祀而言，现实生活中有值得总结的成功例子，鄂尔多斯成吉思汗陵的祭祀活动就是一个。可以认为，它是我国祭祀文化的活标本。依据一，它具有极为深厚的社会共识和群众基础。依据二，世代传承，绵延不绝。依据三，具有合理的文化内涵，崇拜英雄和祖先。依据四，有完善的场所、仪式、队伍与传承的保证。实际上，各地地域文化中（尤其是边疆少数民族地域）的祭祀文化，以至于广大民众家中对先人的祭祀，之所以能得以传承（尽管形式上不尽严格和一致），也无外乎内在的一种文化观念。所以要想"活化祭坛公园"，关键在于梳理和强化人地关系的文化内涵，并形成广大群众的共同意识。形式上可以利用祭祀的形式，也可以有更多的非祭祀的形式。

四

2013 年 7 月，媒体报道《街道博物馆牵出的旧京记忆》。讲的是北京东城区建国门街道创办的社区博物馆，"地下 800 平方米的空间，8 个展区 16 个展项，足以让你瞬间穿越，回到旧时的京城，细细感受历史人文的风云"。"这里不仅复制了贡院、古观象台、蔡元培故居、大清邮政等古迹，还利用声、光、电等技术让游客如身临其境般感受智化寺音乐、鞭打春牛等辖区内的非物质文化遗产。"更有市民居家老物件的展示，由辖区居民提供的宝贝虽算不上文物，却能让人体会到浓浓的老北京味。同时，博物馆将曾经在建国门街道居住过的名人一一录入，茅以升、杨朔、沈从文、梅兰芳等赫然在目。就是这么一个充满着地域气息的小小博物馆，加上周遭那些极具年代感的去处，例如曾经的"火烧赵家楼"遗址、清政府的总理各国事务衙门旧址、科举考试重地贡院所在，等等，简直就是展示传承地域文化的一座圣殿。

必须承认，我们在比较长的一个阶段中，对待文化遗产问题上不乏不当之处，不乏败笔，所造成的后果很多是无法弥补的。在有意和无意之中失去的东西很多是不能再回来的。现在要做和能做的事情是在提高全社会文化意识的基础上，理清家底，面对家底，做好研究、保护和传承工作。建国门街道的做法给我们提供了一个成功经验，可以说是一个创举。

近些年来，全国各地尤其是城乡基层在研究、保护、传承文化遗产方面做了大量探索性工作。拿北京为例，柳荫公园每年春天的柳文化节、灵水村的秋粥节、孔庙国子监国学文化节、800名小学生参与的"认认真真写字，端端正正做人"的开笔礼仪式、"徒步重新发掘京西古道"活动等，为全社会提供了不同角度的经验。

归纳以上事例，它们具有以下共同点：一是目的明确，研究、保护、传承文化遗产。其中有的也有发展旅游的目的，但经济收入不是第一位的。二是每个项目或活动都有明确的文化主题。三是深深扎根于民众，拿柳荫公园的柳文化节来说，参与者主要是周边的居民和单位职工，自娱自乐，并从中得到文化的熏陶和启示，群众积极性之高让人感动。四是具有明显的地域性，是地域性支撑了草根性，受众更会倍感亲切。

最近，习近平同志强调指出："中华文化积淀着中华民族最深沉的精神追求，是中华民族生生不息、发展壮大的丰厚滋养。""中华优秀传统文化是中华民族的突出优势，是我们最深厚的文化软实力。""中华民族创造了源远流长的中华文化，中华民族也一定能够创造出中华文化新的辉煌。"显然，这些精神也是当前地域文化传承工作的指针。

（原载于《论地方学建设与发展——中国地方学建设与发展研讨会文集》，呼和浩特：内蒙古人民出版社，2014年4月）

开封城与黄河

一、问题的提出

开封,古称梁、汴,作为城市的历史,学术界公认的可以追溯到公元前7世纪,至今已有2700余年,是国务院首批公布的24个历史文化名城之一,与西安、洛阳、北京、南京、杭州、安阳并称为中国七大古都。

作为国都,开封引以为荣的是号称"七朝都会"。这七朝是战国时期的魏国,五代时期的后梁、后晋、后汉、后周,北宋一代,再加上金朝后期迁都开封。这里尚不包括西汉文帝曾封他的第二子刘武为梁孝王,开封一度作为梁国的都城;元末农民战争中,红巾军的农民起义政权——大宋,亦都于汴;明朝初年,开封曾被定为陪都,称作北京。这也就是为什么开封还有"十朝都会"之说的原因。

就七朝古都而言,在北宋一代,开封(当时的正式名字称东京)的城市发展达到鼎盛的时期,成为中国,同时也是世界上最大最繁荣的城市。北宋人柴宗庆曾有过这样的诗句,"曾观大海难为水,除去梁园总是村";后人评述宋代开封的繁荣,有"汴京富丽天下无"之说。北宋画家张择端的画中神品《清明上河图》,被公认为是杰出的东京风情画卷,今人从中可窥当时东京城市形象之一二。

值得注意的是,北宋定都开封,是经过一番激烈争论的,连北宋政权的创立者赵匡胤也认为洛阳或西安地理形势险要,而开封地处大平原上无险可守。但争论的结果,最终还是选择在开封建都。向前追溯,对战国时魏国所都的大梁,也就是现在的开封,张仪就有过疵议:"魏地四平,诸侯四通,条达辐辏,无有名山大川之阻。"

再放大尺度,纵观数千年历史,开封这座城市,盛衰反复,究其原因十分复杂。简而言之,就是自然因素和社会因素。本文意在从前者,特别是其中的黄河来做些分析。诚如史念海先生所言:"从选择和决定都城的所在地起,人们就在利用和改造自然。自然本身在时时变化之中,人们的利用和改造,更可促进自然的演变。而演变了的自然环境,还可引起人们的再利用和再改造。"把这段话作为写作本文的线索,是最恰当不过的了。

二、开封城盛衰史梗概

开封位于河南省中部偏东豫东平原,黄河之滨。陇海铁路横贯,西距郑州70余公里。地属黄河冲积平原,境内地形低平,海拔高程在58—78米之间,总体上由西北向东南倾斜。

正是在这么一片土地上,开封城作为社会经济和自然条件共同作用的产物,演绎着发生发展、时盛时衰的历史剧。

大量的考古发掘证明,早在五六千年以前,在开封这块土地上,就已经有了人类活动。夏朝是我国第一个奴隶制王朝,其统治范围主要在中原地带,可以认为开封位于其政治的中心区域。据《竹书纪年》记载:"帝宁(杼)居原(今河南省济源县西北),自迁于老丘。"杼是夏朝的第六帝,传至第十二帝时,又从老丘移居河西。夏代在老丘的建都时间当为100多年。依据史料结合实地田野勘察,有专家认为,老丘就在现开封市开封县杜良乡的国都里村。据调查,国都里村名由来已久,历代立碑相传,不计年代。国都里村在现开封城东北20公里处。据此专家认为,夏都老丘,可视为在开封建都。当然,当时有无城池,有城池的话是什么样子,目前还不得而知。历史进入春秋时代。郑国国君庄公命郑邴在距今开封城南20多公里朱仙镇东南古城村附近,筑建了一座城池,取"启拓封疆"之意,以"启封"作为城名。西汉景帝元年(前156),为避景帝刘启的名讳,改启封为开封,这就是开封名称的起源,至今2100多年。这个城池在秦汉至唐时期,一直为县治。唐延和元年(712),将开封县治移至汴州城内,与原设在汴州城内的浚仪县同城。至此,开封之名就与今日之开封名实相符了。原启封城故地自唐贞观以后,逐渐废弃,现只有城墙的西北角尚存。

春秋时期,与上述启封城隔沼泽地逢泽相望的另一个城邑叫"仪",它就是今日开封城的前身。"仪"北临浚水,故又称浚仪。属于当时的卫国,后被魏国占有。公元前364年,魏惠王为了避免西面秦国的侵扰,同时图谋向中原发展,将都城由安邑(今山西夏县西北)迁都仪邑,号称大梁。公元前364—前225年，经过六代130多年的营建，大梁已经成为著名水陆都会。《史记》记载："魏之大梁，秦之咸阳，楚之郢，皆出入大贾小商之地。"当时大梁城有居民50万人左右，约占当时魏国总人口的25%。大梁有城门12座，著名的有城东北的夷门和城西的高门。城内冶铁、纺织等手工业和商业都很发达。城区面积较今开封市旧城区面积还大。而且在以后的1100余年间，开封的城市规模也始终未能赶上大梁城。直到北宋时期，才突破了大梁城的城市规模。据记载，魏国曾"以三十万之众，守梁七仞之城"，其雄壮可知。魏国也成为"拥土二千里，带甲三十六万"的强盛国家，其实力得之于大梁有利的地理条件及附近发达的经济。

公元前225年，秦将王贲久攻大梁不下，乃引鸿沟之水灌城，魏亡，大梁也惨遭破坏。魏都大梁，历130年繁荣，是开封历史上第一个兴盛期。

秦汉期间，大梁作为浚仪县治，进入了漫长的衰落阶段。其间，汉文帝封皇子刘武为梁孝王，王都最初设在大梁。当时除了复建大梁城外，并兴建了一座规模宏大的梁园（亦名梁苑或兔园），为当时著名游览胜地。至今人们还把梁园作为开封的别称。但是好景不长，刘武嫌大梁地势低洼潮湿，很快迁都睢阳（今商丘）了。

斗转星移，浚仪在数百年间只是普通的县治。至后赵作为郡治，东魏作为州治，地位有所提高。至北周在此设汴州，是开封称汴的开始。隋朝建立后，政治安定，经济发展，汴州很快出现生机，周宝珠先生将隋唐期间汴州日益显示的重要性概括为政治军事、汴州城的重建、交通漕运和城市经济的富庶四个方面，并指出，正是隋唐时代的发展，汴州才有了取代长安、洛阳地位的可能性。当时的汴州已经成为鹤立群城的中原中心城市了。大诗人李白、杜甫、高适于公元744年同游汴州，在"吹台"饮酒赋诗，留下了《梁园吟》、《古大梁行》等诗篇，更提高了汴州的知名度。

隋唐之后，中国历史进入五代十国时期。公元907年，唐末军阀朱温以汴州为根据地，建立了五代第一个王朝——后梁，以汴州为都城，号称东都。这是自战国魏都大梁后1000余年，开封再次成为国家首都。在后梁之后相互更迭的政权中，除后唐迁都洛阳外，后晋、后汉和后周均以汴州为都，称东京。

后周第二代皇帝周世宗柴荣具有文韬武略，在位期间，一方面采取积极的军事行动，统一全国；另一方面，努力改革，使国势日盛。为迎接统一局面的到来，周世宗十分重视京城建设，要建成一个像样的帝都。为此，经全面规划，扩大城池，拓宽道路，疏通排水，种树掘井，尤其是打破中国城市旧有的坊市分离制度，开始允许临街开店。在中国城市规划建设的这个重要转折上，开封是走在最前列的。正由于这一点，宋代的东京才有可能成为面街而肆的敞开型商业城市。

公元960年春，赵匡胤在陈桥兵变中黄袍加身，取代后周建立了北宋王朝。经争论后仍以开封为国都，称东京。北宋在这里经历九帝，共167年，是在开封建都时间最长的一个王朝。当时开封有城墙三重，外城长50里165步，内城长20里155步，皇城长5里，共有城门28个。城内道路以御街为中轴线，纵横交错，整齐气派。作为全国的政治中心，常驻的禁卫军就有10余万人，后来增加到34万人。作为全国的经济中心，是手工业和商业活动最为集中的地方。手工业分官营和私营两部分，包括丝织、造船、印刷、军械制造、织染、制药、笔墨制造和食品加工等，从业者超过8万人。商户2万多户，分属于160余行。东京年纳商税额55万贯，占全国商税的一半。州桥、相国寺一带是商业最繁华的地方。东京的园林集我国南北园林之大成，其中如艮岳、玉津园、瑞圣园、琼林苑、宜春苑等更为上品。当时东京的最高学府——太学中的贡生最多时达到3800人。大批文人、学者荟萃东京。欧阳修、梅尧臣、苏轼、苏舜钦、曾巩、王安石、柳永、周邦彦等都在东京有过创作活动。

北宋时期，是历史上开封城最辉煌的大发展时期，也是中国城市发展史上辉煌的一页。

1126年冬，金兵攻破东京。次年掳徽、钦二帝，北宋灭亡。东京城在劫难中再次走上了衰落的道路。金称开封为汴京，后改称为南京开封府，与燕京大兴府（今北京）、北京大定府（今内蒙古大宁城）、东京辽阳府、西京大同府合称五京。金宣宗贞祐二年（1214），金为了回避蒙古的进攻，把国都南迁到开封。金朝以开封为都仅19年，其间，城市有过短暂的复苏和繁荣。1233年，蒙古军攻下开封，金朝灭亡。元朝称开封为汴梁，从此开始作为一个地方性的行政中心。元朝期间曾两次修建开封城垣，还治理黄河、修凿贾鲁河，对开封的城市发展有一定的推动作用。意大利旅游家马可·波罗在其游记中称赞开封"繁盛富厚"。

明清两代，开封城的政治地位未变，经济上和城市建设上盛衰迭见。朱元璋将其子朱橚封到开封，称作周王，在北宋东京皇宫的遗址上修建了周长9里13步长的周王府。明初重筑开封城，受宋代御路的影响，城门都不直对，故有"五门不对"之说。这种基本格调，一直保持到现在。这一阶段，作为开封通商外港的朱仙镇成为全国四大名镇之首，也为开封城的恢复输入了新鲜血液。

明代开封不断遭受黄河的袭扰，明末（1642）遭受了历史上最大的一次水患，全城淹没，近30万人葬身水底。清统治中原后，于公元1662年，沿袭明代模式，重修了开封城池。开封城的社会经济有所恢复。朱仙镇再次作为商品集散地发挥作用，其人口曾一度多达20余万，超过了开封。1841年，黄河再次决口，水围开封8个月之久，并淤塞了贾鲁河，舟楫不通，造成朱仙镇从此一蹶不振，开封的恢复也十分缓慢。直到清末，开封全城人口不足16万，不及明末的1/2。1842年重修开封城，周长28里多，城门五座如旧，这就是我们今天看到的开封城墙。

1840年鸦片战争以后，中国的历史进入了半殖民地半封建社会时期。1905年至1912年，京汉、汴洛铁路相继通车，开封逐步成为上海、天津、汉口的原料供给基地，同时成为外国商品倾销的地方。随着城市性质的变化，城市布局也相应改变，主要是在老城之外，即火车站附近形成了混乱、密集的新市区。

民国期间，开封依然是河南省治所在，面貌破旧，经济凋敝。1928年，冯玉祥任河南省主席时，将火车站至龙亭的中山大道取直加宽，又辟龙亭为中山公园，城市面貌略有改变。

新中国成立到1954年为止，开封又做了5年省会。随着河南省省会于1954年10月迁至中原交通枢纽城市——郑州，开封从此只是作为豫东地区的一个中心城市。目前的开封市辖开封、兰考、杞县、通许、尉氏五县和开封市区，市区中除郊区之外的鼓楼、龙亭、顺河、南关四个区即现在的开封城区。

随着新中国建设的步伐，开封城的面貌发生了巨大的变化。现在的开封城区由古城区和新建区组成。古城区是指古城墙以内的区域，总面积13平方公里，略大于西安古城，是全国为数不多的保存较为完整的古城之一。在这里，北宋东京里城和明代开封城的总体布局得以基本保存。其中有全城最繁华的商业区和四大风景游览区。新城区由东郊、西郊工业区和南关三部分组成，总面积20平方公里。其中东郊、西郊工业区地面宽广，工厂林立；南关区以火车站和汽车站为中心，为全市的交通枢纽，过去的混乱面貌已经改观。1992年，经省政府批准，在开封城区建立了"河南省开封经济技术开发区"，标志着开封城的发展进入了一个新阶段。开封这个古老的都城，充满着时代的活力，正迈向更美好的明天。

以上开封城的历史大体上可概括为夏都老丘、春秋启封、战国大梁、秦汉浚仪、隋唐汴州、五代东都、北宋东京、金元汴梁、明清开封，接下来则是现代新生。其最显著的特点是兴衰至极反复变化。

三、黄河是开封城沧桑变化的巨大推动力

了解了开封城的历史梗概，必然要问开封何以"七朝为都"？又何以几经衰落？回答这个问题是一项复杂的工作。但有一点是肯定和明确的，即黄河是开封城沧桑变化的巨大推动力之一。黄河，中华民族的母亲河，中华文化的摇篮，在中国历史上被尊为"四渎之宗"、百水之首。黄河又是世界上输沙量最大的河流，以陕县水文站为例，多年平均含沙量高达377千克每立方米，多年平均年输沙量为16亿吨，每年约有4亿吨堆积在下游河床内，使下游的河床日渐抬高，成为世界著名的"地上悬河"。所以黄河又是有名的害河。据历史记载，过去2000年间，黄河决口1500多次，其中大的改道有26次，给中华民族带来深重灾难。从一定角度说，开封城盛哉黄河，衰哉黄河。当然，其中迭加有政治、军事、社会、经济诸多因素。

先看重要事实。

（1）战国魏惠王九年（前361），魏国迁都大梁。第二年即着手建设以鸿沟为骨干的大型引黄水利工程——鸿沟水系。其第一期工程是"入河水于甫田，又为大沟而引甫水"。即引黄河水入中牟县境内的甫田泽，再从甫田泽开渠东至大梁。第二期工程是魏惠王三十年（前340）"为大沟于北郛，以行甫田之水"。即又从大梁城开渠向东折东南入颍水、涡河，而与淮河相连接。这里所说的"大沟"即历史上有名的鸿沟。秦末楚汉相争，沟东属楚，沟西属汉，即此鸿沟。鸿沟全长约250公里，其首位的功能是沟通了黄河与淮河，组成了以大梁为中心的水运系统。这个系统还包括了获水、睢水、沙水、济水等河流。鸿沟建成以后，引黄河水为源，大大提高了各河道的通航能力，

大梁遂成为中原水上交通的枢纽。鸿沟水系的建设，还提高了开封地区的泄洪能力，排除了附近的积水，改善了农田的浇溉条件，大大促进了魏国的农业生产。仅数十年时间，大梁附近已成为魏国主要的农业区。经济实力的强大，为大梁城市的发展奠定了稳固的基础。

秦王政二十年（前225），秦将王贲久攻大梁不下，阻断大沟，引水灌大梁，河水穿城而过，"黄河水灌梁王宫，户口十万化沙尘"。魏亡。大梁城惨遭破坏，结束了开封城历史上第一个兴盛期。

（2）隋大业元年（605），隋王朝动用100万民夫，开挖通济渠。该渠由洛阳开始，引谷水、洛水达于黄河，经过一段黄河后，于板渚（现河南省荥阳县西北）引黄河水东南行，经过开封城下，到现安徽盱眙县北入于淮河。这条通济渠向南通过江淮之间邗沟及江南运河，可达杭州，向北通过永济渠，可达涿郡（北京）。这就是历史上有名的隋炀帝时期开凿的南北大运河，通济渠是其中最重要的一段。当时的汴州位居该渠咽喉，在漕粮的运输上具有突出的地位。以至于"安史之乱"之后，为免漕运中断、京都受困，唐王朝在此设宣武军，节度使李勉又于建中二年（781）重筑汴州城，使汴州成为中原的军事重镇。这个汴州城是魏大梁城之后在史书上第二次有专门记载的开封城。

（3）五代时期，后梁、后唐、后晋三代统治者，在定都问题上有曲折反复。通过实践，最后都对开封的重要地位有了明确的认识。核心思想是开封虽不如洛阳四塞险固利于防守，但雄踞中原而交通便利，"利兵"、"利民"。所以后晋最后定都开封，称为东京，后汉、后周继之，为北宋定都开封打下基础。其主要原因是以黄河水为依托的漕运地位。所以，后周世宗在取得政权不久，为改变自五代以来河道逐渐淤塞、漕运不畅的局面，重新沟通以开封为中心、由黄河到长江的漕运故道，又疏通蔡河，使开封成为"挖引河汴，南通淮泗，北接滑魏，舟车之所辏集"的政治经济中心。

（4）到了北宋，开封周围的水运交通网更加完善。惠民河、汴河、五丈河和金水河从东京城里穿过，称"四水贯都"。而东京就成了汴河、黄河、惠民河和五丈河漕运四河的中心。当时的黄河由今河南荥阳县广武山北向东北方向流去，故距开封稍远，不过黄河中的船运还是由汴河到达开封，其他三河都是直接通达开封。可以说，当时开封的百万兵民皆赖四河的漕粮为生。尤其是其中的汴河，作用更大。北宋一代，如何正确使用汴河，修理和改造

开封城与黄河

汴河，是当时一个极为重大的战略问题。

如前所述，宋代之汴河，即隋炀帝所开之通济渠。为保汴河畅通，宋政府采取了一系列重要措施。第一，每年春天，调动大批民力，开挖汴口。汴口即引黄入汴之河口，因黄河滚动无常，汴口随之变易不定。为保证汴河水的均衡性，一定要选择最合适的地点以控制汴口的流量。这项工程在北宋中期以前年年进行。至中期，企图修一个永久性的汴口，未能成功。第二，汴河的水源是黄河，泥沙沉积河床，每年的清理又是一个大问题。北宋中期以前，"汴河旧底有石板石人，以记其地理，每岁兴夫开导，至石板石人以为则，岁有常役，民未尝病之，而水行地中"。也就是说，当时有严格的清理制度。中期以后，疏浚制度不能坚持，以至日积月累，河床增高而"水行而上"。也就是汴水变成地上河的趋势日益发展。第三，由于引黄带来的泥沙，汴河中的淤滩甚多，对行舟颇多不便。宋政府为此采取"狭河"措施。通过疏浚中流，使水势峻急，河流得以下泻。同时以树的枝梢捆成捆，固定在狭河岸侧，以束水势，称为"治木岸"。第四，导洛通汴，又称清汴，即从汴口往西，在黄河滩上开渠数十里至洛河入黄河处之洛口，引伊河、洛河之清水入汴河。此项措施，大大提高了汴河的运输能力，并使每年的通航期延长。

北宋建都开封，汴河除漕运外，对开封的农业、手工业、居民用水和城市风貌的建设都发挥了极为重要的作用，可谓功不可没，以至于有诗云：

> 通济名渠古到今，当时疏导用功深。
> 源高直接黄河泻，流去遥归碧海浔。
> 护冢尚存芳草乱，隋舟安在绿杨荫。
> 年年漕运无穷已，谁谓东南力不任。

关于宋代开封与黄河的关系还有一点应该论及，即"引黄入御"。这项工程，使黄河南北隔绝之水系终于被打通，京师开封与河北诸地一度得以水路往来，开封"天下之枢"的交通地位进一步加强。

（5）北宋以前，黄河出邙山东北流，距开封较远，从水患角度讲，对开封影响较小。而北宋以后情况大为改变。自南宋建炎二年（1128）始，黄河下游河道反复变迁。大体情况上是以武陟为顶点呈扇面状摆动，总趋势是渐趋东南。其范围北不出大清河，南不过淮河。其中对开封影响大的南涉泛道主要有汴水、泗水、涡河、睢河、颍河，最后都由淮河注入黄海。这种摆动格局延续了700多年。这个时期，也是黄河逼近开封城甚至时而城北时而城南的时期，也是开封城自北宋以后辉煌不再的时期。

黄河进入今开封市境内是金代的事。自金大定二十年（1180），在今开封县境决京东埽起，到民国三十三年（1944）尉氏县荣村决口止，前后764年间，黄河开封段（指开封市范围内）共决溢338处，平均两年多决口一处。再加上境外决溢祸及开封，灾害更加频繁。其间开封城曾4次被淹，15次被洪水包围。历史文献记载开封城水患的资料甚多，除前文提及明崇祯十五年（1642）的大水外，再举一例。清道光二十一年六月十六日（1841年8月2日），河决祥符上汛31堡（今开封郊区张湾村），开封城外洪水一望无际。二十四日全河夺溜，城墙接连蛰陷，官民全力守城，连相国寺内的太湖石都运到城头抢险。洪水围城达8个月之久，经大学士王鼎及林则徐等率众堵口，于次年二月初八合龙。这次决口，开封城变为盆地，河道淤塞，土地碱卤，井泉苦涩，遗患无穷。

接下来的情况是，自清咸丰五年（1855）黄河在铜瓦厢改道由大清河入渤海后，黄河长期以来的南泛夺淮的局面得以结束。铜瓦厢改道发生在开封城以下，开封城附近河段没有发生平面变迁，河道却有明显下切，形成高滩深槽。至今洪水上不了高滩，开封城附近再也没有发生决口。这以后开封城发生水患均为境外决溢波及造成，如历史上有名的民国二十七年（1938）郑州花园口决口就是一例。

（6）新中国成立之后，对治理黄河十分重视。1952年毛泽东主席亲临开封东坝头、柳园口视察黄河。在柳园口42坝，看到黄河在高出地面的河床内奔流，堤南的村庄田园尽在洼坑之中，万分感慨，说："这就是悬河啊。"在"除害兴利"总方针的指导下，开封市一方面培修加固堤防险工，确保防洪安全；另一方面修建虹吸涵闸工程，发展引黄兴利事业，扭转了黄河频繁决口的险恶局面，综合开发水沙资源，开创了黄河史志上的新纪元。

开封附近的黄河大堤，普遍进行了加高培厚。通过"淤临淤背"等工程措施，现在的黄河大堤又高又宽，宽度至少都在50米以上，最宽达到200米。自1948年10月开封解放以后，大河上下无一处决口，黄河被控制在两堤之间，只有游荡而已。而后，随着堤防、险工和河道整治工程的进一步加强，这种游荡也逐步得到控制，黄河再也不像脱缰之马任意驰骋了。

在引黄兴利方面，修建有黑岗口虹吸和引黄闸、柳园口引黄闸、三义寨引黄闸等工程，相应开辟有灌区。引黄淤灌对改变环境条件、发展生产，效果十分显著。沙荒盐碱地得到改良，试种推广水稻成功，粮食产量大幅度增加，养殖黄河鲤鱼、种植莲藕、烧制砖瓦等均取得好成绩。当然，这些都是当代开封城市发展的基础条件。

与城市建设关系更直接的是城市供水。开封城自1958年开始建设自来水工程，一改原来凿井供水的局面。黄河距开封城10公里，河床底面高于开封城地面10米左右。靠黄河自流，不用提升即可引入市区。黄河水哺育着古城开封人民，还促进了开封由一个消费城市逐步发展成为行业门类比较齐全、产业结构基本合理的新兴工业城市。

四、几点认识

通过以上分析和历史地理学、自然地理学、考古学及其他研究，对开封城与黄河的关系可以进一步地概括为以下认识。

第一，黄河冲积所形成的平原是开封城诞生和发展的依托性条件。数千年前的豫东黄河平原自然环境是优越的。坦荡的平原上，河湖众多，植被繁茂，土壤肥沃，气候比现在温和湿润，河流的水量比现在大，多数具有灌溉和航运的潜在能力。这一切都有利于农业和交通的发展，有利于开封城的形成。

第二，与上述有利条件并存，黄河对于开封城也有不利的方面。主要有两点：第一点是地势低湿。正因为如此，开封城市的诞生，比附近的安阳、新郑、商丘等城市晚。前文所述汉梁孝王迁都睢阳（今商丘）也是这个原因。第二点就是黄河固有的水沙性质所造成的频繁水患，尤其是其中的大规模改道。

第三，对于上述有利和不利的自然条件，开封人一直在采取兴利除害的种种措施。除前述鸿沟水系、汴河漕运等显例外，还有宋代王安石主持引黄灌溉，蓄水种稻，甚至在汴河上装置水磨，加工茶叶和粮食，直至新中国建立以后大规模的人民治黄工程等。随着人工改造的不断进行和自然条件自身的变化，开封城的潮湿面貌已有很大改变。

第四，黄河水患对开封城的影响大体上可划分成四个不同的历史阶段。

第一阶段是北宋以前，黄河出邙山东北流，距开封较远而影响较小。第二阶段自南宋建炎二年（1128）至清咸丰五年（1855），是黄河南泛夺淮不断改道的阶段，开封城灾难最为深重。第三阶段是清咸丰五年至新中国建立，今东坝头以下河道比较稳定，开封城附近不再发生黄河决口，但水患仍有发生，水患所造成的风沙、盐碱和内涝依然严重。第四阶段是新中国建立以后，经不断治理，黄河基本得到控制，开封城和整个开封基本上脱离水患，开封城的地理环境和建设条件得到改善。

第五，黄河下游冲积平原的广大性和黄河决口改道的高发性，造成了开封城市地位的多变性。除前文所述内容外，开封附近如安阳、商丘、陈留（开封东南约 25 公里）等城市的地位都曾超过开封。即使开封城本身，也涉及老丘、启封和现开封城所在几个地方，就其中一个地方而言，也是其地位变化的表现。

第六，黄河决溢带来的大量泥沙，使开封城及其附近形成了多级盆地的独特地貌。这是开封城历代的层层城垣起到了防水、防风沙的作用。北宋皇宫一带，是层层城垣防护的中心，进水机遇少，淤积程度轻，正处于多级盆地的"盆底"，今天已埋藏在烟波浩渺的潘杨湖下。有资料表明，北宋开封城埋在今地面以下 8.5 米，明代周王府地面低于今地面 4.58 米。所以开封城至今有"开封城城摞城"、"三山不显"的说法。黄河带来的泥沙还影响到开封城平面布局，故开封城又有"五门不对"的说法。当然，以上所述，不仅仅是黄河这一个因素作用的结果，还有大量的社会因素的影响。

致谢：本文在写作过程中参阅和利用了史念海、李润田、范沛潍、周宝珠等先生的论著成果以及《开封市黄河志》、《开封市郊区黄河志》、《开封市城建志》、《东京梦华录注》、《历代宅京记》等资料；孔繁敏、姜成坛、李颖伯、周小翔、张宝秀、王燕美、孙明进诸先生协助收集资料；李润田、李小建、千怀遂等先生对本文的选题和写作给予了很大帮助；河南大学环境与规划学院资料室、开封市图书馆热情提供了有关资料，对此一并衷心感谢。

（原载于《北京联合大学学报》2002 年第 1 期）

泰山的植被

风景区，除了雪山、冰川、荒漠、裸滩等类型外，植被（包括植被的组成者——植物）是举足轻重的构景要素。森林、灌丛、草地覆盖山野，山清水秀，构成无穷景致；林木青翠，浓荫蔽日，才有峨眉之秀、青城之幽；山花烂漫，芳草遍地，才有"匡庐奇秀甲天下"、"武夷奇秀甲东南"。黄山，以松、石、云、泉闻名天下，可见松在首位。桃花源，人称"世外桃源"，没有桃林，也就没有"桃红又是一年春"的意境。长白山林海不能没有红松、岳桦。"香山红叶"不能没有枫树、黄栌。至于完全由人工建造的园林，则更少不了名木名树、奇花异草。扬州个园修竹千竿，称得起"凤尾森森、龙吟细细"，并由竹而命园名。无锡梅园，那"烟姿玉骨，淡淡东风色，勾引春花一半出"的梅花，自然是园中的第一美景。

泰山，作为世界自然遗产，无论是"秦松"、"汉柏"这样人间罕有的活文物，还是"长松入云"、"岭半桃花"这种瑰奇秀丽的景致，以至于整个风景区林翳蓊笼、山岚如烟、林溪相映、泉石增辉的万千光景，无一不与植被有关。所以，研究泰山不能不研究泰山的植被及其在风景旅游方面的意义。

一、泰山植被的基本特点

由于自然和人为因素诸多优越，与周围其他山地相比，泰山现状植被具有以下几个明显的特点。

（一）植被覆盖率高

新中国成立后，林业部门和广大群众大规模开展植树造林已大见成效。50年代的荒山秃岭和水土严重流失的面貌已根本改观。现今的泰山，冬季松柏常绿，夏天满山碧翠。除舍身崖、龙角山、傲来峰、摩天岭等处悬崖峭壁基本上裸露外，其余天然地段很少有较大面积的裸地。粗略估算，泰山森林覆盖率约在80%以上，而植被覆盖率约为90%，均明显高于附近其他山地。

(二) 植被类型多样

泰山各类松林、落叶松林、侧柏林、栎林、刺槐林类型众多，上下有序。沟谷和庙宇、村宅附近则有杂木林茂盛生长，小片竹林星散于普照寺、罗汉崖、无极庙等景点。苹果、葡萄、梨、杏、核桃、板栗各种果园绵延于山麓。山地上下还有由不同种类组成的灌丛和草本植物群落，陡崖上则有颇具特色的岩石植物和石隙植物群聚。不包括农田、果园和水体在内，可将泰山的植被粗略地划分为十一类森林、两类灌丛、一类灌丛草甸、三类草甸和三类石质地稀疏植被（表1）。

表1 泰山植被类型及其建群种简表

森林	松林（油松、赤松、华山松、黑松）
	落叶松林（华北落叶松、日本落叶松、长白落叶松、兴安落叶松）
	侧柏松（侧柏）
	栎林（麻栎、栓皮栎）
	刺槐林（刺槐）
	华北五角枫林（华北五角枫）
	杨树林（毛白杨、加拿大杨）
	赤杨林（赤杨、毛赤杨）
	杂木林（枫杨、毛白杨、栾树、梓树、车梁木等）
	黄檗林（黄檗）
	竹林（淡竹、刚竹、毛竹）
灌丛	上部灌丛（连翘、小叶丁香、阿穆尔小檗、天目琼花等）
	下部灌丛（荆条、酸枣等）
山顶灌丛草甸	苔草、马苏里凤毛菊、拳参、地榆等草本种类和胡枝子、几种绣线菊等灌木种类
草甸	山顶草甸（苔草、乌苏里凤毛菊、地榆等）
	中部草甸（结缕草）
	中下部草甸（野古草、菅草）
石质地稀疏植被	基岩和岩隙植物群聚（地衣、藓类、中华卷柏等岩石种类和来自周围群落的岩隙种类）
	古石海、石河植物群聚（同上）
	石质河滩植物群聚（同上）

(三) 受人类活动影响极大

在上述类型中，除多数石质地稀疏植被受人类作用较小，为原生类型外，森林中只有对松山和后石坞的油松林尚保留较强的原生性质，其余森林大部分是人工林，少部分是砍伐后天然次生林（部分栎林）。灌丛和草本群落在长期人为的活动影响下，也表现出强烈的次生性质。各风景点上的名木名树则更是人类文化的直接表现。

（四）植物区系丰富

根据前人资料，泰山有维管束植物1136种，分隶于136科553属。其中人工栽培种类有322种。常见种类除前述植被类型中提到的以外，乔木中尚有榆、槐、桑、杨、槲树、栾树、梧桐、旱柳、臭椿、黄连木、紫椴、糠椴、水榆、花楸等。灌木有胡枝子、孩儿拳头、吉氏木兰、欧李、卫矛、珍珠梅、照山白、映山红等。草本还有白草、大油芒、荻、蒿、黄芪、山丹、黄花菜、野菊等。

泰山植物区系的地理成分以华北成分为主，但由于地处暖温带的南部和受海洋影响，故在温暖湿润的小生境上，零星分布有一些南方的植物种类，如榔榆、刺楸、盐肤木、山胡椒、白檀、山矾、紫珠、海州常山等。

人工引种的一些南方种类如茶、杉木、水杉、柳杉、黄山松、络石、毛竹、杜仲、乌桕、油桐等在局部地段也生长良好。

就类型来说，泰山植被中的松林、侧柏林、栎林、刺槐林和山顶灌丛草甸面积较大，与风景旅游的关系最密切。

二、植被的历史变迁

泰山植被分区属暖温带落叶阔叶林区。尽管其原始植被几无保留，但通过分析现状植被，并综合气候、土壤及历史文献等，尚可对泰山植被的原始面貌及演变做一些判断。泰山的海拔高度尚未超出华北地区的森林上限，也没有超出垂直带谱的基带，原始植被类型最主要的是油松林和阔叶林，或者是它们的混交林。其中，山顶和上部以油松为主，混有少量糠椴、紫椴、花楸等落叶阔叶树种。以下情况可说明这一点。后石坞、对松山现存有油松成熟林；1955—1956年，林场在岱顶直播油松，出苗和生长情况良好。至1967—1968年因腐烂病大量死亡，但仍有少量植株存活。上述落叶阔叶树种在山顶附近的沟头凹坡仍有零星分布，这种需要特殊环境保护的植物不是先锋植物，只能是昔日森林遭破坏后的残余成分；根据50年代土壤资料，山顶灌丛草甸的土壤尽管具有生草化特征，但仍是棕色森林土；历史文献对泰山顶部的松林有过描述，如唐人李德裕在描写岱顶望海石的五言律诗《泰山石》中写道："此石依五松，苍苍几千载。"清朝雍正皇帝则描写岱顶"云封峭壁松多古，藓积残碑字未迷"。成书于明末的《泰山小史》则直接描写玉皇庙"庙之前，万松侍卫"。

这种分析，并可推断泰山下部的原始植被是以麻栎、栓皮栎为主的落叶阔叶林，也可能有油松林。次要树种有榆、槐、榉、槭、椭树、椭栎、杨、柳、栾树、臭椿等。灵岩和泰安火车站附近的蒿里山，其原始植被更可能是侧柏林和以青檀、朴树、旱榆等石灰性土壤植物为代表的落叶阔叶林。

历史文献对泰山植被概貌有过不少生动的描绘和记载。如"茂林满山，合围高木不知有几"，西河"朱樱满地，古木参天"，凌汉峰"峰南振铎岭，竹树森森，未风先鸣"，盘道两侧"茂林间草"，等等。从中可知泰山森林的原始面貌极其茂盛，至宋元时代仍是如此。而在明清以后的数百年间，泰山植被遭到严重破坏，森林几乎荡然无存，而代之以草甸、灌丛和灌丛草甸。尽管清代在盘道两侧栽了一些侧柏，但对于偌大一座泰山，可谓是杯水车薪，无济于事。1949年前，泰山已完全失去暖温带落叶阔叶林的森林面貌，仅有残林3000亩（包括灵岩地区在内）。1949年后，泰山植被的演变进入一个新阶段，开始植树造林。1955—1957年有几万人上山造林，仅苗圃地即有千余亩。前述现状植物中的各种人工林大部分造于这个时期，现已成中龄林。与此同时，曾占主要地位的各类草本群落和灌丛的面积大大缩小，现只零星分布于林间、地边。

近年来，由于人民生活水平的提高，当地群众由烧柴改为烧煤，上山拾柴搂草的情况已经绝迹，林下的灌木、草本植物免遭破坏，其生态效益已开始显示（覆盖度增大，水土流失减轻，河谷流水变清等），并将有利于泰山植被的进一步发展。

三、泰山植被是风景的资源

泰山，以"天下名山首岱宗"闻名古今中外。究其原因，除地理位置的优越和文化历史的悠久以外，优美的自然景观是极为重要的物质基础。高山平野、幽谷清泉、危崖异石、古松老桧，可谓步步成景，举目成趣。在构成风景的诸因素中,如果说是地质地貌确立了泰山之雄,气候水文条件增添了泰山之奇,文化历史显示了泰山之荣,那么植被条件则形成了泰山雄中之秀、奇中之灵。

(一) 植被的构景意义

植被的构景首先体现在远景效果上。由于距离远、空间大,只是一种群体的作用。如前所述,明清以前泰山及其周围地区林木很茂盛,故杜甫的《望岳》诗中才有"岱宗夫如何,齐鲁青未了。造化钟神秀,阴阳割昏晓"这样逼真的描绘和深切感慨。明人钟宇淳在他的《泰山记游》中写道:"行百里许,诸山蜿蜒横亘,英英悬马头,所谓齐鲁青未了者,空翠欲滴。已而远眉横黛山霄汉,问之知为岱岳也"。这里,"英英悬马头、"空翠欲滴"是对"齐鲁青未了"的绝好注释,而"远眉横黛山霄汉"则是对植被覆盖下的整个泰山的绝妙描绘。这种远观描述在古人的游记和诗词中还有很多。明人王衡所作《重九后二日登泰山记》中有这么一段话:"凭舆人指点泰山者数而皆不似。正东天半壁,若更有青于天者,疑其然也。以语同游,同游皆叹之。已而云净出峡角,则果泰山也。"明人李东阳在《望岳》诗中写得较前三者更详细:"偶上奎文阁,来观泰岳峰。半空翻碧浪,平陆走苍龙。紫爱沾岚湿,青怜发黛浓。长原随迤逦,高树助蒙茸。"

随着游人从远到近,由远望泰山到人行山中,即从"望岳"到"登岳",植被的中景构景意义得到了显示。如果说在远景构景中完全是整个泰山植被大群体在起作用的话,那么在中景构成中,则是植物的某类生长形式(如乔木、灌木、草本等)或某些具体种类的群体在起作用。从地植物学的角度来说,就是组成植被的具体植物群落在起主要作用。在这个尺度上,已不再是"远眉横黛"、"碧浪"、"苍龙",而由另外一番景象取而代之。这在古人的《登岳》诗中可以找到很多。"长松入云汉,远望不盈尺"、"层峦杂树翠交浓"、"涧花岩草郁萋萋"、"回马岭前琪树古,水帘洞口野花红"等。这是由松、杂树、野花等组成的各类美景。"遥看一坞桃花红,却疑又入桃源路"、"岭半桃花陇头麦,肯输物色与江乡"等,这是由美景引起的联想和对比。"花底鸟啼流间碧,松阴龙卧辟峰旌。层峦叠巘看无尽,懒向舆人问去骢",这是美景对作者的审美陶醉。与远景结构、近景结构相比较,由于距离远近、空间大小适中,植被在这个尺度上构景的变化最多。

游人在登岳过程中,除了饱览"长松入云"、"岭半桃花"这类中尺度美景之外，还会时时被身旁道边的一草一木所吸引。这就是植被在近景结构上的意义。在这个尺度上，植物群落水平上的群体作用只在很少情况下保留，主要是植物的个体在起作用，或一个体的某一部分在起主要作用。例如，从森林外走到森林里，空间骤然变小，出现在游人眼前的是"石圻松萝袅自悬"的景象，是指藤本植物攀缘在松枝上随风摇曳。透过林间的缕缕阳光照在小草上，柔光碧草，情景交融。这就是古人诗中"林光宠兰芷"所描绘的景色。由于距离近，连草的种类都鉴定无误。兰和芷分别是兰科一种兰草和伞形科的白芷。又如古人对岱顶古登封坛的植物有一些很细腻的描绘，如"金茎瑶草秘封坛"和"苍苔半蚀摩崖字，碧草斜侵封禅坛"，等等，都是近距离、小视野的景色。这一类景物遍布山野，多不为人注意。还有一类近景，数量虽小，但却历来受到游人的注目和赞颂，这就是泰山特有的名木名树。先不论述它们的历史变迁以及人们的评价，仅就构景来说，它们表现出极其重要的意义，例如"五大夫松"、"汉柏"、"唐槐"等。明人姚奎在《五松歌》中写道："黑龙潭中蛇毋出，霜鳞剥落腥云湿。毵毵长髯十两针，挺挺直骨三千尺。"为游人刻画了"五大夫松"的鳞皮、针叶、直干以及整个植株势如腾龙的形态。"五大夫松"为油松，针叶两针一束，粗硬，长10—15厘米。所在地的海拔高度将近1000米，"挺挺直骨三千尺"既写出了该松之挺拔，又与实际的海拔高程暗合，令人叫绝。《岱史·物产志》记述"汉柏"、"唐槐"为"奇古特异，虽良工不能绘"。在诗人的笔下，它们则是"肤剥心枯岁月深，孙枝已解作龙吟"、"柏叶傲霜迎翠葆、槐枝结夏荫苍龙"。有的古树，由于年代长远而死去甚久，但其枝干却依然挺立，不失当年雄姿。如岱庙院内的"百鸟朝凤"、"宁死不屈"等仍然是泰山的名树。游人至此，每每流连忘返。

以上所谈，是泰山植被在游人不同视野下的构景意义。属于空间范畴的另一个问题是视角问题。从不同角度来观察同一景物，所得到的景色是不同的。由于泰山是平地拔起，这一点就更为显著。如同样是桃花为主的景色，从山顶向下看，"遥看一坞桃花红"，一览无余；沿沟溯溪而上，是"小径穿深树"、"满涧溅桃花"，迂回曲折；而在山麓望泰山，映入眼帘的只是生长于山坡突出部位上的"岭半桃花"。清人张鹏翮的《汉柏》诗并没有具体刻画古柏的风姿，却阐述了视角与成景的关系。诗中写道："古柏千年倚碧峦，太平顶上觉天宽。晴空白鹤时来舞，云外逍遥得静观。"言只有白鹤那样，飞舞在晴空，逍遥于云外，才能无阻拦地洞察汉柏，看得真实全面。不仅诗品高旷，而且言之有理。

（二）植被的季相变化

泰山具有暖温带季风气候，四季变化十分明显。这就为植被的季相变化创造了条件。从风景资源角度来说，泰山植被就显得更加丰富多彩，正如有人介绍泰山风景时所说："春则遍山吐翠，百花烂漫；夏则云烟缭绕，气象万千；秋则山苍水溪，红叶映天；冬则山舞银蛇，松柏雪帘。"

每当春回大地，先是泰山的下部"松拱一天翠，草生万壑青"，气象更新，生机勃发。山野中"山桃野杏争相发"，"春浮花气入山堂"。沿山麓蜿蜒的果园中，则更是一层层、一带带，桃花红、梨花白。其中桃花峪是有名的景区，古人每每将其比作桃源，有诗曰："却疑又入桃源路"、"桃花红胜武陵春"。

樱桃园多樱桃树，清人赵尔萃《樱桃园记》称这里"竹木茂盛，流水潺湲，土壤膏腴，鸡犬鸣吠，俨然避秦之好桃源"。至今，每当樱桃花盛开季节，常有游人在此流连。5月，遍布泰山中下部的刺槐，白花如絮，香气袭人。当春天的气息逐渐由山麓传到山顶的平坦处，一种灌木正开着粉红色至白色的花，五个花瓣，直径3—4厘米。它并不艳丽，却显得匀称、端庄，尤其是连绵成片时，更给人留下深刻的印象。这就是"岱顶花园"中的湖北海棠，是新中国成立以后栽培的。如果离开登山大道，深入泰山怀抱，山野林下，金黄色的连翘花缀满枝条，似根根金鞭在阳光下闪烁。有的地方，连翘分布集中，达到盈沟满坡的程度，一眼望去满目金光。迎红杜鹃，虽比不上南方山区那样如霞似火，但点缀在松林野草的新翠之中，却也格外艳丽。其他如小叶丁香、野蔷薇、大花溲疏、绣线菊、铁线莲等，也都在4、5月开花，不断更换着"泰岱春晓"的美景。倘若游人未能在山下赶上"桃李芬芳"，却能在岱阴得到补偿。古诗写道："深涧千年犹冻雪，阴崖四月始桃花。"

如果说泰山的春景是以花为主的话，泰山的夏景则是以树取胜。远望一片绿色的林海，近看棵棵千姿百态，其中最有名的就是对松山。这里两峰对峙，万松叠翠，明人高诲称这里"古松偃仰若蟠虬然"。当云出其间，苍松如龙，风起时，松涛轰鸣，更是难得的奇景。美景最易激发诗人的灵感，历来歌咏对松山的诗很多，如乾隆有诗曰，"岱岳最佳处，对松最绝奇"；郭沫若1961年登泰山，亦写下了《万松山遇雨》一诗，开头两句就是"人来看万松，雾至万松蒙"。诗与景交融，令人陶醉。从审美的角度看，对松山的松林同时具备了自然美的众多构景要素——形状、色彩、线条、音响等。当它进一步得到云、雾、雨、泉等其他自然景象的配合时，则更显得变化无穷。这也就是松山夏季最美的奥秘所在。

"危岩挂怪松"、"青翠万山迷"的岱阴后石坞，夏季，黄花菜、山丹、胡枝子等相继开放，点缀于青松山岩之间。由于这里"山深无客"，景致极为清幽，使人"俗骨浑忘"。

泰山下部沟谷之中，遍布松、柏、杨、柳、楸、梓、枫杨等，林木荫翳，山泉长流，面山临水，清净岑寂，构成"满涧松阴尘不到"、"半缕斜阳挂杨柳"的景观。

泰山的秋天是最美的。色彩丰富是它最大的特点。"拂云秋树入霜红"、"紫堇黄菊自深处"、"夹道浓熏枫叶赤，重岩倒染菊花斑"，都是典型的秋景。就树木而言，黄栌、黄连木、花楸，色鲜红，红如火。刺槐、紫椴叶色浅黄，黄得透亮。栎树、水榆、槭树、栾树等尽管或褐或红或黄，但均显得深沉，与前两类风格迥异。灌木中胡枝子、悬钩子等都是美丽的赏叶植物，而秋色中最美的要算卫矛，尤其是它扎根于巉岩峭壁之上，周围有松柏陪衬的情况下，正是万绿丛中一点红，色彩对比十分强烈，具有无比的魅力。可与卫矛媲美的有藤本植物爬山虎，这些在夏季不露身姿的植物，到了深秋，却变得异常突出，或红满一石，或紫盈一沟，欣赏爬山虎秋色最好的地方是经石峪的北支沟。草木中最具特色的一为野菊，黄花满地；二为三脉叶马兰，通身红紫，古诗中称"紫堇"的主要是指它；三为荻，至今未有人做过描述，泰山的荻不多，却非常引人注目，白色的穗，乍一看像芦花一样漂亮和洁白，在红、橙、黄、绿、青、蓝、紫组成的大千世界中，它独树一帜，洁身傲立。秋天，上述各种色彩自然地集合在泰山，尤其是山的上部，视野开阔，极为绚丽多彩。正如古人所说，"色相种种，望之迷瞀"。岱阳、龙角山一带便是秋游佳境。山下部三阳观、普照寺、经石峪则以黄连木、黄栌、栾树等分布较多。而红叶最集中的要算是桃花峪了，可与北京香山媲美。

冬季的泰山，草木凋零，唯有松柏和竹子依然青翠。大雪之后，"孤标百尺雪中见，长啸一声风里闻"，方显出松柏本色，不仅对松山、后石坞奇景层出，就是秦松、汉柏亦格外精神。

（三）植被的环境景观

上述所论，是对植被的单项因素进行分析，实际上，从生态学的角度讲，大自然中的植被与其周围的环境无时无刻不处在紧密的相互联系之中。从风景的角度来看，也是如此。当植被与周围自然的或人工的特有环境配合时，植被的构景作用就大大加强了，由单项美上升为综合的景观美，其审美价值就更高了。

泰山的地质构造、地貌、气象、水文以及历史文化条件决定了泰山景观的雄伟形象，而植被与其结合，使泰山雄中显秀，秀而有灵，灵生神采。

丰茂的植被不仅在整体上为泰山披翠挂绿，显露秀色和生机，而且在特有的景点上为巉岩绝壁增加神采。例如，突兀的天烛峰上古松横出，灵岩一线天间古柏凌空欲飞，佛爷寺山崖上的"挂松"，后石坞鸡鸣峰上的"姐妹松"等，构成"悬崖古松落空翠，架壑危松度远虹"的神奇景观。崖石间点缀树木花草，一雄一秀，一刚一柔，相得益彰，而生异采。

云海是泰山的气象景观，而植被使这种景观升华。古人有诗描写云雾中的灵岩寺云："灵岩绝顶晓云开，露出仙家胜境来。偃蹇苍松藏殿阁，潺湲流水绕楼台。"朗公石是灵岩一景，远看似一驼背老人，其身后的棵棵古柏却如一群弟子。因其处于山脊线上，在蓝天的映衬下，形象格外逼真。每至雨季，或阴雨连绵，或雨后云雾飘荡时，再看"朗公"，竟在那里踽踽而行，可谓活灵活现。正是这种奇中有灵的胜景，引起人们种种遐想，产生了许多神话传说，从而又丰富了"朗公奇观"。

（四）渗透文化的古树名木

泰山既是一座自然的山，也是一座文化之山。泰山的古树名木，无不渗透着中华民族的传统文化。因此，有人称这些古树名木为"活的文物"或"有生命的文物"。这些古树往往都与历史人物或古建筑联系在一起，而传诵千古。

最能引起人们历史情思的是"秦松"、"汉柏"和"唐槐"。所谓"秦松"，是指五松亭旁的三株古油松（现实存活两株，另一株已成枯立木）。其历史大体如下，公元前219年，秦始皇登封泰山，中途遇暴雨而避于树下，因大树护驾有功，被封为"五大夫"爵位。据《泰山述记》考证，当时的《汉书》"但言大树未言松也"，而《初学记》引《汉宫仪》及《泰山记》云："小天门有秦时五大夫松。"后来有人由于不懂"五大夫"是秦朝的第九级官爵，故将"五大夫松"附会为五株。受秦始皇所封的原树在什么地方，存活至什么年代，尚需考证。《泰山游览》和《山东风物志》（两书均为1984年出版）言，这里的两株松树于明万历年间被大水冲走了，而《岱史·物产志》（明嘉靖年间编）中却说"今只存其一"，并指出，"然非秦时故物，疑亦后人续植者"。明人的游记中也多有"然可百岁物或后人所植抑其孙枝耶"，"虽稍夭矫，然以为数千年物，吾不敢知"这样的疑问。至于现在的"秦松"，是清雍正八年（1730）内务府郎中丁皂保补栽的（当时共栽五株）。可见，"秦松"只是名称的历史延续，其中某些细节可能还有误传，但至少秦始皇封树为"五大夫"爵位这一点大体是可信的。正是面对这一史实，历代文人贬褒不一，据古文献粗略所见，以"秦松"、"五松"、"大夫松"为题的诗就有几十首。下录几句以见一斑。"五松矗矗凌霄汉，千载犹蒙秦帝恩。草木喜瞻龙驭过，儒生翻自抱深冤。""蒙恬大将扶苏子，万里策勋封不与。却将官爵授五松，祖龙颠倒乃如此。""四海苍生憔悴尽，五株松树独封官。仁民爱物秦颠倒，何怪当年共揭竿。"

"汉柏"在岱庙正阳门内汉柏院和关帝庙。据调查共有6株。相传汉武帝封禅泰山时所植，距今已2000多年。历代文人墨客题诗刻画者甚多，赞汉柏之风姿，颂武帝之雄才大略。如明崇祯十五年（1642）刻制的《汉柏图赞》称"有苑者柏，蟠株灵宇，植之何年，云自汉武。形寄青峦，魏峙崇阶，兄彼秦松，弟乃唐槐"。明人叶份在他的《泰山吟》中有这样的诗句："秦皇无灵氛，汉武非仙才，封仙爵中坂，植柏满南陲。"《岱史》等古文献中也有多次提到汉武帝植柏南天陲一事，并具体写到登封门外岱岳观有汉武帝所植的汉柏。可惜现已不存。

岱庙西院的"唐槐"，虽无资料说它是名人所植，但1000年来有不少名人在诗中或文中赞扬。如清乾隆皇帝即有两首赞"唐槐"的诗。现存的"唐槐抱子"，是老槐站立，雄姿犹在，小槐青葱，自枯树洞中蓬勃生长起来的景观。在"唐槐石碑"的启示下，依然令人情思悠悠。

古树与建筑的构景关系，莫过于"六朝松与筛月亭"、"御书阁与千年檀"了。普照寺的"六朝松"相传为六朝时所植，树干数人合围，树冠遮天蔽日，有联云："高不自鸣，看碧岫烟云若隐；老当益壮，问青松岁月几何。"松旁有石方亭，取古诗"长松筛月"之意，题名"筛月亭"。松后有"摩松楼"，雄伟壮丽。楼摩松，松筛月，亭相伴，充满诗情画意。真如"筛月亭"对联所云:"收拾岚气归四照;招邀明月得三分。"

灵岩寺御书阁始建于唐贞观年间,阁基墙上嵌有历史名人石刻,为灵岩名胜之一。在院基的石墙上有一千年古檀。最为奇特的是这株千年古檀的根颈(根与主干的接合部)紧贴朱墙,高1.2米,宽约2.5米,略呈菱形,树根形态如龙腾虎跃,似云海雾涛。据此,人们称之为"云檀"。这种在植物分类学上属榆科青檀属的青檀,是稀有树种之一。这株"云檀"由于扎根在古建筑的砖石缝中,根颈部特别发达,并具有奇特的形态,更是十分难得。值得指出的是,此景在御书阁古建筑院子里,使云檀与书阁相映生辉。

泰山的古树与古建筑和谐结合的景观很多,如关帝庙与"汉柏第一",壶天阁楼墙上的古柏,"孔子登临处"坊与古紫藤,等等,无不记录着岁月的千古文明。

四、泰山植被的科学意义

风景区植被既具有构景意义,又具有生态意义,不但是审美对象,而且是科研和科教对象。它是人们增长科学知识、了解历史、陶冶情操、增进健康等方面活动的理想场所。

泰山植被种类丰富,植被类型多样,除了可以作为植物分类学、植物资源学、植物生态学、植被地理学等课程的教学实习场所外,对于一般游客,尤其是大、中、小学生和青年,也具有提供有关知识的意义。

在植物分类学方面,这里既有各大门类的植物,也有一些很相近的种类,可供对比。如赤松和油松、毛白杨和加拿大杨、国槐和洋槐(刺槐)、麻栎和栓皮栎、榍树和榍栎、紫椴和糠椴、连翘和迎春、樱桃和樱花、桃梅李杏,等等。还有一些饶有兴趣的问题,可供游人辨识,如桑树和梓树的知识,春椿和臭椿的区别,梧桐、泡桐、法桐是怎么回事,枫杨是不是杨,等等。发现新的分类单位是植物分类学的一个重要成果。近年来,在泰山连续发现十几个新种,其中多数以泰山命名,如泰山柳、泰山花楸、泰山盐肤木、泰山椴、泰山韭、泰山苋、泰山鳞毛蕨、泰山岩蕨及山东白鳞莎草等。

在资源植物方面,除上述的风景资源外,首先引人注目的是泰山有非常丰富的药用植物。据近年调查,已确定泰山药用植物有110科、448种(包括野生和栽培的)。其中有四大传统名药:泰山参(桔梗科党参属的羊乳)、泰山何首乌（萝摩科鹅绒藤属的白首乌）、紫草（紫草科紫草属）、黄精（百合科黄精属）。其中泰山参由于很难采到而往往以荠苨代替（桔梗科沙参属）。其他较为重要的还有泰山灵芝、柴黄姜（薯蓣科薯蓣属穿龙薯蓣）等。

泰山的果树资源不仅种类多，而且有不少优良的品种资源。农牧渔业部在泰山设有专门的研究机构。

了解植物生态学和植物地理学的知识，泰山也是一个好场所。泰山植物的垂直分布有明显的规律，其中海拔 1000 米附近，是一条重要的界线，如刺槐、麻栎、栓皮栎、侧柏、黄栌等树种分布于此界线以下；紫椴、糠椴、花楸、水榆、胡枝子、阿穆尔小檗、迎红杜鹃等种类分布于界线以上，这是为什么？泰山上部"阴崖四月始桃花"，是什么物候现象？岱顶与泰安城物候差异主要表现有哪些？显然这些问题可作为生物学、植物地理学等学科的夏令营活动内容，何况还有许多地质学、地貌学及历史文化等学科的内容。泰山不愧为一个自然、历史博物馆。

近年来，人们越来越注意："美好的生活离不开绿树、香花和芳草，健康的生命有赖于绿色植物的滋润。"生态学家和医学家根据森林具有净化空气、消除噪声、调节气候并给人以安定感和舒适感等多方面的生态作用，十分有利于人们身心健康，故提出"森林浴"的医疗保健活动。泰山作为一个高森林覆盖率的风景区，无疑也是开展"森林浴"的好地方。

（原载于《中国泰山》，山东科学技术出版社，1992 年 7 月）

附录一：在路上

　　这次到海南，是退休五年多以来第一次阶段性脱离工作岗位，到有"航天椰乡"之称的文昌闲住一段日子，为以后真正的退休生活做一次铺垫。没想到，刚来三天，就接到李士杰会长的电话，提醒我，北京老年宜居文化协会正在征集稿件，要出一本反映协会成员老年人精神风貌的书，要求我务必写一篇自己的退休生活。老李是个热心人，协会在他主持下，搞了不少有意义、有影响的活动，想想我也应该支持协会的工作，于是就同意了。可提起笔，问题就来了。退休这些年，生活的内容太多太庞杂，写什么才符合反映老年人精神面貌这个主题呢？无论说"老有所养"、"老有所乐"，还是说"老有所学"、"老有所为"，我今年70岁，在这个年龄段，并且身体健康，是否可以认为老有所学和所为应该是退休生活的主旋律呢？古训就有"活到老，学到老"的说法。至于"人生旅程"的提法是否在告诉我们，人生一辈子，从生到死，就是一个永无间断的过程，如果用"路途"这个词作为标志的话，那么人生永远在路上。两者之间，内容和形式上，多少有些不同，但其在人生意义和社会意义上，在精神上是相通的，在实质上是同一的。那么其意义何在呢？我从文昌电视台每天傍晚的一个栏目中得到了启示。这个栏目的副标题叫"传播价值，影响时代"，而主标题恰恰就是这几天我在思考的主题"在路上"。于是"在路上"，就成了我这篇退休生活稿件的题目。至于文昌电视台这个栏目下面还有一句附题——"与年轻人一同成长"，就更契合我的思路了。尽管上述栏目的主讲人都是著名专家学者和成功企业人士，尽管他们主讲的内容主要在于如何创业、如何处理各种人际关系、如何面对人生中的各种难题等，但是我想，"传播价值，影响时代"是我们共同的追求。奉献社会不讲大小，只讲方向，是正能量就行。于是，"在路上"这个题目就定下来了。

继续探索北京学

作为一门学问，北京学至今仍处在草创阶段，尽管它已经走过了十多年。我是创立北京学的主要人员之一，亲身经历了它的诞生、成长的各个阶段，了解它就像了解自己的孩子一般。正因为这样，我没有说"研究北京学"，而是强调"探索北京学"，退休之后则是"继续探索北京学"。

走上北京学之路，以至于退休之后还要继续探索，自认为原因有三。

一是社会使然。北京这么一个特殊的城市，它的历史、文化和发展，它的昨天、今天和明天，太需要人们的自觉和自信，人们太需要从中升华精神和汲取动力了。

二是责任使然。北京联合大学作为市属高校，理应为北京市多做贡献，就好像家庭的一个成员理应为家庭建设多做贡献一样。2007年4月20日，在上级党委宣布我离开校长岗位的会上，我当着领导和同志们的面一字一句地表示：退休之后，我将以一种新的形式为北京联合大学工作。联合大学是我投入心血和感情最多的地方，我生是联合大学的人，死是联合大学的鬼。之后就有了拒绝多家单位高薪聘请，而甘愿接受学校北京学研究所的低薪返聘的情况。

三是老师教导。我是北京大学地理学系的学生，本科和硕士研究生两个学习阶段都在那里度过，还在系里当了几年教员。老师们的品行、学养、人生态度在我脑海中打下深深的烙印。王恩涌老师的解惑之道，卢培元老师的育人之法，陈昌笃老师的科研经验，侯仁之老师的社会担当……不管时间怎么流逝，作为楷模，老师们的言行始终影响着我人生的每一步。侯仁之先生是著名历史地理学家，潜心研究北京，为北京城市的规划建设做出了巨大贡献。我并不是侯先生的入门弟子，但却是侯先生把我引上了北京学研究之路。侯先生的亲笔题词"立足北京，研究北京，服务北京"，至今挂在北京学研究所的墙上，更刻在北京学每一位研究人员的心中。侯先生为我们课题组著作《图说北京城》作序那年，已是90多岁的高龄。

从创立北京学，到探索北京学，是一个不断学习、不断积累的过程。我本来是学习自然地理专业的，与北京学的主要学科属性之一人文地理学之间有不小的距离。弥合这个差距的办法一是补课，补历史学，补规划学，补文化史，补哲学，等等；二是结合北京现实发展中的热点、难点问题，勤于讨论和思考，形成自己的观点。以近两三年北京学研究所与市政协文史和学习委员会合作研究出版的《北京中轴线》为例，其中有不少观点是首创和独到的。

如首次绘制了北京城中轴线单元组成图，明确提出北京城中轴线由若干个文化地理单元连续组合而成，各单元之间具有明显的性质和功能上的区分，而全体单元组合成的更高一级文化地理单元——中轴线是北京城的有机组成部分，是北京城形态上的基准之轴、文化上的凝聚之轴、功能上的政治之轴。

又如，以侯仁之先生关于北京城发展"三个里程碑"的理论为基础，引申到北京城中轴线的文化遗产范畴以及申遗工作中。明确提出，"历史是长河，文化在流变"，北京城中轴线肇始于元，形成于明，延续并发展至今。其中辛亥革命之后的社会变革使北京城中轴线的单元产生功能上的变化是历史之必然，它们是顺应历史潮流的进步，变化前后的中轴线都是人类文化遗产的重要组成部分。如改造扩建后的新天安门广场（包括国家博物馆、人民大会堂、人民英雄纪念碑和毛主席纪念堂在内）代替原紫禁城成为北京城的中心，而原紫禁城由政治中心演变成了文化重地——故宫博物院、太庙、天坛等皇家祭祀场所变成了人民大众的公共场所，等等。申遗不应是"明清北京城中轴线"，而应该是历史发展至今的中轴线的全部。这个观点是我在北京中轴线申遗刚刚提出时在一次论坛上主张的，与目前北京市实际申遗工作中的观点完全一致。

再如，首次提出紫禁城是北京城中轴线的发生中心，是先有了紫禁城的中轴线，再向北延伸至钟鼓楼，向南延伸至永定门，才有了北京城的中轴线。这个观点的发生学视角，明显区别于流行于世的"南起永定门，北至钟鼓楼"的形态学视角，更接近事物的本质。

在《北京中轴线》这本著作中，类似的重要观点还有：应该站在什么高度和层面上看待元代大都城中轴线的形成？是中华大文化的高度，是农耕文化与游牧、渔猎等多种文化不断融合的层面。所以，今天北京提出将北海与中轴线"捆绑"申遗，不仅仅是申遗操作层面上的一个具体方法，而且是在国家最高层面上向世界申明其伟大的文化意义。还有通过梳理史料，提出了明代中轴线的两侧，东有东苑，西有西苑，将明代东苑的基本格局提示给读者，打破了多数人只知明清西苑（现在人们称之为北海、中南海）的认知偏差。至于在关于中轴线单元组成的讨论中，提出对于边界模糊的单元，可以从其作为中轴线的首位功能的角度人为规定其边界。例如，前门大街的首位功能是前往天坛、先农坛进行皇家祭祀的御路，所以规定其范围只包含大街和东西各一排铺面，而不再向东、西两个方向延伸。当然，以上所有观点，都是见仁见智的，不必追求认识上的一致，完全可以继续论证和讨论。

总之，在人生道路上，学习无止境，探索无尽头。正是这种学习和探索，使得退休生活充满着生气，才会觉得每天都活得值。最近在思考的问题是：当前北京在地域文化传承中遇到了哪些新问题？文化生态与自然生态有哪些相同点和不同点？所谓的"原汁原味"保护、传承文化生态应该不应该？可能不可能？等等。

你想听，我就讲

从北京联合大学的北京学研究所，到成立北京市北京学研究基地，随着成果逐渐积累，队伍逐渐形成，影响逐步扩大，工作的目标、重点和特色也逐渐趋于明确。其中有建设"三个平台"的目标：科学研究的平台、为决策提供咨询的平台、为市民和广大群众提供信息的平台。从我来说，这第三个平台的工作是退休之后才更多身体力行的，包括多种类型的讲座和各种形式的宣传。其宗旨也是侯仁之先生所倡导的：研究北京、规划建设北京不仅仅是少数专家学者和政府官员的事，更是广大市民和人民大众的事。我们有责任让群众更多地了解北京，把北京的历史文化普及到群众中去。群众了解北京越深入，对北京越热爱，保护、建设、发展北京就更自觉，更有积极性。侯先生本身就是宣传北京最叫座的宣传员。那时候，侯先生每年在北京大学的大饭厅（现在的"百年纪念讲堂"）给新生讲的入学第一课就是《北京》。我听这一课是1962年秋季开学，当时的情景，尤其是侯先生言表之中对北京的炽烈之情历历在目，一辈子不能忘怀。而工作期间忙碌几十年，没有时间像侯先生一样宣传我们伟大的北京。退休之后，终于有了比较宽松的时间，尤其是对北京历史文化、规划建设的了解有了一定的积累，而社会对文化的需求也随着国家的进步而日趋迫切。可以说，主客观条件一应俱全，就看自己怎么干了。侯先生这个楷模促使我下定决心付诸行动，必须先干起来再说。

首先是给谁讲？作为大学教员，很自然想到的是给大学生讲。恰好这几年学校强调素质教育，北京学所开设"北京学讲堂"和"北京地域文化课程"，我就成了其中的骨干讲员之一。到社会上讲，这些年讲过的地方有图书馆系统、党校系统、老干部系统、乡镇系统、养老机构，还有连续几年寒暑假台湾高校访京的传统文化研习营以及国外访问团等。

其次是讲什么？回想这些年讲过的题目：巍巍北京城、魅力中轴线、北京通惠河、北京水文化、民族英雄于谦与北京保卫战、北京的胡同、四合院、北京的饮食文化、北京精神与北京文化……内容涉及北京的历史、文化、规划、建设、北京精神多个学科和领域。

再次是怎么讲？第一是学习，研究为基础，先当学生，再当教员。举例说，为了讲"民族英雄于谦与北京保卫战"，学习了《明史》、《明朝那些事》、《大故宫》、《张家口市文史资料丛书》等一系列著作与资料。又如为了讲好"北京饮食文化"，不仅自己买了十几本相关书籍，还从旅游学院专业老师那里借来6本关于中国和北京饮食文化的专著认真学习，还考察了不少老字号和不同风味的特色餐饮商家，还花两个多小时专门到习近平同志最近就餐过的庆丰包子铺吃了一次包子，拍摄了照片，收集了后续的"庆丰包子铺现象"的资料，都组织进了讲课的内容之中。第二是充分备课，包括形成讲稿和演示用的PPT稿，其中的关键是形成讲课的独到视角和特色。因为专门从历史角度讲，我讲不过历史学家；专门从文化角度讲，我讲不过文化学者；而以历史为基本线索，以文化为内涵，以历史地理视角为特色，这就有了自己讲课的个性，所提出的问题往往让听众很有新鲜感。例如，讲"民族英雄于谦与北京保卫战"中充分利用历史地图展示"土木之变"发生的地缘政治态势，并提出要十分重视宣化—大同一带的土堡现象，因为这些土堡不仅是"土木之变"这个历史事件发生的地理景观，更是中华大文化中农耕文化与游牧文化融合的重要场所。还提出了明十三陵为什么是13座陵，而不是明代北京14位皇帝的"十四陵"？这个问题既与"北京保卫战"前后的明史直接相关，也是听众和旅游者普遍关心的问题。第三，十分注意讲座的针对性，根据不同听众的特点，调整讲课的重点、切入点和案例，以适应不同听众的不同需要。例如，针对来自台湾高校的中华文化研习营的师生，在讲故宫的内容中，专门讲述了故宫文物南迁和运台的曲折过程，以加强海峡两岸同根同源、同文同种、携手同圆中国梦的色彩；在讲北京旧城道路系统的棋盘式格局时，与台北、高雄等城市进行了对比；在乡镇、养老院等基层单位讲课时，注意用一些通俗易懂的问题做引导。由于针对性强，每次讲座都取得了不错的效果。来自听众最让我高兴的话是："张老师，下次什么时候再来讲，我一定再来听。"我的答复是：你想听，我就讲。有一次在房山区的一个养老院，由于通知工作不到位，只来了七八位老人，管理人员很不好意思地跟我说："张教授，人太少了，就不讲了吧？"我马上回答"来一位也要讲，不能让任何一位听众失望"，我与往常一样，精神饱满地讲述了全部内容，受到老人们的一致赞扬。

宣传、普及北京的历史文化知识以及现代化建设，除了讲座这种形式以外，实际上还有很多形式和场合可以利用，关键看你是不是一个"有心人"。例如，拿各种论坛来说，论坛既是交流研究成果、切磋学术观点的平台，同时对不同地区、不同学科背景和工作领域的人来说，它同样具有宣传、普及的意义。正是有了这个认识，就要求自己无论是切磋学术观点，还是汇报工作，都要让更多的人听得明白，更容易接受。有一次，北京市主要领导到东城区视察玉河（通惠河的一段）恢复和环境改造工作，由我介绍相关的历史和文化。因为有平时对通惠河和北京城研究的积累，并且语言朴实、流利，得到了听众的肯定。事后，北京电视台还请著名古建学家谢辰生先生和我一起做了一期介绍玉河历史文化的节目。还有带领外地学者和外国学者考察北京时，更是宣传、普及北京历史文化的好机会。几乎每次这样的考察之后，听到国内外同行称赞我为"教授级导游"时，心中美美的，因为又为宣传北京出了一把力。

这些年，为宣传大运河与北京城，还与学校电教中心的同志们一起制作了《古今通惠河》电视宣传片，获得了奖项。还担任主编，编辑出版《北京学丛书·流影系列》。我在该丛书的总序中写道："根据北京的城市性质和当前需要，北京联合大学北京学研究基地特策划本课题——《北京流影》丛书，以影像记录为主要表现形式，完成一套以研究为基础，以普及为目的，以服务建设中国特色、北京特点世界城市为宗旨的出版物。历史长河，文化海洋，忠实记录，流动瞬间——是该丛书名称中'流'字的依据，意在突出忠实记录历史流变中的瞬间。该套丛书内容选择的四项原则是：符合'人文北京'内涵，有较好的研究基础，适合影像方式，适应出版物市场需要。"

还是那句话，你想听，我就讲。课上讲，讲座讲，大会、小会讲，各种场合讲。讲北京，为的是让更多人了解北京，热爱北京，保护北京，发展北京。

拾遗补阙　建设团队

　　北京学研究所（基地）是一个好集体、好团队。从创立开始，我就倾注了大量的心血和热情。只是那时需要应付的事情太多，对北京学的不少工作缺乏周到细致的思考和举措。退休之后，在返聘的岗位上回过头来看，有了一些新的体会和想法。其中最要紧的是研究团队的建设。当然，我所做的对于工作全局而言，只是拾遗补阙。

　　在上级的支持下，由我主持的北京学基地学术委员会每年有一项重要工作——基地立项，由基地承担少量的科研经费，面向北京学所，面向全校，甚至面向社会设立北京学范畴内的科研项目。经过多年的实践，作为管理者自身的认识也在实践中得到了提升。逐步精准定位研究的范围和重点，提出了相应的要求；建立健全了立项、资助、中期检查、结项、退出等多项规章制度。更重要的一点是对团队建设重要性的认识大大提高。如果说前些年立项工作的第一着力点是项目本身，而这些年则转化为团队建设，我们给了它一个名称——苗圃工程。对于长远发展而言，苗圃工程更具有基础性和核心竞争力。每年申报和评审立项的过程，就是要求所（基地）内专职科研人员不断梳理、明确自己科研方向的过程，就是要求校内相关机构、学科专业加深对北京学的理解、梳理研究方向、建设团队的过程，也是在社会上发现和加深联系北京学研究有生力量的过程。近些年努力的成效，集中体现在团队成员科研水平的整体提升上。一批同志通过在北京学基地的立项研究，积累了资料，梳理了思路，提升了认识，为成功申报更高级别的科研立项准备了条件，之后成功获准承担了北京市、教育部、国家人文社科基金、国家自然科学基金等的科研项目。这些年，北京学所（基地）专职科研人员以及整个北京联合大学教员在上述级别上立项的数量明显上升。这其中有北京学工作的一份心血在内。北京学在全校教员心目中的地位也得到更多认同。

　　团队建设的另一个重要方向是研究所（基地）的管理者。由于校党委的合理配置和这些同志的自身素质，并不需要我做什么专门的工作。我的体会只有一条：放手不恋权，帮忙不添乱。年轻人出于对长者和前任的尊重，对我各方面都照顾得很好，也经常就工作上的事听取我的意见。在这种情况下，我告诫自己：自然规律，长江后浪推前浪；社会真理，一代更比一代强。我现在的责任，是放手、放手、再放手，鼓励、鼓励、再鼓励。实践证明，我想的是对的，做的是好的。年轻人在和谐的环境中充分发挥了他们的聪明才智，干得有声有色。对某些具体事情，我有点什么想法的时候，一两句话就沟通了。看着年轻人，看着年轻人主持下工作局面的勃勃生机，我打心眼儿里高兴。我想，这就是我退休以来这几年的精神面貌吧。我逢人就说：我高兴，我放心，我还很得意。因为拾遗补阙，同样有意义。

实际上，退休以来的生活比上面写的还要丰富多彩。还有市文史研究馆的工作、市社科联的工作、协助市政协民族宗教委员会组织编书的工作、市当代北京编辑部编辑《当代北京城市发展年度报告》的工作、北京地理学会编辑《美丽中国》系列丛书的工作、学校教学督导组的工作，等等。每当有人问我"退休下来怎么样"的时候，我最爱说的话是"我很忙，很高兴"，这是心里话。不管退休前还是退休后，每一天都是人生路上的重要阶段，让自己每一天的路程都走对方向和踏实有力，给社会带来正能量，是我不变的愿望。形式会有不同，愿望不可更改。我在路上，至少再走 30 年。

张妙弟

2014 年 4 月于海南

（原载于《我们的退休生活》，北京联合出版公司，2015 年 2 月）

附录二：赤子情怀　北京情缘
——记北京学研究基地首席专家张妙弟教授

张妙弟，男，教授，中共党员，享受国务院特殊津贴，上海浦东人，1944年出生，1981年获北京大学地理学系理学硕士学位。研究生毕业后留校任教，曾任北京大学地理学系自然地理教研室副主任。1988年调任北京大学分校城市与区域科学系副主任，后历任系主任、北京联合大学教务长、北京联合大学应用文理学院党委副书记（主持学院党政工作）、北京联合大学校长等职。兼任北京市文史研究馆馆员、北京地理学会副理事长、秘书长、北京当代史研究会副会长、北京古都学会副会长等。

张妙弟教授，自1997年作为骨干参与北京学所筹建工作至今，已在北京学领域耕耘18年之久。历任北京学研究所副所长、所长，北京市哲学社会科学研究基地——北京学研究基地主任、首席专家，是北京学研究所（基地）创立和发展的重要亲历者，为北京学研究事业的发展壮大做出了不可磨灭的贡献。

求学首都　结缘联大

张妙弟出身于上海浦东的工农户家庭，在上海郊区一所普通中学读完初中、高中。填报高考志愿时，他没有像当时大多数同学一样选择上海高校，而是对千里之外的首都北京满怀强烈的向往。尽管身边很多人都不理解他的选择，他还是坚定了信念，将22个高考志愿中的绝大部分填报了北京的高校。1962年，张妙弟如愿以偿，第一志愿被北京大学地质地理系录取，也从此与北京结下深厚情缘。

1962年至1968年本科学习期间，张妙弟接受了扎实的基础学科训练，众多名师的谆谆教诲和为国为民的高尚情操陶冶了他的学术品行，诸位大师严谨深究的治学精神深深影响了他今后的治学之路。1968年至1970年，张妙弟前往山西临汾接受工农兵再教育。1970年，回到北京分配工作，他先后在石景山中学、石景山区教育局、石景山区农业局、石景山区科委任职。他干一行、爱一行，工作能力也得到单位和同志们的一致肯定，还曾获得石景山区抗震救灾先进个人光荣称号。1978年，张妙弟考回北京大学地理学系攻读硕士研究生，并于1981年毕业留校执教至1988年。前后16年的燕园岁月，诸位名师成为张妙弟人生的引路人，他深情地说道："老师们的品行、学养、人生态度在我脑海中打下深深的烙印。王恩涌老师的解惑之道，卢培元老师的育人之法，陈昌笃老师的科研追求，侯仁之老师的社会担当……不管时间怎么流逝，作为楷模，老师们的言行始终影响着我人生的每一步。"

1988年3月，北京大学分校城市与区域科学系（今北京联合大学应用文理学院城市科学系）急需骨干人才，张妙弟被调入，不久后他接替首任系主任卢培元教授，成为第二任系主任。从此，他结缘北京联合大学，并在多个领导岗位上任职，直至2007年4月离开北京联合大学校长岗位，2008年9月退休。

北京联合大学成立于1985年，其前身是1978年北京市依靠清华、北大等老大学创办的30多所大学分校，以培养适应国家，特别是首都经济社会发展需要的高素质应用型人才为己任，是一所以本科教育为主，研究生教育、高职教育和继续教育协调发展的市属综合性大学，也是北京市重点建设的应用型人才培养基地。2001年至2007年，张妙弟任北京联合大学校长。任职期间，他励精图治，不辱使命，在前人的基础上创新教育改革，进一步明确办学定位和办学宗旨，制定了"发展应用型教育，培养应用型人才，建设应用型大学"的办学宗旨，带领全体师生持续开展探索与实践，为北京联合大学新的发展立下了汗马功劳。他常说："在我脑海里，北京联合大学是市属院校，这个概念特别强烈。北京联合大学既要为北京市培养人才，也要直接为北京市的建设发展多做工作，在这一点上，北京联合大学责无旁贷。"

在北京求学和生活了50多年，历经半个多世纪风雨，张妙弟工作的领域始终紧密服务于北京的地理研究和文化发展，对北京这座城市、对北京联合大学这所高校，他怀有深深的热爱，首都早已成为这位自称"浦东游子"的第二故乡，联大也早已成为他的情系之地。

矢志不渝　致力北京学

早在1996年，北京联合大学在与韩国汉城市立大学进行校际学术交流时，受该校设有"汉城学研究所"的启发，就萌生了建立"北京学研究所"

的想法。同时，曾在北京市人大、市政协、市教委工作的几位教育界老领导都对汉城学研究有所了解，建议市属综合性高校北京联合大学也筹建北京学研究所。当时主管联大外事、科研工作的姜成坛副校长积极响应，认为成立北京学研究所对推动学校发展、人才培养和服务首都经济建设能够起到积极作用。他找到时任经济学与城市科学系系主任的张妙弟，希望北京学研究所依托经济学与城市科学系建立，张妙弟欣然赞成并执笔起草申请书上报学校，学校上报北京市教委和北京市编制办，并得到批准同意。北京联合大学北京学研究所于1998年1月正式成立，姜成坛任所长，张妙弟任副所长（1999年接任所长）。北京学研究所在成立之初，就有幸得到了北京市教育界领导的鼎力支持和专家学者的悉心指导。资深教育专家陶西平为名誉所长，侯仁之院士、舒乙先生、单霁翔先生为顾问。侯仁之院士为北京学题词"立足北京，研究北京，服务北京"，成为北京学研究所一直坚守的学术宗旨。

致力建设发展北京学18年，张妙弟为此倾注了大量的心血和热情。他认为，推动北京学研究所成立既有外因也有内因。外因包括韩国汉城学的启示，市教委的支持；内因则是北京社会经济发展对传承和发扬北京历史文化传统的内在需求，以及北京学研究的根本出发点与北京联合大学办学定位的契合。说起北京学的发展历程，张妙弟如数家珍：1998年至1999年，向北京市教委申请的"科技发展计划"项目揭开了北京学研究承接纵向项目、直接服务于北京市的序幕；1999年12月，北京学研究所召开第一次学术研讨会，学术研讨的年会制度由此确立，至今已连续召开16届会议；2004年，以北京学研究所为核心，北京市哲学社会科学研究基地——北京学研究基地授牌成立，成为北京市哲学社会科学规划办和北京市教委共同设立的首批市级研究基地之一；2014年，北京学研究基地在基地三期建设验收中被评为优秀。

近些年来，"以地名学"的地方学研究在全国方兴未艾。张妙弟认为，各地方学研究领域有宽窄之分，研究边界有清晰和模糊之别，这是一种正常情况，不要一概而论，构建模式不必强求统一。基于研究性质和研究对象的特点，北京学的研究领域相对宽泛。在张妙弟看来，北京学研究基地工作的关键词有三个，就是"保护、传承、发展"——保护文化遗产，传承北京精神，为北京城乡以及更大区域一体化可持续发展做贡献。他担任北京学研究所（基地）领导职务期间，深入调研，准确定位，提出基地建设"三个平台"的总体定位，即为北京市提供咨询服务的综合研究北京城乡发展、建设与管理的开放性研究平台；面向社会各界开放的以北京城市、历史、文化、民族、宗教、经济、管理、科技等方面资料为主体的信息交流平台；与社会大众互动的提升广大市民文明素质与科学文化知识的科普教育平台。在他的带领和所内全体同人的共同努力下，北京学研究所（基地）积极开展北京城市及区域发展的综合研究和应用研究，围绕北京市中心工作和社会焦点、热点问题，先后承担了多项研究课题，开展了一系列决策咨询与社会服务工作，社会知名度和美誉度日益提高。

张妙弟当年从北京联合大学校长岗位上退下来之际，有多家民办高校出高薪聘请，面对显著优厚的待遇，他没有动心，而是接受北京联合大学的返聘继续留在北京学研究所工作，担任北京学研究所顾问，并继续担任北京学研究基地首席专家和基地学术委员会主任。他说："我在北京联合大学工作整整20年，我热爱联大，我感恩联大。看着北京学从创立到发展，我舍不得离开北京学。只要需要，我愿意继续留在这里贡献我的力量。"铮铮之言，情真意切，拳拳之心，溢于言表。

建设团队　热心科普

18年来，张妙弟先后担任北京学研究所副所长、所长和北京学研究基地主任和首席专家，为发展北京学研究事业殚精竭虑。他说："这些年来，我将工作的重点定位在两个方面：一方面，对内厘清工作重点，锻炼和培养人才队伍；另一方面，积极开展对外宣传和交流工作。"

张妙弟始终把人才培养工作放在突出位置，他提出以"四个圈层"为体系、专兼职相结合的多学科、多领域研究团队建设模式，充分整合各方面的研究力量和资源，共同开展北京学研究。他关心所内每位同志的成长，积极为大家创造条件，提供支持，提携后学。实践出真知，为提升队伍的调研能力，他时常带领大家开展田野调查，他一再强调："我们的业务考察绝不是游山玩水，而是扎扎实实带着问题来调研、来思考。"每次实地考察前，他都要求科研人员提前查阅文献资料，提出问题，现场交流。为加快科研团队建设，他面向校内外设立北京学研究基地自设课题，并以此为抓手，帮助专职科研人员梳理、明确各自的科研方向，为申报更高级别科研项目做好培育工作。他精研善导，不辞辛苦，悉心帮助青年科研人员梳理研究思路，逐字逐句审阅完善申报文本。基地自设项目带动了基地科研人员以及校内一大批人文社科领域教师科研素养和科研能力的提升，基地课题和更高级别项目立项的数量逐年上升，培育了多项省部级、国家级科研项目和合作研究课题。

张妙弟不仅致力于为北京学研究所（基地）打造一支业务水平过硬的研究团队，更精心栽培后备干部，不遗余力为北京学事业发展培养后继人才。他爱才惜才，为北京学领导岗位选拔了得力的接班人，使北京学研究所（基地）团结奋进、风清气正的工作作风得以薪火相传。

侯仁之先生生前一直倡导：研究北京、规划建设北京不仅仅是少数专家学者和政府部门的事，更是广大市民和人民大众的事。我们有责任让群众更多地了解北京，把北京的历史文化普及到群众中去。群众了解北京越深入，对北京越热爱，保护、建设、发展北京就更自觉，更有积极性。北京学研究基地定位的"三大平台"之一就是面向社会大众的科普教育平台，基地科研人员积极参加校内外北京历史文化科普讲座活动，张妙弟对此更是身体力行，成为主讲团队中的骨干成员。他多次受邀，先后面向校内"北京学讲堂"和校外社会各界、图书馆系统、党校系统、老干部系统、志愿者系统、养老机构、传统文化研习营以及境外访问团体，主讲有关北京的讲座50余次，内容涉及北京的历史、文化、规划、建设、北京精神等多个学科领域，听众人数累计达到4000余人次。张妙弟主讲的讲座视角独特，观点清晰，图文并茂，形成了以历史为基本线索，以文化为内涵，以历史地理视角为特色的风格，再加上他本人在讲座中情绪饱满，声情并茂，现场感染力极强，深受听众欢迎和喜爱，为北京学研究的知识传播和科普宣传做出了卓越贡献。

潜心探索　成果丰硕

作为北京学的创始人之一，张妙弟亲身经历了它的诞生和成长的各个阶段，用他自己的话说："了解北京学就像了解自己的家里人一般。正因为这样，我没有说'研究北京学'，而是强调'探索北京学'，退休之后则是'继续探索北京学'。"在探索北京学的道路上，张妙弟博观约取，厚积薄发，未曾懈怠，辛勤耕耘终换来累累硕果。

张妙弟作为主持人或骨干成员，在自然地理学与人文地理学领域，先后参与国家"七五"项目"三北防护林地区遥感综合调查研究"、国家自然科学基金项目"秦岭大熊猫调查研究"、建设部项目"泰山风景名胜区调查与规划"、国家重大项目"清史"子课题"图录·北京及周边地区清代建筑遗存图片"、国家级项目《当代中国城市发展丛书》子项目《北京卷》等省部级以上研究项目20多项。主编或参与编著《天府巴蜀》、《秦岭大熊猫自然庇护所》、《当代中国城市发展丛书·北京卷》、《图说北京城》、《北京中轴线》、《北京学研究系列》等著作十余部。发表《刍议北京城中轴线研究十要点》等论文数十篇，获得国家林业部科技进步一等奖、国家建设部科技进步一等奖以及中科院、北京市、新疆维吾尔自治区等各类奖励多项。

《当代中国城市发展丛书·北京卷》是北京学研究基地参与的国家重点项目，该书的编研工作得到北京市委、市政府的高度重视，市长亲自担任编委会主任。张妙弟担任编辑部常务副主编，参与拟定编写提纲、培训编写队伍、研究审读修改书稿等多项工作。2011年3月，包含90万字、200幅插图，凝结了编者大量心血的"北京卷"历时数载，正式出版。该项目对于当前北京城市面临的一系列问题，起到了良好的决策咨询作用。2012年10月，在北京市第十二届哲学社会科学优秀成果评选中，《当代中国城市发展丛书·北京卷》荣获一等奖。

2014年年初正式出版的《北京中轴线》是一部图说类著作，由北京市政协文史和学习委员会与北京学研究基地合作完成，是北京市社科规划重点项目《北京城中轴线保护研究》的成果之一。张妙弟和张宝秀分别为该书的主编之一和副主编之一，北京学研究基地多位教师、特邀研究员以及研究生参与其中。该书以研究为基础，图文并茂，以近4万文字、近400幅新旧照片和地图将北京旧城中轴线进行了系统、生动、形象的展示，富含作者对北京中轴线的独到认识和见解，既是一项研究北京中轴线的学术成果，又是解读宣传中轴线、让民众了解中轴线的科普力作。

谈及对北京学工作的感慨，张妙弟用了三个词语来概括，那就是：有幸，有缘，有情。他说："能够加入到北京学研究的团队，为北京学研究事业发展做一点工作，我深感荣幸，我很感恩，谓之有幸；从填报高考志愿到北京大学求学，再到留在北京工作，50多年来，我和北京这座城市结下难解的缘分，对北京深厚的感情也在一点一滴中凝结起来，谓之有缘；在北京联合大学工作20多年，我对学校、对北京学的工作，投入的感情最深，付出的心血最多，始终深怀感情开展各项工作，谓之有情。"

刘　丹

附录三：张妙弟科研成果一览

一、编著

1. 《秦岭大熊猫的自然庇护所》，北京大学出版社，1988年。
2. 《天府巴蜀》，（台湾）锦绣出版事业股份有限公司，1991年。
3. 《北京清真寺文化》，中央民族大学出版社，2003年。
4. 《北京学研究文集2004》，同心出版社，2005年。
5. 《北京学研究文集2005》，同心出版社，2006年。
6. 《北京学研究文集2006》，同心出版社，2007年。
7. 《北京学研究文集2007》，同心出版社，2009年。
8. 《北京学研究文集2008》，同心出版社，2009年。
9. 《北京学研究文集2009》，同心出版社，2009年。
10. 《北京学研究文集2010》，同心出版社，2010年。
11. 《北京学研究2011——北京线性文化遗产保护与传承》，同心出版社，2011年。
12. 《北京学研究2012——北京文化与北京学研究》，同心出版社，2012年。
13. 《北京学研究报告2005》，同心出版社，2005年。
14. 《北京学研究报告2006》，同心出版社，2006年。
15. 《北京学研究报告2007》，同心出版社，2007年。
16. 《地域文化与城市发展——2009年北京学国际学术研讨会论文集》（上、下册），同心出版社，2010年。
17. 《人文北京与世界城市建设——2010年北京学国际学术研讨会论文集》，同心出版社，2011年。
18. 《地方学与地方文化——理论建设与人才培养学术研讨会论文集》，

知识产权出版社，2012 年。

19.《图说北京城》，北京大学出版社，2011 年。

20.《当代中国城市发展丛书·北京》（上、下册），当代中国出版社，2011 年。

21.《北京中轴线》，北京出版集团公司北京出版社，2013 年。

22.《北京学丛书·流影系列》，北京大学出版社，2014—2015 年。

23.《美丽中国丛书》（共 35 册），蓝天出版社，2014—2015 年分批出版。

二、论文

1.《准噶尔盆地南缘的芨芨草群落及其指示意义》，《干旱区研究》，1985 年第 4 期。

2.《新疆策勒县低山和平原区的植被及其与防治沙化的关系》，《干旱区研究》，1987 年第 1 期。

3.《廊坊在北京城市发展中的战略作用》，《城市问题》，1991 年第 4 期。

4.《泰山的植被》，《中国泰山》，山东科学技术出版社，1992 年 7 月。

5.《我国"三北"防护林地区土地资源特点及防护林体系合理布局的探讨》，《自然资源》，1993 年第 5 期。

6.《京郊山区发展的机遇与压力》，《北京规划建设》，1997 年第 3 期。

7.《生态旅游及其在北京山区的开发》，《第 3 届中韩国际学术研讨会论文集》，1997 年。

8.《北京山区城镇化道路初探》，《北京联合大学学报》，1999 年第 1 期。

9.《对北京学研究内容的思考——写在北京学研究所第一次学术研讨会之后》，《北京联合大学学报》，2000 年第 1 期。

10.《北京旧城改造与北京学研究》，《北京联合大学学报》，2001 年第 1 期。

11.《开封城与黄河》，《北京联合大学学报》，2002 年第 1 期。

12.《北京学研究的理论体系》，《北京联合大学学报》，2003 年第 1 期。

13.《发展首都文化产业要解决好的问题》，《前线》，2003 年第 6 期。

14.《关于北京传统四合院保护与利用的再认识》，《北京联合大学学报

（人文社会科学版）》，2005年第2期。

15.《北京学研究文集2004·序》，《北京学研究文集2004》，2005年。

16.《影响京郊旅游业持续发展的主要产业环境问题研究》，《旅游学刊》，2005年第6期。

17.《元大都与京城水系》，《前线》，2005年第11期。

18.《"北京学"刍议》，《北京联合大学学报（人文社会科学版）》，2007年第1期。

19.《北京郊区休闲度假旅游用地现状及未来趋势研究》，2007年第4期。

20.《民国以前北京都市规划结构演变缕析》，《北京学研究文集2006》，2007年。

21.《又见北顶娘娘庙》，《文史知识》，2008年第7期。

22.《中国太行山东北麓寺庙的佛教文化符号——以本土化为线索》，《第3届佛教文化国际学术研讨会（斯里兰卡）报告》，2008年。

23.《北京学研究十年回顾与思考》，《北京联合大学学报（人文社会科学版）》，2009年第1期。

24.《关于将京西古道研究引向深入的几点思考》，《京西古道（内刊）》，2009年第1期。

25.《北京地域文化研究是北京学研究的核心》，《北京文史（内刊）》，2009年第1期。

26.《都市建筑风貌与文化传承——以北京现代建筑为例》，《内刊北京文史》，2009年第2期。

27.《建设"人文北京"的一项重要内容：大运河（北京段）的保护与申遗》，在2009北京文史论坛报告，2009年。

28.《关于大运河"申遗"类型的思考》，全国政协文史和学习委员会办公室编《中国大运河》，中国文史出版社，2009年。

29.《有关隋唐大运河的十个历史地理学问题》，《中国大运河》全国政协文史和学习委员会办公室编中国文史出版社》，2009年。

30.《运河名城——北京》，《北京学研究文集2009》，同心出版社，2009年。

31.《历史上北京城的演变及文化内涵》，《图说北京城》，北京大学出版社，2011 年。

32.《加强地方文化中的文化态度层面研究——以永定河文化研究为例》，《北京联合大学学报（人文社会科学版）》，2011 年第 1 期。

33.《刍议北京城中轴线研究十要点》，《北京联合大学学报（人文社会科学版）》，2011 年第 3 期。

34.《寻找城市的灵魂——关于城市发展和文化保存的对话》，[加拿大]《文化中国》，2011 年第 3 期。

35.《电视教学片"运河古今——北京通惠河"解说词》，北京市哲学社会科学北京学研究基地、北京市政协文史和学习委员会，2012 年。

36.《北京中轴线性质的四个定位》，北京规划建设，2012 年第 2 期。

37.《北京城中轴线近现代变迁的基本类型》，《北京学研究 2012：北京文化与北京学研究》，同心出版社，2012 年 10 月。

38.《北京中轴线——京城脊梁　人天共成》，《北京中轴线》总论部分，2013 年。

39.《近代北京交通发展中的城市变化及评论》，在韩国首尔学研究所近代东亚首都城市变迁国际研讨会上报告，2013 年。

40.《热血千秋旷古奇才——记于谦与北京保卫战》，"首图讲坛·乡土课堂"十周年纪念文集：《熟悉·陌生·北京城》，学苑出版社，2013 年。

41.《关于文化传承与终身学习研究涉及的基本概念与实例》，《日中韩比较研究：传统文化的历史认识与终身学习》，[日] 明石书店，2013 年。

42.《对当前地域文化传承中几个问题的思考——以北京为例》，《论地方学建设与发展——中国地方学建设与发展研讨会文集》，内蒙古人民出版社，2014 年。

43.《北京中轴线的文化空间格局及其重构》，《北京联合大学学报（人文社会科学版）》，2015 年第 2 期。

三、科研项目

1. 准噶尔盆地南部植被类型、结构、生产力和开发利用考察研究，新疆维吾尔自治区，1979—1984。

2. 新疆资源开发与生产布局，中国科学院国家计划委员会自然资源综合考察委员会，1981—1986。

3. 北京百花山自然保护区调查研究，北京市林业局，1982—1983。

4. 北京灵山自然保护区调查研究，北京市林业局，1982—1983。

5. 北京松山自然保护区调查研究，北京市林业局，1983—1984。

6. 秦岭大熊猫研究，国家自然科学基金，1983—1985。

7. 泰山风景名胜资源综合考察评价及其保护利用的研究，国家建设部，1984—1987。

8. 贵州漳江风景名胜资源综合考察评价及其保护利用的研究，贵州省，1985—1986。

9. 广西花山风景名胜资源综合考察评价及其保护利用的研究，广西壮族自治区，1986—1987。

10. 华北石质山风沙防护林区遥感综合调查研究，国家重点项目，1987—1990。

11. 海南省国土资源信息系统研究，海南省，1988—1989。

12. 河北省廊坊地区社会经济发展战略研究，廊坊地区建设局，1988—1990。

13. 河北省廊坊地区城镇体系规划研究，廊坊地区建设局，1988—1990。

14. 廊坊在北京城市发展中的地位与作用，北京市计委，1990。

15. 广东川龙岛风景区旅游规划研究，国务院发展研究中心，1992—1993。

16. 山东临淄开发齐文化发展旅游业总体规划研究，山东省，1993—1995。

17. 山东临淄四王坟遗址公园规划研究，山东省淄博市，1994。

18. 山东省潍坊市生物技术园区绿化系统规划研究，中国林学会，1995。

19. 山东省潍坊市任尔公园规划研究，中国林学会，1995。

20. 北京山区经济持续发展与村镇建设研究，北京市城市科学研究会，1995。

21. 利用彩红外航片进行河北省平泉县土地详查，河北省土地局，1995—1997。

22. 北京金鼎湖风景区旅游开发研究，北京市密云县旅游局，1996。

23. 北京云蒙山风景区旅游开发研究，北京市密云县旅游局，1996。

24. 北京市密云县旅游开发总体规划，北京市密云县，1996—1997。

25. 北京山区城镇化与城镇建设研究，北京市哲社规划重点项目，1996—1999。

26. 河北省桃林口水库旅游规划研究，河北省水利局，1997—1998。

27. 北京市平谷县旅游规划，平谷县旅游局，1999—2000。

28. 北京市文化企业集团运行机制研究，北京市哲社规划重点项目，1999—2001。

29. 支撑北京郊区可持续旅游发展的产业与环境战略研究，北京市教委，2004—2007。

30. 当代中国城市发展丛书北京卷，国家重点项目，2004—2010。

31. 图说北京城，北京市哲社规划重点项目，2006—2008。

32. 北京及其周边地区清代建筑遗存图录，国家清史编纂委员会，2006—2009。

33. 【传承·技艺】文化中关于传承与终身学习现代课题的日中韩比较研究，日本学术振兴会项目，2008—2012。

34. 历代王朝与民族宗教，北京市哲社规划重点项目，2010—2012。

35. 电视教学片"运河古今——北京通惠河"，北京联合大学，2011—2012。

36. 北京中轴线，北京学研究基地，2011—2013。

37. 北京学丛书·北京流影系列，北京学研究基地，2012—。

38. 北京及周边地区民族融合建筑遗存研究，北京学研究基地，2015—。